AF644116

Dominic Sandbrook

Weltgeschichte(n)

Eroberer der Meere: Die Wikinger

Dominic Sandbrook

Weltgeschichten

Eroberer der Meere

Die Wikinger

Aus dem Englischen
von Knut Krüger

cbj

Der Verlag behält sich die Verwertung der urheberrechtlich geschützten Inhalte dieses Werkes für Zwecke des Text- und Data-Minings nach § 44b UrhG ausdrücklich vor. Jegliche unbefugte Nutzung ist hiermit ausgeschlossen.

Für Ruben Carter

MIX
Papier | Fördert gute Waldnutzung
FSC® C014496

Penguin Random House Verlagsgruppe
FSC® N001967

4. Auflage
Copyright Text © 2022, Dominic Sandbrook. All rights reserved
Die englische Originalausgabe erschien 2022
unter dem Titel »Adventures in Time: Fury of the Vikings«
bei Particular Books, einem Imprint von Penguin Press, London
© 2023 für die deutschsprachige Ausgabe bei cbj Kinder- und
Jugendbuchverlag in der Penguin Random House Verlagsgruppe GmbH,
Neumarkter Straße 28, 81673 München
produktsicherheit@penguinrandomhouse.de
(Vorstehende Angaben sind zugleich Pflichtinformationen nach GPSR.)
Alle deutschsprachigen Rechte vorbehalten
Übersetzung: Knut Krüger
Lektorat: Julia Przeplaska, Roman Stadler
Umschlaggestaltung und -illustration: Nele Schütz Design/Sonja Gebhardt
mk • Herstellung: AJ
Satz: KCFG – Medienagentur, Neuss
Druck: GGP Media GmbH
ISBN 978-3-570-18040-2
Printed in Germany

www.cbj-verlag.de

Da sprach der Herr zu mir:
Von Norden her ergießt sich das Unheil
über alle Bewohner des Landes.

DAS BUCH JEREMIA

Inhalt

PROLOG

Lindisfarne

8. Juni 793

Es war ein kühler, windiger Tag an der nordenglischen Küste. Ein Tag wie geschaffen dafür, an den grasbewachsenen Klippen entlangzuspazieren und die Meeresluft in sich aufzunehmen; die Seevögel am Himmel zu beobachten und flache Steine über das graugrüne Wasser hüpfen zu lassen; den fernen Horizont zu betrachten und sich zu fragen, was sich wohl dahinter befinden mochte.

Auf der Insel Lindisfarne waren die Mönche schon seit Stunden auf den Beinen. Einige beugten sich über ihre Schreibpulte, um die reich verzierten Bibelabschriften herzustellen, für die ihr Kloster berühmt war.

Andere arbeiteten in der Küche, hielten das Gotteshaus in Ordnung oder wischten geduldig den Steinfußboden der langen Gänge.

Doch an so einem schönen Morgen trieb es vor allem die jüngeren Männer nach draußen, um sich der Gartenarbeit zu widmen. An der Küste Northumberlands war es oft dunkel, nass und kalt, und so war es nur vernünftig, den Sonnenschein auszunutzen.

Lindisfarne war bekanntermaßen etwas Besonderes – ein Ort wie kein anderer. Seit über hundert Jahren gab es hier ein Kloster, das die gottgefälligsten und gelehrtesten Männer des Landes anzog.

Der hochverehrte ehemalige Bischof des Klosters, Cuthbert von Lindisfarne, lag nur wenige Schritte entfernt begraben, und Jahr für Jahr kamen Hunderte Pilger, um an seinem Grab zu beten. An diesem Ort der Ruhe und des Friedens fühlten sie sich Gott nahe.

Ganz ausblenden konnten die Mönche die äußere Welt jedoch nie. In den letzten Monaten hatten die Pilger von seltsamen Omen und Vorzeichen berichtet. Sie sprachen von Wirbelwinden, zuckenden Blitzen und glühenden Drachen, die über den Himmel schossen …

Doch an solch einem Tag, an dem Gottes Schöpfung seine volle Schönheit zeigte, schienen alle Stürme und Drachen weit weg zu sein.

Es war einer der jungen Mönche, der mit scharfem Blick die Segel erspähte. Er stieß einen Schrei aus, ließ seine Harke fallen und zeigte aufgeregt in Richtung Horizont. Seine Freunde eilten sofort herbei. Ja! Es gab keinem Zweifel! Drei große Segel: eines rot-weiß gestreift, das zweite blau mit dem Abbild eines Tieres, das dritte leuchtend gelb.

Die Schiffe kamen näher und hielten direkt auf die Insel zu. Die Mönche konnten die Männer an Bord noch nicht einmal richtig sehen, da machte einer von ihnen bereits hastig kehrt, um den Abt zu informieren.

Dabei stieß er fast mit einem anderen Mönch zusammen, der direkt hinter ihm stand und wie zu Stein erstarrt schien.

Dieser Mönch war von weit her aus dem hohen Norden gekommen. Eine gezackte Narbe zog sich von seiner Stirn bis zum Kinn, als hätte jemand versucht, ihm den Schädel zu spalten. Doch er sprach nie von seiner Vergangenheit, und es traute sich auch niemand, ihn danach zu fragen.

Er stand da wie angewurzelt und starrte auf das Meer, während die Schiffe näher und näher kamen. Reines Entsetzen spiegelte sich auf seinem Gesicht …

■

Wie ein Orkan aus den Tiefen der Hölle stürmten die Angreifer den Strand hinauf.

Den ersten Mönch, dem sie begegneten, schlugen sie wortlos nieder, ehe eine Axt ihm den Schädel spaltete. Dann stürmten sie weiter den Hügel hinauf, und es konnte kein Zweifel daran bestehen, was sie vorhatten.

Mehrere Mönche kamen ihnen mit erhobenen Armen entgegen und flehten um Gnade. Die Wikinger metzelten sie an Ort und Stelle nieder. Blut spritzte über den Boden.

Dann stürmten sie wie von Sinnen brüllend ins Kloster,

rissen die Kreuze von den Wänden und verwüsteten die Grabstellen.

Sie warfen die Weihgefäße auf einen Haufen und zertrampelten die Reliquien. Sie rissen das Altartuch herunter, zerfetzten die Bibeln und zerschmetterten die Bänke. Ihr wildes und grausames Gelächter erfüllte den Kirchenraum.

Als alles vorbei war und ihre Raserei sich gelegt hatte, zwangen sie die Überlebenden, die Beute ans Ufer zu tragen. Nachdem sämtliches Diebesgut an Bord gebracht worden war, ketteten sie die jungen Mönche aneinander und verfrachteten auch sie auf ihre Langschiffe.

Auf den Sklavenmärkten im Osten würden sie eine hübsche Summe kassieren, wie einer der Angreifer höhnisch bemerkte.

Als die Sonne an diesem Abend hinter den Hügeln Northumberlands versank, traten sie mit ihren Langschiffen die Heimreise an. Mit rhythmischen Bewegungen hoben sich die Ruderblätter und wurden durchs Wasser gezogen.

Viele der Mönche weinten. Doch der Wikingerkapitän am Bug des Leitschiffs nahm keine Notiz davon.

Zu sehr war er damit beschäftigt, das goldene Kreuz zu studieren, das er vom Altar genommen hatte. Als er es in den letzten Strahlen der Sonne hin und her drehte, breitete sich auf seinem tätowierten Gesicht ein wölfisches Grinsen aus.

Dann ließ er es in einem Sack verschwinden, bellte den Ruderern ein Kommando zu und wandte sich gen Osten.

■

Die Kunde vom Angriff auf Lindisfarne, der am 8. Juni 793 stattgefunden hatte, sandte Schockwellen durch ganz Westeuropa. In jedem Winkel der christlichen Welt rangen Geistliche die Hände, Eltern drückten ihre Kinder an sich.

Das Zeitalter der Wikinger hatte begonnen, eine der schillerndsten, spannendsten, aber auch blutigsten Episoden der Geschichte. In den nächsten dreihundert Jahren fielen die skandinavischen Piraten von ihren Siedlungen im heutigen Dänemark, Norwegen und Schweden aus über den europäischen Kontinent her, plünderten, mordeten und brandschatzten.

Natürlich waren sie nicht nur Räuber und Mörder, sondern auch Bauern und Händler, Schiffsbauer und Handwerker, Magier und Dichter, Geschichtenerzähler und Träumer. Sie haben uns Broschen und Armreife in Gold und Silber hinterlassen sowie unsterbliche Sagen und Legenden.

Die meisten von uns verbinden mit den Wikingern jedoch rasende Berserker und schwertschwingende Schildmaiden. Wir denken an den einäugigen Odin und Thor, den Donnergott. Wir haben vor Augen, wie Langschiffe mit einem Drachenkopf am Bug aus dem Nebel auftauchen, die Äxte der Männer verschmiert mit dem Blut ihrer Feinde. Wir hören das Klagen der Gefangenen sowie die Triumphlieder der Eroberer.

Die Wikinger plünderten sich durch England, Schottland, Wales und Irland, verwüsteten Ortschaften und Klöster und versklavten ihre Bewohner. Sie wüteten in Frankreich und belagerten zweimal Paris. Sie attackierten die goldenen Städte im

Süden Spaniens. Ihre Eroberungszüge führten sie bis nach Italien und ins ferne Nordafrika.

Sie segelten die großen Flüsse im Osten hinunter und gründeten ein Königreich in Kiew, aus dem die Ukraine und Russland hervorgingen. Sie belagerten Konstantinopel, die Hauptstadt des Byzantinischen Reichs, und dienten dem Kaiser als Leibwächter. Sie kämpften im Heiligen Land, in Sizilien und der heutigen Türkei und drangen zu Pferd bis in die Wüsten Asiens vor.

Weit im Westen besiedelten sie inmitten der isländischen Vulkane ein neues Land und segelten zu den eisigen Küsten Grönlands. Das Unglaublichste ist jedoch die Tatsache, dass sie mit ihren Schiffen die Tausende Kilometer entfernte Küste von Nordamerika erreichten – als erste Europäer überhaupt.

Die Wikinger waren brutal und großartig, überwältigend und furchterregend. Unter ihnen befanden sich einige der legendärsten Krieger aller Zeiten: Ragnar Lodbrok und Ivar der Knochenlose, Sigurd Schlangenauge und Erik Blutaxt, Sven Gabelbart und Harald der Harte.

Begleitet wurden sie von den beeindruckendsten Frauen, die man sich vorstellen kann: von Olga von Kiew, die in der orthodoxen Kirche als apostelgleiche Heilige verehrt wird und ihre Feinde verbrennen ließ, bis zu Aud der Tiefsinnigen, die ihr Langschiff eigenhändig zum Land aus Feuer und Eis steuerte.

Ein großer Teil der Wikingerära liegt heute unter einem mystischen Schleier verborgen. Die spannendsten Episoden wurden von den isländischen Sagas bewahrt, in denen sich Tatsachen und Erfundenes, Mythen und magische Vorstellungen vermischen.*

Kein Historiker weiß genau, was wirklich geschah und was nicht. Darum ist jede Version dieser düsteren und dramatischen Jahre auch auf ein wenig Fantasie angewiesen – das ist bei diesem Buch nicht anders.

Doch bevor wir in die Welt der Wikinger eintauchen, sollten wir uns zwei Dinge vergegenwärtigen, die wir zweifelsfrei *wissen*: Zum einen wissen wir, dass sie sich selbst niemals als »Wikinger« bezeichnet haben. Das altnordische Wort »viking« bedeutet »plündern« oder »sich auf einen Beutezug begeben«.

■

»Wikinger« bezieht sich also auf einen bestimmten Lebensstil und nicht auf jemanden aus einer bestimmten Gruppe oder einem bestimmten Land.

»Wikinger« *war* man nicht – man *tat* es.

Auch Außenstehende bezeichneten die Helden dieses Buches nicht generell als *Wikinger.* Die Engländer nannten sie einfach Heiden oder Dänen, während die Menschen im Osten sie als *Rus* oder *Waräger* bezeichneten.

---

* Die Sagas sind wundervoll-seltsame Erzählungen der alten Isländer, in denen sich Geschichte(n), Mythen und Volkssagen vereinen. Mittelalterliche Gelehrte hielten die ursprünglich mündlich überlieferten Sagas dann erstmals schriftlich fest.

Die Wikinger selbst – also die Menschen, die im heutigen Skandinavien lebten – betrachteten sich hingegen als »Nordmänner«.

Das Zweite, was wir wissen, wird für manche enttäuschend sein: *Die Wikinger trugen niemals gehörnte Helme.*

Helme mit Hörnern wurden etwa tausend Jahre später erfunden, und zwar für eine Inszenierung von Richard Wagners Opernzyklus »Der Ring des Nibelungen« im Jahr 1876. Viele Opern von Richard Wagner basieren zwar auf nordischen Mythen; die eindrucksvollen gehörnten Helme waren aber eine Idee des Kostümbildners.

Genug davon. Kehren wir zu unserer Geschichte zurück. Tauchen wir in die Welt der Wikinger ein: eine Welt von Helden und Ungeheuern, von Seefahrern und Magiern, Kriegern und Hexen.

Und fangen wir mit dem Anfang an – mit Göttern und Riesen und der Dämmerung der Zeit …

TEIL EINS

DAS ERWACHEN

1

Die Götter von Asgard

Am Anfang gab es nur Feuer und Eis.

Das Reich des Feuers war Muspellsheim, in dem die Flammen wütend loderten. Kein lebendes Wesen konnte seiner glühenden Hitze standhalten und aus seinem feurigen Herzen quollen Rauchwolken.

Das Reich des Eises hieß Niflheim, die Nebelwelt, das Reich des Schnees, der Kälte und der Dunkelheit. Hier entsprangen elf Ströme, in denen ein tödliches Gift brodelte.

Zwischen den beiden Reichen befand sich … *nichts* – eine riesige, klaffende Leere, die Ginnungagap genannt wurde. In sie ergossen sich die giftigen Flüsse und gefroren dort zu immer neuen Eisschichten.

Im Laufe der Äonen waberten die glühenden Rauchschwaden aus Muspellsheim bis in das eisige, leere Nichts, Feuer traf auf Eis, und ganz, ganz allmählich begann das Eis zu schmelzen.

Aus Eis wurde Wasser. Aus Wasser wurde Leben. Seine Tropfen vereinten sich und nahmen die Gestalt des ersten Lebewesens an. Das war Ymir, ein grausamer, wilder und ungehobelter Riese.

Das zweite Wesen, das dem Wasser entsprang, war Audhumbla, eine Kuh ohne Hörner, von deren Milch sich Ymir ernährte. Sie mochte es, den salzigen Reif vom Eis abzulecken – und während sie das tat, kam ein weiteres Wesen zum Vorschein. Das war Buri, der Urvater der Götter.

Buri hatte einen Sohn namens Burr, der seinerseits drei Söhne bekam. Der älteste hieß Odin, der mittlere Vili und der jüngste Vé.

Viele Zeitalter vergingen, während Odin und seine Brüder im finsteren, leeren Nichts heranwuchsen. Sie hassten Ymir und seine monströsen Nachkommen, und eines Tages beschlossen sie, ihn zu töten.

Mit Bedacht wählten sie den richtigen Moment und griffen ihn an, als er am wenigsten damit rechnete. Nachdem sie ihn erschlagen hatten, schoss das Blut aus seinen Wunden und wurde zu einer Flut, in der alle seine Kinder und Kindeskinder ertranken – bis auf eines.

Seinem Enkel Bergelmir, Stammvater der Frostriesen, gelang es, sich mit seiner Frau auf einem ausgehöhlten Baumstamm in Sicherheit zu bringen.

In der Zwischenzeit zogen Odin und seine Brüder Ymirs Leichnam in die Mitte der Leere und machten sich ans Werk. Aus seinem Fleisch ließen sie die Welt erstehen. Seine Haare wurden zu Wäldern, aus seinen Knochen erschufen sie Berge, aus seinem Blut entstanden Seen und Flüsse, aus seinen Zähnen Steine und Felsen.

Sein Gehirn warfen sie in die Luft und machten Wolken daraus, und schließlich hoben sie seinen riesigen Schädel in die Höhe, sodass er zum Himmelsgewölbe wurde, dessen vier Enden Zwerge stützten. Diese Zwerge hießen Nordri, Sudri, Austri und Vestri, oder wie wir heute sagen: Norden, Süden, Osten und Westen.

In den Himmel setzten sie zwei Streitwagen. Der erste diente der Nacht als Gefährt – gezogen vom Pferd Hrimfaxi, dem »Rußpferd«. Mit dem zweiten ließ sich der Sohn der Nacht, Dag, von seinem Pferd Skinfaxi – »Leuchtmähne« – über den Himmel ziehen.

So wechseln sie sich ab. Bis in alle Ewigkeit.

Und während Odin und seine Brüder noch mit der Erschaffung der Welt beschäftigt waren, ließen sich Bergelmirs Nachkommen, die Frostriesen, an deren Rand nieder, wo das Land auf die Meere trifft.

Odin und seine Brüder beschlossen deshalb, einen geschützten, fruchtbaren Garten zu schaffen, umgeben von hohen Mauern, damit die Riesen ihnen nichts anhaben konnten. Die Mauern bestanden aus Ymirs Augenbrauen und der Garten wurde Midgard – Mittelhof oder Mittelgarten – genannt.

▪

Eines Tages gingen Odin, Vili und Vé am Meer entlang, allein unter dem riesigen Himmel. Der Strand lag verlassen da. Alles, was sie hörten, war das Tosen der Wellen.

Dann erblickten sie plötzlich etwas im Sand, das wie Treibgut aussah. Es waren zwei mächtige Holzstümpfe. Ob sie angeschwemmt worden waren oder von Bäumen an Land abgebrochen, wussten sie nicht.

Die drei Götter nahmen die Holzstümpfe und bearbeiteten sie mit ihren Händen, bis sie Köpfe, einen Rumpf, Arme und Beine hatten. Den einen Stumpf nannten sie Ask (Esche), den anderen Embla (Ulme).

Die drei Götter knieten sich hin. Odin hauchte den beiden Figuren mit seinem Atem Leben ein. Vili verlieh ihnen Geist und Gefühle, damit sie denken und sich bewegen konnten. Und Vé gab ihnen schließlich Augen zum Sehen, Ohren zum Hören und Zungen zum Sprechen.

Ask und Embla, die beiden ersten Menschen, blickten staunend um sich und sahen den Himmel, den Sand und das Meer. Sie wurden die Urahnen jedes Mannes, jeder Frau und jedes Kindes in Midgard.

■

Midgard war nur eine der neun Welten, die das Universum bildeten und sich über drei verschiedene Ebenen verteilten.

Auf der höchsten Ebene hatten die Götter ihre Reiche. Eines davon war Asgard, das Reich von Odin und seinem Geschlecht, den Asen – ein Land mächtiger Berge und glitzernder Seen, sonnendurchfluteter Felder und prunkvoller Hallen. Wanenheim war der Wohnsitz des rivalisierenden Göttergeschlechts der Wanen, und in Albenheim schließlich hatten die Lichtalben – Elfen – ihr Zuhause.

Asgard war durch eine schimmernde Regenbogenbrücke, die Bifröst genannt wurde, mit dem vierten Reich, der Menschenwelt Midgard, verbunden. Richtung Osten, durch Flüsse und Berge getrennt, befand sich das fünfte Reich, Jötunheim – das Land der Riesen. Im Norden war Nidawellir, das unterirdische Königreich der Zwerge, ein Labyrinth aus Minen und Höhlen. Im Süden erstreckte sich Schwarzalbenheim, das Land der sagenumwobenen dunklen Alben.

Und schließlich gab es die unterste Ebene. Hier, in der Unterwelt, lagen das achte Reich, Niflheim, das Land der Schatten, sowie das neunte Reich, Helheim, die schreckliche Festung des Todes.

Alle neun Welten wurden von Yggdrasil, dem immergrünen Weltenbaum im Herzen des Kosmos, miteinander verbunden. In seinen Ästen lebten verschiedenste Kreaturen: Ganz oben thronte ein Adler, und ein Drache namens Nidhöggr nagte an den Wurzeln, während das Eichhörnchen Ratatöskr zwischen den beiden hin und her sauste und gehässige Nachrichten überbrachte.

Von Yggdrasil aus erstreckten sich drei Wurzeln ins Universum – eine nach Asgard, die zweite nach Jötunheim und die dritte nach Niflheim. Am Fuße der zweiten Wurzel, im Königreich der Riesen, entsprang eine Quelle: Mimirs Brunnen, die Quelle der Weisheit.

Ein Schluck von dieser brodelnden Flüssigkeit kostete einen

hohen Preis. Doch Odin konnte der Versuchung, etwas über die Rätsel des Universums zu erfahren, nicht widerstehen.

Er riss sich ein Auge heraus und reichte es dem Wasser als Opfer dar. Während das Blut aus seiner leeren Augenhöhle tropfte, trank er begierig, um den Mysterien endlich auf die Spur zu kommen.

Doch er wollte mehr. Als Mimir, der Hüter der Quelle, in einem Kampf zwischen den Göttern getötet wurde, bedachte Odin dessen abgetrennten Kopf mit einem Zauberspruch, damit er die Kraft der Sprache wiedererlangte. Von diesem Tag an trug Odin Mimirs Kopf stets bei sich und lauschte dessen geflüsterten Ratschlägen.

Doch dem einäugigen Gott war dies immer noch nicht genug. Schließlich nahm Odin seinen magischen Speer, stieß ihn sich selbst in die Seite und hängte sich kopfüber in den Weltenbaum. Durch dieses Opfer hoffte er, die letzte Weisheit zu erlangen.

Später versuchten Dichter, Odins Gedanken nach seiner Rückkehr in Worte zu fassen:

Ich weiß, dass ich hing
an windigem Baum
neun ganze Nächte,
vom Speer verwundet
und Odin geweiht,
ich selbst mir selbst,

an diesem Baum,
von dem niemand weiß
aus welcher Wurzel er sprießt.

Ich gab mich hin nicht für Brot
und nicht für Hornvieh,
ich spähte nach unten,
nahm Runen auf,
laut lernte ich sie,
fiel wieder von dort.

Die Runen … heilige Symbole von Zeit und Raum, Zeichen von Macht und Magie, Schlüssel zu unzähligen Zaubersprüchen.

Durch sein Opfer hatte Odin sie für die Menschen von Midgard gewonnen.

■

Nach der Tortur am Weltenbaum war Odin nicht mehr derselbe. Ein riesiger Schatten schien ihm stets zu folgen, eine beständige Ahnung der Dunkelheit und der Gefahr.

Für die Männer und Frauen von Midgard war er der unumschränkte Gott, der Beherrscher von Runen und Magie, der Freund von Königen und Raben. Doch seine vielen Beinamen – der mit den flammenden Augen, der die Heere zittern macht, Vater der Erschlagenen – verwiesen auf die Grausamkeit, die mit ihm einherging.

Unter den Asen, den Göttern von Asgard, herrschte er unangefochten. Seine Gattin war Frigg, die Schutzherrin von Ehe und Mutterschaft. Ihr Sohn hieß Balder, der sanfteste der Götter, der für seine Güte und Schönheit gerühmt wurde.

Balder ist »von so heller, schöner Gestalt, dass Licht von ihm ausgeht«, schrieb ein Dichter. »Er ist der Weiseste der Asen, der Rechtschaffenste und der Anmutigste von ihnen, und wenn er spricht, lauschen ihm alle.«

Der eigentliche Star in Midgard war jedoch Balders Halbbruder Thor, der Gott von Donner und Blitz. Als Sohn Odins und einer Riesin war Thor mit seinem hitzigen Temperament und seinem feuerroten Bart für die Wikinger das Abbild von brutaler und rücksichtsloser Männlichkeit. Mit seiner Frau, der goldhaarigen Sif, wohnte er in einem prächtigen Palast namens Bilskirnir – dem größten, der je in Asgard erbaut wurde.

Thors Handschuhe waren aus Eisen und sein magischer Gürtel machte ihn doppelt so stark wie jeden anderen Gott. Außerdem schwang er seinen riesigen Hammer Mjölnir – die berühmteste Waffe aller neun Welten.

In Midgard liebte man die Geschichten von Thor und seinen Kämpfen mit den Riesen. Sehr beliebt war seine Auseinandersetzung mit Thrym, dem König der Frostriesen, der eines Nachts, als Thor schlief, dessen Hammer stahl. Im Tausch gegen die Waffe forderte Thrym die Göttin Freyja als Braut. Thor verkleidete sich selbst als Freyja, seinen Bart hinter einem Brautschleier verborgen, und machte sich auf zu Thryms Palast. Während des Festmahls am Vorabend der Hochzeit verschlang Thor einen ganzen Ochsen, acht Lachse und drei Trinkhörner voll Honigwein, womit er sich fast verraten hätte. Doch der tumbe Riese fuhr mit den Feierlichkeiten fort. Als der Moment der Hochzeit gekommen war, wurde der Braut der Hammer in den Schoß gelegt, um den Bund zu besiegeln.

In diesem Moment lachte Thor in wilder Freude auf, riss sich den Schleier herunter und nahm blutige Rache:

Zuerst tötete er Thrym, den König der Riesen,
sodann seine ganze Sippe …
und so gewann er seinen Hammer zurück.

Tatsächlich war der Plan gar nicht Thors Idee gewesen. Wie so viele andere Tricks und Listen hatte ihn der gerissene Loki ersonnen, der Gott des Übermuts und der Fürst der Lüge.

Als Sohn zweier Riesen war Loki ein Gott wie kein anderer. Er war gut aussehend und einnehmend, doch wenig vertrauenswürdig. Er war lustig und verspielt, aber auch schlau und boshaft. Er konnte Gestalt und Stimme, ja sogar seine *Art* wechseln – erschien plötzlich als Fisch, Pferd oder Fliege.

Und Loki kam immer davon, wand sich stets heraus und stürzte sich sofort in die nächste Trickserei. Das machte ihn gefährlich. Denn im Grunde hatte er eine schwarze Seele, die voller Hass und Verbitterung war.

Und natürlich gab es noch weitere Götter. Da war Heimdall

mit den goldenen Zähnen und dem schallenden Horn, der als Wächter der Regenbogenbrücke fungierte.

Dann gab es den blinden Hödur, Balders geliebten Bruder, sowie Tyr, den mutigsten der Asen, auf den unser heutiger Dienstag zurückgeht – so wie der Donnerstag auf Thor und der Freitag auf Frigg*.

Dies waren die bekanntesten Götter aus dem Geschlecht der Asen. Doch gab es noch ein anderes Göttergeschlecht, nämlich die Wanen. Ihr Wohnort Wanenheim befand sich in unmittelbarer Nachbarschaft zu den Asen und so trugen diese beiden Geschlechter gleich nach der Erschaffung der Welt einen erbitterten Kampf aus.

Beide Reiche mussten schwere Verluste hinnehmen, und schließlich schlossen sie Frieden. Als Zeichen der Freundschaft siedelte der Wanenkönig Njörd, Gott des Meeres, mit seinen Kindern Frey und Freyja nach Asgard über.

Frey war der Gott des Regens und der Sonne, des Friedens und des Reichtums. Er ritt auf einem goldenen Eber und herrschte über Albenheim, das Reich der Elfen.

Auch Freyja war eine mächtige Göttin, Hüterin der Frauen und der Hexenkunst, der Liebe und der Schöpfung. Ihr Streitwagen wurde von Waldkatzen gezogen und sie galt als schönste aller Göttinnen.

Freyja trug goldene Armreife und ihre Kleider waren mit

---

* Oft wird auch Freyja als Namensgeberin genannt.

Goldfäden durchwirkt. Doch war sie nicht nur schön, sondern auch eine große Kämpferin.

■

Die Götter von Asgard und Wanenheim waren nicht allein im Universum. Im frostigen und tief verschneiten Königreich Jötunheim lebten die Riesen. Sie waren zwar wild und furchterregend, aber, wie die Sage von Thrym nahelegt, nicht gerade die Hellsten.

Auch Midgard war voller seltsamer Kreaturen. Wer sich in die Unterwelt wagte, begegnete den Zwergen, auch wenn diese am liebsten unter sich blieben.

Die Zwerge waren vorsichtige Wesen, die sich vorzugsweise im Inneren der Erde herumtrieben. Sie waren Meister im Graben und im Bergbau und waren stolz auf ihre Handwerkskunst. Sie liebten Edelsteine, die sie zu Juwelen und Schmuckstücken aller Art verarbeiteten.

Nicht zu vergessen die Elfen, Wesen von außergewöhnlicher Schönheit und magischer Kraft. Auch sie hielten sich verborgen, lebten in den Bergen und Wäldern, und kein Mensch bekam sie je zu Gesicht.

Trotzdem waren sie immer irgendwie *da*. Wenn Pflanzen verdorrten oder Kinder erkrankten, wurden oft die Elfen dafür verantwortlich gemacht. Wer klug genug war, deponierte Essen und Geschenke vor dem Haus, um die Elfen für sich zu gewinnen.

Monster und Untiere gab es ebenfalls: Schlangen und Drachen, Werwölfe und Gestaltwandler. Trolle und Oger bevölkerten die Ödnis im Norden, während die Draugr, die Untoten, des Nachts zwischen den Grabhügeln umherstrichen.

Und schließlich waren da die Kinder und Enkel von Ask und Embla, die männlichen und weiblichen Bewohner von Midgard. Ihre Zeit auf Erden war kurz bemessen, doch verbrachten sie einen Großteil davon in Streit und Kampf, und die Geschichten, die sie sich von ihren Vorfahren erzählten, waren erstaunlich gewalttätig.

Eine der bekanntesten Sagen ist zweifellos diejenige von Sigurd* dem Drachentöter. Sigurd war königlicher Abstammung und zeichnete sich durch seinen außerordentlichen Heldenmut aus. Sein uraltes Schwert Gram war einst zerbrochen, aber von seinem Freund, dem Schmied Reginn, wieder zusammengefügt worden.

Auf Reginns Drängen hin tötet Sigurd den Drachen Fafnir, der einen riesigen Goldschatz hütet. Doch der Schatz ist verflucht und bringt Sigurd nur Unheil und Schmerz.

Reginn bittet Sigurd, das Herz des toten Drachen für ihn zu braten, damit er es essen könne. Doch als Sigurd mit dem Finger testet, ob es schon durchgebraten ist, bekommt er Fafnirs Blut auf die Zunge – woraufhin er plötzlich die Sprache der Vögel versteht.

---

* Im mittelhochdeutschen *Nibelungenlied* als Siegfried bekannt.

Zu Sigurds Schrecken enthüllen sie ihm, dass Reginn ihn töten und das Gold des Drachen an sich reißen will. Also zieht Sigurd sein Schwert, tötet Reginn und reitet mit dem Schatz fort.

Es folgen weitere Abenteuer. Sigurd verliebt sich in die Kriegerin Brynhild und schenkt ihr einen goldenen Ring. Nach einer Reihe komplizierter Wendungen wird Sigurd getäuscht und ermordet, woraufhin sich Brynhild bei seiner Beerdigung in die Flammen seines Scheiterhaufens wirft.

Uns mag diese Geschichte heute bedrückend und trostlos erscheinen. Doch den ersten Zuhörern war sie eine Erinnerung daran, wie das Leben nun einmal war. Midgard war ein grausamer und gefährlicher Ort und das Unheil nie weit entfernt.

Wer in so einem bedrohlichen Universum überleben wollte, musste viel Glück haben. Von Geburt an brauchte man also einen Schutzengel. Es gab einige wenige, die ihren Schutzengel sehen konnten, aber für die meisten blieben sie unsichtbar.

Wenn man also in Midgard davon sprach, vom Glück *verlassen* worden zu sein, meinte man das sehr wörtlich – der Schutzengel hatte sich davongemacht.

Doch gab es Möglichkeiten, seine Chancen zu verbessern. Man konnte ein magisches Amulett oder das Symbol seines Lieblingsgottes, wie etwa Thors Hammer, an einer Kette um den Hals tragen.

Doch wenn der Lebensweg sein Ende erreicht hatte, konnte man wie Sigurd nichts dagegen tun. Das Leben war vom Schicksal bestimmt, und Entscheidungen darüber trafen die Nornen – drei Frauen, die das Schicksal jedes Lebewesens kannten.

Die Nornen lebten neben dem Urdbrunnen, an den Wurzeln des Weltenbaums Yggdrasil, und führten ein geheimnisvolles Dasein. Ihre Namen – Urd, Verdandi und Skuld – standen für Vergangenheit, Gegenwart und Zukunft. Sie schöpften täglich Wasser aus dem Brunnen und gossen es über den Baum, um diesen am Leben zu erhalten. Sie waren die Weberinnen, die alle Schicksalsfäden miteinander verbanden. Sie kannten Vergangenheit, Gegenwart und Zukunft. Wessen Zeit ablief, dessen Lebensfaden schnitten sie ab – so erfüllte sich das Schicksal.

Doch damit war für viele der Weg noch nicht beendet, denn es folgte eine lange, schreckliche Reise durch die Unterwelt. Neun Tage lang irrte man durch Nebel und Finsternis, immer weiter hinab und Richtung Norden, bis man einen tosenden Fluss erreichte, über den eine goldene Brücke führte.

Wer die Brücke überquerte, gelangte an das große Tor des Todes – Nagrind –, das vom riesigen Höllenhund Garm bewacht wurde. Und wenn es sich öffnete, betrat man Niflheim, das Reich von Nebel und Schnee.

Im Zentrum von Niflheim befand sich die Festung Hel mit ihren schwarzen Toren und dunklen Hallen. Benannt war sie nach der Totengöttin Hel, der Tochter von Loki und der Riesin Angrboda.

Hels Gesicht war so hässlich, dass niemand es ansehen konnte, ohne zu erschaudern, doch ihr Körper war noch viel abstoßender. Die obere Hälfte sah noch halbwegs gesund aus, doch unterhalb ihrer Taille war nichts als bläulich grüne Fäulnis und Verwesung.

Ihr Tisch hieß Hungr und ihr Messer Sultr. Sie schlief in einem Krankenbett, dessen Vorhang Blikjandabol (schimmerndes Unheil) genannt wurde.

Doch nicht alle Bewohner von Midgard landeten schließlich in Hels eisiger Umarmung. Wer in der Schlacht fiel, durfte dank der Walküren auf ein anderes Schicksal hoffen.

Die Walküren waren die Schildmaiden im Gefolge Odins, die schimmernde Rüstungen trugen und mit messerscharfen Schwertern und Speeren bewaffnet waren. Sie waren furchterregend und wunderschön, grausam und bezaubernd zugleich. In der Schlacht waren sie ganz in ihrem Element, und während sie mit ihren feurigen Rössern über den Himmel jagten, fiel der Schweiß ihrer Pferde als Tau auf die Wiesen oder als Hagel in die Wälder.

Sie zu betrachten, sagten die Dichter, sei, als blicke man direkt in die Flammen.

Während sie wie ein Wirbelwind über das Schlachtfeld fegten, hoben sie die mutigsten der gefallenen Krieger vom Boden auf und brachten sie nach Asgard. Dort befanden sich zwei Ruhmeshallen für sie.

Die eine war Freyjas Halle, Sessrumnir, die in den goldenen Kriegerfeldern stand. Bei der anderen handelte es sich um Odins

Halle Walhall, die fünfhundertvierzig Tore und ein Dach aus leuchtenden Schilden besaß.

Das Leben in Walhall verlief nach dem immer gleichen Muster. Tagsüber vergnügten sich die Einherjer, die gefallenen Krieger, mit Brettspielen, tranken Bier aus Trinkhörnern und trugen Zweikämpfe aus. Doch brauchten sie die Schwerter ihrer Kameraden nicht zu fürchten. Wenn sie erneut im Kampf fielen, wurden sie sofort wiedergeboren und waren bereit für das abendliche Festessen.

Denn Odin veranstaltete unter den Speeren, die als Dachsparren dienten, jeden Abend ein prächtiges Bankett. Die Walküren servierten den Helden Bier und Met und der Vorrat an gegrilltem Fleisch ging nie zur Neige. Für die ruhmreichen Toten war es ein wahres Paradies.

■

Während der neun qualvollen Tage, die Odin kopfüber am Weltenbaum hing, hatte er den ewigen Lauf der Zeiten gesehen. Hunderte Königreiche und unzählige Sonnen sah er aufsteigen und untergehen. Er hatte begriffen, dass alles ein Ende haben musste und nicht einmal die Götter von Asgard der Dunkelheit widerstehen konnten.

Seit Anbeginn der Zeiten hatte es Hinweise auf die drohende Katastrophe gegeben. Bereits kurz nach der Erschaffung des Universums hatten die Götter herausgefunden, dass Loki drei monströse Kreaturen gezeugt hatte: nicht nur Hel, die Göttin des Todes, sondern auch den Wolf Fenrir sowie die Midgardschlange.

Von Grauen gepackt, verbannten die Götter Hel daraufhin in die Unterwelt, legten Fenrir in magische Fesseln und stürzten die Midgardschlange in den Ozean, wo sie sich einmal um die ganze Welt wand.

Doch Odin wusste, was die Zukunft bringen würde: Am letzten Weltentag, wenn die Toten aus Walhall auszogen, um ihre entscheidende Schlacht zu schlagen, würden Loki und seine Kinder ihnen auflauern, die Mäuler weit aufgerissen.

Dann war die ganze Welt dem Untergang geweiht und würde von Feuer und Wasser verzehrt werden. Und der Stunde des Wolfes, auch das wusste Odin, konnte niemand entrinnen.

Für ihn selbst, für alle Götter und Kreaturen, war Ragnarök unausweichlich …

2

Die Hallen von Midgard

In einem entlegenen Winkel von Midgard, einer Gegend mit schroffen Berggipfeln und tiefen, dunklen Wäldern, lebten die Männer und Frauen des Nordlands.

Viele Tausend Jahre zuvor lag ihr Land unter einer dicken Eisschicht begraben. Doch im Laufe der Zeit war das Eis geschmolzen, Rentiere bevölkerten die weiten Ebenen, und die ersten Menschen begannen, hier zu jagen und nach Schutz zu suchen.

Jahre vergingen. Auf den einst kargen Ebenen wuchsen Wälder. Aus Jägern wurden Bauern, die in Langhäusern aus Holz wohnten. Ihre Anführer begruben sie in Erdhügeln und Hügelgräbern und ritzten Bilder von Kriegern, Schiffen und Pferden in die Granitfelsen entlang der Küste.

Manchmal, wie ein Flüstern des Windes, hörten die Bewohner des Nordens Geschichten aus einer anderen Welt. Wanderer berichteten von einem riesigen Reich jenseits des Meeres, dem Land der Römer, wo die Herren in großen Dampfbädern lagen und zur Belustigung der Massen Kämpfe veranstalteten. Reisende führten wunderschöne Gegenstände mit sich: Gefäße aus Glas und Keramik, Messer und Edelsteine.

Doch dann, im Jahrhundert, das wir das sechste nach Christus nennen, veränderte sich die Welt. Drei Jahre lang gab es keinen Frühling. Die Sonne blieb hinter einem Dunstschleier verborgen. Die Sommer brachten Nebel, Eisregen und Schnee.*

Als die Ernten ausblieben und die Lebensmittel zur Neige gingen, begannen die Menschen in Nordland zu hungern. Manche glaubten, es handele sich um den »Fimbulwinter«, den von den Göttern vorhergesagten Wolfswinter, der den Untergang der Welt, Ragnarök, ankündigte.

Doch Ragnarök blieb aus, obwohl die Hälfte der Menschen verhungerte. Für die Überlebenden ging das Leben irgendwie weiter. Und als sie frierend ins siebte Jahrhundert gingen, hatte sich die Welt grundlegend verändert.

Reisende berichteten, dass das Römische Reich im Westen in Trümmern lag. Fremdländische Könige hätten sich der Ruinen bemächtigt, um mit eiserner Hand zu herrschen.

Nach und nach erholten sich die Einwohner des Nordens von den furchtbaren Jahren. Und als über den norwegischen Fjorden, den dänischen Inseln und schwedischen Wäldern

---

*Auslöser waren wahrscheinlich die Ruß- und Aschewolken eines Vulkanausbruchs, vielleicht in Nordamerika, die einen Teil des Sonnenlichts abhielten und so auf der ganzen Welt für Missernten und Hungersnöte sorgten.

erneut die Sonne aufging, bestellten sie ihre Felder und brachten die Saat aus.

Sie bauten neue Schiffe, die sie immer weiter gen Osten und Westen brachten. Sie handelten mit Fellen und Stoffen, Werkzeugen und Schmuckwaren.

Und die Krieger schärften ihre Schwerter …

■

Für die meisten Menschen in dieser Gegend von Midgard hatte der Untergang des Römischen Reichs nicht die geringste Bedeutung. Ihr Leben wurde vom Wetter und den Jahreszeiten bestimmt, von den Fjorden und Wäldern ihrer Heimat. Die meisten von ihnen sind nie mit einem Drachenschiff gesegelt, haben nie ein Schwert geschwungen, waren nie Teil einer Schildmauer und haben nie ein englisches Kloster verwüstet.

Die meisten von ihnen waren Bauern, die sich um ihren Boden kümmerten. Sie lebten in kleinen Familien – Kinder, Eltern und Großeltern – in weit verstreuten Häusern, umgeben von Schafen.

Im Zentrum einer solchen Hofanlage stand das niedrige Langhaus, das üblicherweise ein Gerüst aus Holz besaß. Die Langhäuser reicher Familien bestanden manchmal ausschließlich aus Holz, doch die meisten Menschen benutzten auch Lehm, Erde und Torf als Baumaterial.

In den Langhäusern der Wikinger war es eng und dunkel und die Luft war stickig von Rauch und Ruß. Oft teilten sie den Wohnraum mit Tieren – nicht nur mit Hunden und Pferden, sondern auch mit Schafen, Ziegen und Rindern. Der Gestank der Exkremente war allgegenwärtig.

Der Boden war mit Decken und Teppichen bedeckt und die Stützpfeiler mit Schnitzereien von Göttern und Tieren verziert. Entlang der Wände standen Truhen, in denen die wertvollste Habe der Familien verstaut war. Nicht nur Besucher zog es sofort zu den Flammen der in den Boden eingelassenen Feuerstelle, der einzigen Quelle von Licht und Wärme.

Wenn die Dunkelheit hereinbrach, versammelten sich dort die männlichen Bewohner des Hauses, um über die Arbeit zu reden und den neusten Tratsch auszutauschen, während ihre Frauen und Schwestern das Abendessen zubereiteten, das in Tontöpfen gekocht und in Holzschalen serviert wurde.

Auch wenn die Wikinger von außen als roh und unzivilisiert betrachtet wurden, war dies so nicht richtig. Sie hatten ihre eigenen Tischsitten, zerteilten ihr Essen sorgsam mithilfe der kleinen Taschenmesser, die sie stets bei sich trugen, und benutzten Holzlöffel, um Suppe und Hafergrütze zu essen.

Tatsächlich wären uns die meisten ihrer Speisen ziemlich vertraut. Sie hatten neun verschiedene Brotsorten, darunter Fladenbrote, Teigbällchen und Zopfgebäck. Sie aßen Schwein und Rind, Hammel und Wildschwein sowie Huhn, Ente und Fisch.

Sie mochten Käse und Milch und liebten einen dickflüssigen Joghurt, den sie Skyr nannten und der in Island auch heute noch verbreitet ist. Auch ihre Getränke sind uns nicht fremd:

Milch, Bier und ein süßes alkoholisches Getränk namens Met, eine Art Honigwein.

Natürlich gab es damals noch keine modernen Toiletten. Die meisten Menschen verrichteten ihre Notdurft in der freien Natur. In großen Ortschaften gab es »öffentliche« Gruben. Und wer noch mehr Glück hatte, der konnte auf einer Art Holzbank mit einem Loch in der Mitte Platz nehmen – der ultimative Luxus.

Die Bewohner des Nordens waren alles andere als unreinlich. Sie wuschen sich jeden Morgen mit Flusswasser, das sie in Schalen füllten, kämmten ihre Haare gründlich und waren stolz auf ihre Leinenkleider und ovalen Broschen, die mit Tieren und Monstern verziert waren.

Männer und Frauen trugen schwere Ringe an den Fingern sowie Ohrringe, Hals- und Armreife aus Gold und Silber. Schmuck war ein Zeichen von Macht und Reichtum: Je größer die Ringe und je mehr sie funkelten, desto bedeutender war der Besitzer oder die Besitzerin.

Viele Frauen des Nordens schmückten sich mit Halsketten mit Glasperlen, silbernen Haarbändern und sorgsam gearbeiteten Anhängern aus Metall. Und sie alle trugen Kopftücher, um ihr offenes Haar zu bedecken.

Auch die meisten Männer hatten lange Haare, manche Filzlocken, und Bärte waren weitverbreitet, wenngleich es auch Männer gab, die sich den Schädel rasierten.

Beide Geschlechter schminkten ihre Augen dunkel und hatten Tattoos aus bläulicher Tinte. Sie waren so davon besessen, ihren Körper zu verzieren, dass sie nicht einmal vor ihren Zähnen haltmachten. Männer, die zur See fuhren, schnitzten manchmal v-förmige Muster in ihre Vorderzähne, die sie anschließend rot färbten.

Für Menschen von anderswo, die sie zum ersten Mal sahen, muss ihr Anblick furchterregend gewesen sein. Und das sollte er ja auch.

■

Hätte man damals ein Langhaus besucht, hätte man noch eine weitere Gruppe von Leuten vorgefunden: die Sklaven, die von den Wikingern *Thralls* genannt wurden. Ihnen wurden die meisten der körperlich anstrengenderen Arbeiten überlassen: Holz hacken, Felder bestellen, Ställe ausmisten, Wolle spinnen.

Die Thralls waren stets ein Teil der altnordischen Gesellschaft. Manche von ihnen kamen von weiter her, die meisten jedoch waren auf Beutezügen im Norden gefangen genommen oder bereits als Sklaven geboren worden.

Wenn beide Eltern Thralls waren, waren es die Kinder ebenfalls. So hielt man das unbarmherzige System am Laufen.

Das Leben eines Thralls war nicht schön. Sie galten nicht als Personen, sondern als Besitz. Da sie selbst nichts besitzen durften, war es für sie praktisch unmöglich, sich freizukaufen.

Der Besitzer eines Thralls konnte diesen jederzeit auf dem Sklavenmarkt verkaufen. Er konnte ihn schlagen, verstoßen oder sogar töten, ohne dafür bestraft zu werden.

Für uns klingt das schrecklich, die Wikinger sahen das aber natürlich anders. Sie betrachteten die Thralls als schwach und minderwertig, ihre Haut verbrannt von der Sonne und ihre Hände geschunden von jahrelanger Arbeit.

Sich zu fragen, ob Sklaverei rechtmäßig ist oder nicht, wäre ihnen nie in den Sinn gekommen. Die Welt war eben so, wie sie war.

■

Was war mit den Kindern der Wikinger? Wie war es für sie, in die Welt von Midgard hineingeboren zu werden, zu spielen und zu lachen?

Von klein auf wussten die Kinder, dass die Familie einfach alles war. In dieser harten und erbarmungslosen Welt galt sie nahezu als heilig.

Die eigene Familie stand immer an erster Stelle. Man hielt zu seinen Freunden. Man brach niemals sein Wort.

Von Kindern wurde aber auch früh erwartet, dass sie ihren Beitrag für die Allgemeinheit leisteten. Sie säten Hafer und Gerste aus, hüteten die Schafe und fütterten die Hühner. Ältere Jungen lernten, einfache Werkzeuge mit Hammer und Amboss zu schmieden.

Ob sich manche Kinder womöglich ein anderes Leben erträumten? Wir wissen es nicht. Viele sahen es gewiss als selbstverständlich an, in die Fußstapfen ihrer Eltern zu treten. So bereiteten sich die Jungen darauf vor, den Bauernhof zu übernehmen oder ein Handwerk zu erlernen, und die Mädchen wussten, dass sie irgendwann heiraten und einen eigenen Haushalt führen würden.

Wenn die Sonne schien, war die Natur des Nordens aber auch ein riesengroßer Abenteuerspielplatz. Ein wahres Paradies mit Höhlen und Wäldern, Seen und Flüssen. Jungen wie Mädchen hatten verschiedene Spielzeuge, besaßen Stoffbälle, Holzboote und -pferde, kleine Schwerter und gruselige Masken – ja sogar Schlittschuhe, mit denen sie nicht nur zum Spaß gefrorene Seen überqueren konnten.

Während sie aufwuchsen, erlernten sie auch die Brettspiele, die ihre Eltern so liebten. Das verbreitetste hieß *Hnefatafl* und war eine Art Wikinger-Schach mit einem schwarz-weiß gewürfelten Spielbrett.

Ziel war es, den gegnerischen König gefangen zu nehmen, und das Spiel wurde höchstwahrscheinlich mit einem Würfel gespielt. Doch die Regeln sind schon lange verloren gegangen. Obwohl eine Reihe moderner Ausgaben existieren, weiß also niemand genau, wie die Wikinger Hnefatafl gespielt haben.

Die Kindheit im hohen Norden ging rasch vorüber. Eltern arrangierten die Hochzeit ihrer Tochter, wenn diese ins Teenageralter kam, manchmal auch schon vor dem zwölften Geburtstag.

Und auch viele der »Männer« auf den Drachenschiffen, mit Schwertern in der Hand und blutrünstigem Blick, waren Jugendliche, die heute zur Schule gehen würden.

■

Warum gab es im hohen Norden keine Schulen? Die Antwort ist einfach: Fast niemand konnte lesen und schreiben, es wäre also ziemlich sinnlos gewesen.

Im Gegensatz zu den Griechen oder Römern haben die Wikinger keinerlei schriftliche Zeugnisse auf Papier hinterlassen. Selbst die großen Sagas von Helden und Monstern wurden Jahrhunderte später von ihren Nachkommen auf Island niedergeschrieben, lange nachdem sie Christen geworden waren.

Das meiste, was wir über die Wikinger wissen, stammt aus Reiseberichten und den Chroniken ihrer Feinde. Oder von Artefakten, die moderne Archäologen zutage gefördert haben: Schwerter und Helme, Töpfe und Pfannen, Spielzeug und Schuhe, selbst die Bestandteile einer Wikinger-Toilette.

Tatsächlich aber hatten die Männer und Frauen des Nordens auch eine eigene Schrift. Es sind die Runen, die Odin erblickte, als er sich opferte und neun Tage lang kopfüber am Weltenbaum hing.

Verwirrenderweise folgten die Runenreihen von Ort zu Ort einem anderen System. Am meisten verbreitet waren das ältere und das jüngere Futhark, und es gibt verschiedene Möglichkeiten, diese in ein modernes Alphabet zu überführen.

So könnte zum Beispiel »Grüße aus Midgard« nach einer älteren Runenreihe aussehen:

ᚷᚱᛖᛖᛏᛁᛜᛊ ᚹᚱᛟᛗ ᛗᛁᛞᚷᚨᚱᛞ

Und nach einer jüngeren Runenreihe:

ᚴᚱᛅᛅᛏᛁᚾᚴᛋ ᚠᚱᛅᛘ ᛘᛁᛏᚴᛅᚱᛏ

Für die Wikinger waren das nicht einfach Buchstaben, sondern magische Symbole, die Odin in die Fingernägel der Nornen geritzt hatte – der Frauen, die das Schicksal aller Lebewesen kannten.

Runen wurden in Zaubersprüchen verwendet, auf Amulette gemalt oder als Glücksbringer in den Bug von Schiffen geschnitzt. Auch wurden sie in große Felsblöcke, die sogenannten Runensteine, geritzt. Bei vielen handelt es sich um Denkmäler zur Erinnerung an die Toten. Viele davon sind sorgsam gestaltet und mit Bildern von Schiffen und Monstern verziert.

Manche sind mit Rätseln und Gedichten versehen, die meisten beschränken sich jedoch auf einfache Mitteilungen:

Toki und sein Bruder haben diesen Stein im Gedenken an ihre Brüder errichtet. Einer starb im Westen, der andere im Osten.

Thyrve hat den Stein im Gedenken an ihren Ehemann Ögmundr errichtet. Er war ein sehr guter Gefährte. Möge Thor ihn segnen.

Etwa dreitausend Runensteine sind uns erhalten geblieben. Die meisten davon in Schweden, aber auch in Dänemark und Norwegen, außerdem gibt es vier in Deutschland sowie eine Handvoll auf den Britischen Inseln.

Dass Runeninschriften normalerweise sehr kurz sind, mag uns zu dem Schluss verleiten, dass die Leute des Nordens ziemlich wortkarg waren. Doch sie liebten die Sprache und haben ihre Gedichte über Generationen weitergegeben.

Wer über genug Macht und Reichtum verfügte, hatte einen eigenen Dichter – einen sogenannten *Skalden*. Auf großen Festen bei Hofe, während die Krieger feierlich schwiegen, rezitierte ein Skalde aus dem Kopf lange rhythmische Gedichte, die er auf verschiedene Weise verzierte und ausschmückte.

Die Skalden waren Berühmtheiten, die überall verehrt und bejubelt wurden. Reiche Männer belohnten sie oft mit Geschenken aus Gold und Silber – vor allem wenn die Skalden Gedichte zu ihren Ehren vortrugen und dabei in grenzenloser Übertreibung ihre Abenteuer und Verdienste priesen.

Aber Dichtung war nicht allein den Profis vorbehalten. Für junge Männer war der richtige Umgang mit Worten genauso wichtig wie der Umgang mit dem Schwert. Viele lernten, eigene Gedichte zu verfassen, und es gibt viele Beispiele von Wikingerkriegern, die mit einem Vers auf den Lippen in die Schlacht zogen.

Uns erscheinen altnordische Gedichte oft sehr verwirrend. Was teils daran liegt, dass die Skalden sehr spielerisch mit Worten umgingen und ständig neue Ausdrucksmöglichkeiten fanden. Ein klassisches Stilmittel war die sogenannte Kenning: eine bildhafte Beschreibung, die aus zwei bis drei Wörtern bestand. Das Meer beispielsweise wurde als »Walstraße«, »Seestraße« oder

»Weg der Wale« bezeichnet. Das Schiff konnte ein »Wellenross« und das Schwert ein »Blut-Wurm« sein. Der König war ein »Ring-Geber« und die Schlacht ein »Speer-Getöse«. Der Tod wurde als »Schwert-Schlaf« umschrieben. Und es gab sogar eine Kenning, die für den Skalden selbst stand: der »Gedanken-Schmied«.

Das Seltsamste an der Skaldik der Wikinger war aber vielleicht ihr Schwelgen in Beschreibungen des Kampfes und des Todes. Hier kommt das berühmte »Sterbelied von Ragnar Lodbrok«:

> *Wir schlugen mit Schwertern: wir liebten den Kampf, wenn wir die Leute aus Helsingborg in die Heimat der Götter schickten. Wir segelten den Vistula hinauf. Dann machte das Schwert Beute: der ganze Ozean war eine Wunde: die Erde färbte sich rot von stinkendem Blut: das Schwert grinste die Kettenhemden an: das Schwert spaltete die Schilde entzwei.*

Heutzutage schaudern wir in Anbetracht solch blutrünstiger Beschreibungen, doch die damaligen Zuhörer empfanden das anders. Für die Männer und Frauen des Nordens war die Welt ein Ort der Gewalt. Das Wetter konnte unerbittlich hart sein und die Ernte ausbleiben. In der Finsternis von Midgard lauerten Ungeheuer. Geister trieben in den Bergen und Wäldern ihr Unwesen.

Überquerten Fremde die Kuppe des Hügels, hatten sie oft Böses im Sinn. Und wenn am Ende des Tages die Dunkelheit hereinbrach, konnte man nie sicher sein, den nächsten Sonnenaufgang zu erleben.

Was nicht heißt, dass es in der Welt des Nordens keine Gesetze gegeben hätte. Wem unrecht getan wurde, der konnte sich an den zuständigen Jarl wenden, den vom König eingesetzten örtlichen Fürsten, und diesen um Hilfe bitten.

Oder man führte am öffentlichen Versammlungsort, dem sogenannten *Thing*, Beschwerde. Hier trafen sich Tausende freier Männer, um in einer Gerichtsverhandlung ihre Streitigkeiten klären zu lassen.

Doch wenn alles nichts nützte, half nur der Kampf.

Für die Wikinger gingen Kampf und Männlichkeit Hand in Hand und die Jungen übten sich von Kindheit an darin. Sie lernten, den Langspeer und die Breitaxt zu benutzen, den Bogen aus Eschenholz sowie das kurze Kampfmesser.

Die meisten Krieger trugen gefütterte Jacken und Helme aus Leder. Lange Kettenhemden sowie fein gearbeitete Metallhelme mit Gesichts- und Nasenschutz konnten sich nur die Anführer leisten. Die teuersten Helme waren mit Ungeheuern, Schlangen und Drachen verziert, hatten aber keine Hörner.

Alle Krieger vertrauten auf ihre kreisrunden Schilde mit eisenbeschlagenem Rand. In der Mitte befand sich ein Schildbuckel aus Metall, den man seinem Feind ins Gesicht rammen konnte. Die Holzfläche des Schildes war in leuchtenden Farben mit Tieren und Göttern bemalt.

Größter Stolz eines Kriegers war jedoch sein Schwert, dessen

Griff und Scheide reich verziert waren. Die stärksten und biegsamsten Klingen kamen aus dem Frankenreich und bestanden aus mehreren Eisenstangen (von den Skalden als »Schlangen« bezeichnet), die in der Schmiede erhitzt und umeinandergewunden wurden, ehe man daraus eine einzige Klinge schlug.

Für die Wikinger hatte jedes Schwert eine einzigartige Persönlichkeit. So gaben sie ihnen Namen wie »Goldgriff« oder »Kettenbeißer«. Am kostbarsten war zweifellos das Ringschwert eines großen Anführers, in dessen Schaft ein goldener Ring eingearbeitet war.

In den Gedichten der Skalden wurden die Schlachten zu heroischen Abenteuern. Sie handelten von verwegenen Kriegern und ihrer Liebe zum Kampf; von blutrünstigen Berserkern, die auf den Leichen ihrer Feinde ein Triumphgeheul ausstießen; von unerschrockenen Schildmaiden, deren Schwerter in der untergehenden Sonne blitzten.

Nicht alles davon war erfunden. Die sogenannten *Berserker* kämpften vermutlich mit nacktem Oberkörper oder trugen Bärenfelle. Wie die meisten Wikingerkrieger gerieten sie in einen Rausch und versuchten, ihren Feinden mit tierischem Gebrüll Angst einzujagen.

In einer Saga heißt es: »Sie zogen ohne Kettenhemden in die Schlacht und waren so wild wie Hunde oder Wölfe. Sie bissen in ihre Schilde und waren so stark wie Bären oder Bullen; sie töteten, ohne selbst durch Eisen oder Feuer verletzt zu werden. Das bedeutete es, ein Berserker zu sein.«

Auch die Schildmaiden gab es wahrscheinlich wirklich. Manche Sagas berichten von Töchtern, die zu den Schwertern ihrer Väter griffen, während ein christlicher Chronist von Frauen schrieb, »die sich wie Männer kleideten, denen Blut besser schmeckte als Küsse und die fast ihr gesamtes Leben dem Krieg widmeten«.

Weder für die Schildmaiden noch für die Berserker oder die übrigen Kämpfer hatte der Krieg etwas Tragisches. Krieg war der Kampf ums Überleben, bedeutete Ruhm und Ehre.

Wenn eine Schildmaid ihr Schwert zog, wusste sie, dass es ihr letzter Kampf sein konnte. Doch sie fürchtete den Tod nicht, sondern hieß ihn willkommen, wenn es denn soweit war.

Für die Menschen des Nordens war das Leben ein Kampf, den man unweigerlich verlieren musste. Doch ein wahrer Krieger kämpfte bis zum Schluss, im Wissen um die Unausweichlichkeit des Todes.

Mit der Waffe in der Hand, einem Lächeln auf den Lippen und einem Lied im Herzen zu sterben – das war der Traum eines jeden Wikingers.

■

Die Jahre vergingen und der Hunger des Fimbulwinters war nur noch eine ferne Erinnerung. Entlang der zerklüfteten Küstenlinie ihres kalten Winkels von Midgard gingen die Bewohner des Nordens fischen und jagen, bestellten ihre Felder, kämpften und töteten, lebten und starben.

Doch etwas hatte sich geändert. Zu Beginn des achten Jahrhunderts begannen einzelne Stammesführer damit, kleinere Küstenregionen unter ihre Kontrolle zu bringen.

Die Skalden nannten sie »Seekönige«, die Kriegsherren der Wellen. Von ihren Siedlungen an den norwegischen Fjorden aus stachen sie Jahr für Jahr in See, um ihre Nachbarn entlang der Küste anzugreifen, zu plündern und zu brandschatzen.

Mithilfe der Beute aus ihren Eroberungszügen errichteten sie große Bauwerke aus Holz, in denen sich die Krieger trafen, um Feste zu feiern und ihre Erlebnisse auszutauschen. Hier loderten die Flammen in der großen zentralen Feuerstelle, während die Seekönige ihren treuesten Gefolgsleuten, den sogenannten *Huscarls*, goldene Ringe überreichten.

Hier füllten Mägde die schäumenden Trinkhörner, während die Lieder und das Gelächter der Krieger den großen Saal erfüllten und draußen im Dunkeln die Wölfe heulten. Hier ersannen die Skalden ihre Erzählungen von Tod und Ehre.

Jahr für Jahr festigte sich die Macht der Seekönige. Jeder Eroberungszug brachte reichere Beute, mehr glänzendes Silber und schimmernde Armreife. Manche Könige erlangten Legendenstatus. Und die Skalden sorgten dafür, dass ihre Erfolge sich weit herumsprachen. So kamen immer mehr Leute zu den Festhallen, um sich den Kriegern anzuschließen.

Doch in den Königreichen jenseits des Meeres wusste man nichts von der Existenz der Seekönige. Im Frankenreich, das sich über das heutige Frankreich und westliche Deutschland sowie die heutigen Niederlande erstreckte, sowie in den angelsächsischen Königreichen schenkte man dem hohen Norden keine Beachtung. Kam einmal die Rede darauf, gab es meist nur ein breites Grinsen.

Der Norden! Eine kalte, dunkle und unwirtliche Gegend, in der unzivilisierte und langhaarige Heiden lebten. Eine frostige Einöde, von Hinterwäldlern bevölkert, die Gottes Wort nicht kannten. Wer sollte solche Barbaren schon fürchten?

Doch dann änderte sich plötzlich alles.

3

Angriff der Seewölfe

Es war Osbert, der Sohn des Bauern, der sie zuerst sah.

Ein rot-weißer Fleck am Horizont, zunächst nicht viel mehr als ein Punkt, der vor dem leuchtend blauen Himmel langsam größer und größer wurde ...

Als Osbert seinen Vater geholt hatte, sahen sie einen weiteren solchen Fleck in der Ferne schimmern. Und als sie die Augen zusammenkniffen und mit ihren Händen vor der grellen Sonne schützten, stieß Osbert einen aufgeregten Schrei aus und zeigte auf einen dritten.

Osberts Vater hatte eine Idee. Von Portland nach Dorchester, der größten Stadt der Gegend, war es nur ein kurzer Ritt. Dort würden sie Beaduheard vorfinden, den Statthalter des Königs von Wessex. Er würde wissen, was zu tun war.

Wie üblich saß Beaduheard draußen in der Sonne, einen Krug Bier in der Hand, und unterhielt seine Freunde mit einer seiner Geschichten. Doch als Osbert atemlos berichtete, was sie gesehen hatten, stellte Beaduheard seinen Krug ab, stand abrupt auf und rief nach seinem Pferd.

Als Beaduheard und sein Gefolge den Strand erreichten, stapften die Fremden schon das Ufer hinauf. Osbert starrte mit unverhohlener Neugier auf ihre langen Haare und die seltsamen Muster auf ihren Gesichtern.

Dann fiel sein Blick auf die ankernden Schiffe – sie sahen aus wie riesige geschmeidige Tiere aus Holz, mit großen viereckigen Segeln und Monsterköpfen am Bug. Etwas Ähnliches hatte er nie zuvor gesehen.

Als Beaduheard mit dem ganzen Selbstbewusstsein seines Amtes vortrat, blieben die Fremden stehen. Sie sprachen kein Wort.

»Wer seid ihr?«, fragte er sie. »Was macht ihr hier?«

Die Männer starrten ihn schweigend an.

»Hat euch der Teufel die Zunge genommen?«, frage Beaduheard ungeduldig. »Wenn ihr Handel treiben wollt, müsst ihr weiter die Küste entlangsegeln.«

Die Stille hielt an.

Die Sonne brannte auf sie herab. Es war unerträglich heiß. Osbert bemerkte, dass der größte der Fremden seine Hand am Griff seines Schwertes hatte, und bekam es mit der Angst.

Beaduheard hob seine Stimme. Als Statthalter des Königs war er es nicht gewohnt, ignoriert zu werden.

»Folgt mir!«, fuhr er mit lauter Stimme fort. »Ihr müsst eure Waffen abgeben und mit mir nach Dorchester kommen. Wahrscheinlich werdet ihr …«

Das Schwert des Fremden funkelte im Sonnenlicht. Es

dauerte nur einen Moment. Als Beaduheards Blut auf den Boden spritzte, rannte Osbert bereits davon.

▪

Als die Engländer später ihre Geschichtschroniken verfassten, erinnerten sie sich an diesen Schreckenstag im Sommer 789, an dem ihre erste Begegnung mit den Seewölfen des Nordens stattfand.

In Wahrheit war die Nordsee stets eine Wasserstraße gewesen und die Nordmänner schon lange ein reiselustiges Volk. Mit einem schnellen Schiff und günstigem Wind waren die Fischerdörfer im Osten Englands und die Häfen der heutigen Länder Frankreich, Belgien und Niederlande nur wenige Tage entfernt.

Die Wikinger waren exzellente Seefahrer. Ein erfahrener Navigator kam ohne Instrumente aus und konnte die Position des Schiffs durch den Stand der Sonne, des Monds und der Sterne abschätzen. Das Muster der Wellen und der Flug der Vögel gaben ihm weiteren Aufschluss.

Ein Wikingerschiff zeichnete sich durch enorme Schönheit und Eleganz aus. Geschmeidig, leicht und robust. Es besaß sowohl Ruder als auch Segel und durchschnitt die Wellen wie ein Pfeil.

Der hölzerne Rumpf bestand aus schmalen, aber erstaunlich harten Planken. Sie stammten von Bäumen der Umgebung und wurden so zusammengenagelt, dass ihre Enden sich überlappten.

Diese Schmuckstücke der Schiffsbaukunst waren so beeindruckend, dass sie anderen wie riesige Seeungeheuer erschienen sein mussten. Im Jahr 1000 ließ der norwegische König Olav beispielsweise ein reich dekoriertes Schiff bauen, das *Ormen Lange*, »Lange Schlange«, genannt wurde und achtundsechzig Ruderern sowie dreißig Kriegern Platz bot.

Schiffe wie die *Ormen Lange* waren bemerkenswert farbenfroh. Die horizontalen Planken, die den sogenannten Plankengang bildeten, waren oft in leuchtenden Farben gestrichen, und die Segel waren rot, blau, violett oder gestreift. An der Wetterfahne flatterten Bänder, und den Bug schmückte ein vergoldeter Drachenkopf – das Ehrfurcht gebietende Symbol der Wikingerzeit.

Die Herstellung eines solchen Schiffs war unglaublich teuer. Der Rumpf wurde von Tausenden Eisennägeln zusammengehalten – und da Eisen im Salzwasser rostet, mussten stets Hunderte Ersatznägel an Bord sein.

Als Ruderer wurden Dutzende Sklaven benötigt. Sklaven brauchte man auch für die Herstellung der großen viereckigen Segel, die aus Streifen groben, schweren Wollstoffs bestanden.

Schon die Produktion der Wolle war ein enormes Unterfangen, da für ein einziges Segel über hundert Schafe geschoren werden mussten. Man benötigte Holz und Eisen, Fett und Öl, Schmiede und Schiffbauer, Tischler und andere Handwerker. Kurz gesagt, man brauchte Geld.

Warum also taten es die Wikinger? Warum brachen sie in der

zweiten Hälfte des achten Jahrhunderts plötzlich zu den Küsten im Westen auf, um dort zu morden, zu stehlen und zu plündern?

Manche gehen davon aus, dass die Wikinger gezwungen waren, ihre Heimat zu verlassen, weil es dort nicht genug Ackerland gab. Andere vertreten die These, dass es in ihrer Heimat nicht genug Frauen gab – jedem Wikinger war es gestattet, sich mehrere Frauen zu nehmen.

Zweifellos schlossen sich viele den Besatzungen der Seekönige an, weil es sie nach Abenteuern dürstete und sie von einer unverbrüchlichen Gemeinschaft träumten, die zukünftige Skalden inspirieren würde. Und natürlich ging es ihnen auch um den Kampf gegen das Christentum (das ihrer Meinung nach etwas für Frauen und Schwächlinge war), um den Kampf für Odin, Thor und Freyja, die Götter der Schlacht und des Blutes.

Die einfachste Antwort besteht darin, dass die Wikinger all dies taten, weil sie sich bereichern wollten. Sie wussten sehr genau um den Wohlstand ihrer christlichen Nachbarn. In den florierenden Seehäfen der Franken und Sachsen hatten sie ihn mit eigenen Augen gesehen.

Sie kannten den Reichtum ihrer Städte, die Sanftmut der Bewohner und deren mangelnde Fähigkeit, sich zu verteidigen. Sie hatten die Schätze der Klöster gesehen, die goldenen Reliquien und silbernen Kreuze, die prächtigen Roben und edelsteinbesetzten Bücher. Und sie hatten die Männer gesehen, gegen die sie kämpfen würden: friedliche Mönche und wohlwollende Priester, die nicht einmal Waffen trugen.

Warum also taten sie es?

Weil sie es konnten.

▪

Wie mag es gewesen sein, ein Wikinger zu sein und an einem Beutezug teilzunehmen? Wie fühlte es sich an, auf dem Deck eines Schiffes zu stehen und die salzige Gischt zu schmecken, mit seinen Brüdern zu singen und zu lachen, zum Schwert zu greifen und in die Schlacht zu ziehen?

Wie so etwas begann, kann man sich leicht vorstellen. Du bist achtzehn Jahre alt, der jüngere Sohn eines Bauern, und hast keinerlei Hoffnung darauf, jemals einen eigenen Hof zu besitzen. Du hast schon lange an eine Heirat gedacht und ein Auge auf ein Mädchen in der Nachbarschaft geworfen. Doch sie hat eine Vorliebe für Armreife und Broschen, und dir fehlt das Geld, um sie mit solchen Geschenken zu beeindrucken.

Dein Onkel hat einst für den hiesigen Stammesführer gekämpft und dir angeboten, dich ihm vorzustellen. So stehst du also nervös in der großen Halle des Seekönigs, während seine Huscarls dich amüsiert mustern und lachend aus ihren schäumenden Bierhörnern trinken.

Doch schließlich akzeptieren sie dich, weil du gut mit Worten umgehen kannst und sie deine Lieder und Geschichten mögen. Und dank des jahrelangen Trainings weißt du auch mit einem Schwert umzugehen.

So stehst du nun an Deck eines Schiffes, Salz auf den Lippen und Wind in den Haaren. Dutzende Kameraden sind ebenfalls an Bord, außerdem der Navigator, der Koch, der Dolmetscher sowie die Sklaven. Eine Bruderschaft – eine Familie.

Doch die Nordsee zu überqueren ist kein Kinderspiel. Es gibt nur wenig zu essen: Haferbrei, einen Kanten trockenes Brot, vielleicht ein bisschen Fisch. Nachts schläfst du unter freiem Himmel, zusammengekauert zwischen den Ruderbänken.

Du frierst ständig und bist manchmal klatschnass. Selbst bei ruhiger See schwappen die Wellen über das Deck. Du verbringst viel Zeit damit, das Wasser mithilfe eines Eimers ins Meer zurückzubefördern. Wenn es regnet oder stürmt, bist du den Naturgewalten schutzlos ausgeliefert.

Doch wenn dich der Mut zu verlassen droht, denkst du an die Belohnung, die dich erwartet. Nicht nur die Beute aus den Klöstern, sondern Ruhm, Ehre und Abenteuer; der Dank des Seekönigs und der Respekt deiner Brüder.

Und wie sehr wird sich dein Leben verändern, wenn du nach Hause zurückkehrst! Wie werden die Mädchen dich anhimmeln, wenn du mit einem Sack voller Schätze durch die Straßen schlenderst! Und wie reich du sein wirst, nachdem du deine Gefangenen auf dem Sklavenmarkt verkauft hast!

Natürlich wird viel Blut fließen. Du wirst von Tod, Feuer, Blut und Gemetzel umgeben sein. Doch du bist bereit. Tatsächlich freust du dich darauf.

Ich zog weiter mit blutigem Schwert und die Raben folgten mir. Mein Speer schrie beim Angriff der Plünderer. Wir fochten rasend und ein Feuer sprang über die Häuser der Feinde. Die blutigen Körper meiner Feinde schliefen in den Pforten der Stadt.

So spricht der Held, Egil Skallagrimsson, in einer der berühmtesten Isländersagas. Und Generation um Generation von Nordmännern stimmte mit Freuden ein.

▪

Doch die Beutezüge der Wikinger begannen nicht im Westen, im heutigen England oder Frankreich. Sie begannen im Osten.

Segelte man von Schweden aus in das graue brackige Wasser der Ostsee, gelangte man nach Gotland. Und wer von hier aus südwestlichen Kurs hielt, erreichte vermutlich irgendwann die von Kiefernwäldern gesäumten Küsten von Litauen, Lettland und Estland.

Der Erste, der diese Reise mit kriegerischen Absichten unternahm, war den Sagas zufolge ein gewisser Ingvar, Sohn von Eystein, ein grimmiger und erbarmungsloser Kämpfer:

> *Eines Sommers rief er seine Männer zusammen, segelte über die Ostsee nach Estland und griff einen Ort an, der Stein heißt. Die Männer aus Estland kamen mit einer großen Armee und es gab eine Schlacht. Die estnische Armee war so tapfer, dass die Schweden ihr nicht standhielten. König Ingvar wurde getötet und seine Männer flohen. Er liegt unter einem Hügel begraben, nahe am Meer.*

Diese Geschichte ist vermutlich mehr als eine Legende. Jahrhunderte später fanden Archäologen auf der estnischen Insel Saaremaa zwei Wikingerschiffe, die an der Küste vergraben waren.

Große Krieger wurden manchmal in ihren Schiffen bestattet, damit sie schnellstmöglich nach Walhall kamen. Und unter den über dreißig Skeletten entdeckten die Archäologen einen Mann, der eine hochgestellte Persönlichkeit gewesen sein musste.

Er lag in der Mitte des Schiffs in einer hervorgehobenen Position. Bei ihm war ein wertvolles Ringschwert und in seinem Mund befand sich eine Brettspielfigur aus Walross-Elfenbein. Eine Figur, die einen König darstellte.

Viele Abenteurer folgten Ingvars Beispiel. Zu Beginn des achten Jahrhunderts pendelten viele Schiffe zwischen dem heutigen Skandinavien und dem Baltikum – beladen mit Fellen, Sklaven und Bernstein, einem leuchtenden orange-gelben Schmuckstein aus fossilem Harz.

Diese ersten Reisen waren sehr einträglich. Manchmal mussten die Wikinger nicht einmal kämpfen, sondern konnten durch Handel große Mengen Gold und Silber erwerben.

Doch im Laufe der Jahre fragten sie sich zunehmend, was sich wohl hinter den Sanddünen befinden mochte. Welche Wunder und Schätze mochten die dichten, dunklen Wälder bergen?

In den Handelsorten an der Küste vernahmen sie die seltsamsten Gerüchte. Männer sprachen von langen Flüssen, die sich über riesige Entfernungen erstreckten, von Seen und Stromschnellen, von weiten Ebenen und grausamen Kriegsherren zu Pferde.

Manche sagten, dass man jenseits der Stromschnellen das

offene Meer und eine prächtige Stadt erreiche, mit Tempeln und Palästen aus reinem Gold.

Die meisten lachten ungläubig über solche Behauptungen. Doch die Furchtlosesten saßen schweigend da, tief in Gedanken versunken.

In den folgenden Jahren begannen sie die Flüsse zu erforschen, die sich durch die Wälder schlängelten. Dabei entdeckten sie ein ganzes Geflecht von Flüssen und Bächen, das sich wie ein Spinnennetz seinen Weg durch Wiesen und Wälder bahnte.

Immer tiefer drangen sie mit ihren Langschiffen in die Stille vor, bis sie einen riesigen See erreichten, über dem der Nebel waberte. Es war der Ladogasee.

Hier unterbrachen sie ihre Reise, weil der Kapitän diesen Ort als perfekt erachtete, um ein Basislager zu errichten: ein Camp, eine Festung, eine Handelsstation, alles in einem.

Zunächst waren es nur ein paar Zelte und Baracken und einige windschiefe Marktstände auf feuchtem und sumpfigem Grund.

Doch schließlich wurde daraus eine der wichtigsten Wikinger-Siedlungen überhaupt: Staraja Ladoga, das »alte Ladoga«, der erste Außenposten im heutigen Russland.

■

Während die Schweden das Ufer des Ladogasees erkundeten, planten ihre Rivalen in Norwegen und Dänemark die ersten Raubzüge im Westen.

Portland war nur die Vorgeschichte gewesen. Ganz Europa in Aufruhr versetzt hat erst der Überfall auf das Kloster von Lindisfarne im Sommer 793, mit dem dieses Buch begann.

Alkuin, der als gebildetster Mann in ganz Europa galt, wurde in York, der Hauptstadt von Northumbria, geboren. Er hatte eine wichtige Stellung am fränkischen Hof in Aachen, verfolgte die Ereignisse in seinem Heimatland aber stets weiter.

In seinen Augen war der Überfall von Lindisfarne ein Angriff auf alles, was heilig ist. Die Wikinger, schrieb er voller Zorn, »haben das Blut der Heiligen am Altar vergossen, das Haus der Hoffnung verwüstet und im Tempel Gottes auf den toten Leibern der Heiligen herumgetrampelt, als wären sie Unrat in den Straßen … Die Kirche von St Cuthbert wurde mit dem Blut der Priester Gottes besudelt und all seiner Schätze beraubt – der heiligste Ort in Britannien fiel diesen teuflischen Heiden zum Opfer!«

Doch für Alkuin waren die Wikinger vor allem ein Instrument, nicht die Ursache selbst. Diese sei die Schlechtigkeit der Angelsachsen. Indem sie die Lebensweise der Heiden kopierten – nicht nur Trunksucht, Raub und Gier, sondern auch ihre sündhafte Haartracht –, hätten sie Gottes Zorn herausgefordert.

Falls sie sich wieder ihrem Glauben zuwandten, würden sie Gott vielleicht besänftigen können, und die Raubzüge würden ein Ende nehmen …

Doch so einfach war es leider nicht.

Hundert Kilometer die Küste hinunter, in Jarrow, befand sich ein berühmtes Kloster. Hier hatte der Benediktinermönch Beda eine Generation zuvor seine »Kirchengeschichte des englischen Volkes« geschrieben.

Doch den Wikingern waren Beda und Bücher egal. Ihnen ging es um Silber, Sklaven und das Gemetzel. Und als ein Jahr nach dem Überfall auf Lindisfarne die Segel der Nordmänner am Horizont auftauchten, wussten die Mönche, dass ihre letzte Stunde geschlagen hatte.

Die einen läuteten die Glocken, um alle zu alarmieren, die anderen fielen auf die Knie und flehten Gott um Gnade an. Doch es dauerte nicht lange, bis die ersten Angreifer mit erhobenen Äxten und wildem Kriegsgeschrei in die Kirche stürmten.

Doch diesmal wehrten sich die Mönche. In den Wirren des Kampfgetümmels wurde einer der Anführer niedergeschlagen und getötet, obwohl später niemand sagen konnte, wie das geschehen war.

Die übrigen Angreifer entkamen mit der Beute. Doch als sie ihre Schiffe Richtung Heimat wandten, frischte der Wind heftig auf und wurde zu einem »himmlischen Sturm«, wie die Leute sagten.

»Der tosende Sturm zerstörte ihre Schiffe, und das Meer verschluckte viele davon«, schrieb ein angelsächsischer Chronist. »Manchen gelang es, sich an Land zu retten, wo sie von den Einheimischen ohne Erbarmen getötet wurden.«

Für die Angelsachsen war es ein süßer Moment der Rache.

Doch falls sie geglaubt hatten, die Wikinger damit von einer Rückkehr abzuhalten, irrten sie sich gewaltig.

Ein Jahr später kam es zum brutalen Überfall auf das Kloster Iona, das sich auf der gleichnamigen schottischen Hebrideninsel befindet. In den nächsten Jahren sollten weitere Angriffe auf diese Abtei folgen.

Irgendwann sahen es auch die tapfersten Mönche als Selbstmord an, weiter auf Iona zu bleiben, und zogen in ein irisches Kloster um, das etwa zwanzig Seemeilen von der Küste entfernt lag.*

Doch auch Irland war kein sicherer Rückzugsort mehr. Jeden Sommer kam es zu neuen Überfällen auf Abteien und Dörfer: auf Rathlin Island, St Patrick's Isle, Inishmurray und Inishbofin, Howth und Wexford Harbour.

In ihrer Verzweiflung flehten die irischen Mönche ihren Schöpfer um Hilfe an. Warum hatte er die Nordmänner geschickt, um sie zu terrorisieren? Womit verdienten sie diese Bestrafung?

Doch sie erhielten keine Antwort.

Das Blut der Wikinger war nun richtig in Wallung geraten. Längst hatte es sich herumgesprochen, dass die Bewohner der Britischen Inseln allesamt Feiglinge und nicht Manns genug waren, ihre Klöster zu verteidigen.

---

* Es handelt sich um die Kells Abbey in der Grafschaft Meath, die berühmt für ihr »Book of Kells« ist, ein prachtvoll illustriertes Neues Testament.

Dann gab es Neuigkeiten aus dem größten christlichen Königreich von allen – dem Frankenreich.

Seit drei Jahrhunderten waren die Franken die mächtigsten Krieger in Westeuropa. Im Jahr 800 hatten sie so viel Macht erlangt (sie herrschten über weite Teile des Gebiets, auf dem sich heute Frankreich, Belgien, die Niederlande, die Schweiz, Deutschland und Norditalien befinden), dass der Papst Karl den Großen zum Kaiser krönte.

Für die Franken waren die Angriffe aus dem Norden nicht mehr als ein Ärgernis. Karl der Große ließ die Küsten verstärkt bewachen, schenkte den Wikingern sonst aber kaum Beachtung.

Nach seinem Tod geriet das Frankenreich in Turbulenzen. Im Jahr 830 überwarf sich sein Sohn, König Ludwig I., genannt »der Fromme«, mit seinen eigenen Söhnen. Als Gerüchte eines bevorstehenden Bürgerkriegs in Europa die Runde machten und die Verteidigungslinie an der Küste geschwächt war, witterten die Wikinger ihre Chance.

Der erste Angriff galt einer Stadt namens Dorestad. Heute handelt es sich um einen verschlafenen kleinen Ort in den Niederlanden, damals jedoch, im Frühjahr 834, war es der wichtigste Handelsplatz der Franken, voller Hausierer und Schwindler, Seeleute und Sklavenhändler.

Die Wikinger schlugen ohne Vorwarnung zu. Eben war alles noch normal – die Käufer inspizierten die Marktstände, Kinder spielten in den Pfützen, die Händler priesen laut ihre besten Angebote an …

Doch im nächsten Moment liefen und schrien alle durcheinander, während Hunderte von Norwegern mit gezogenen Schwertern und gefletschten Zähnen vom Strand aus heranstürmten. Als ihre Flotte am Abend den Heimweg antrat, die Schiffe schwer beladen mit ihrer Beute, stieg über den Ruinen von Dorestad immer noch der Rauch auf.

Die Plünderung von Dorestad sollte der ganzen Welt eine Warnung sein. Denn die Wikinger waren nicht mit einem Dutzend, mit zwanzig oder fünfzig Schiffen gekommen. Sie liefen mit sage und schreibe *einhundert* Schiffen ein, vollgepackt mit blutrünstigen Kriegern.

In den nächsten Jahren sollten sie die fränkische Küste wieder und wieder angreifen und dabei immer tiefer landeinwärts vordringen. Es waren brutale und skrupellose Eroberungszüge, bei denen Hunderte von Gefangenen gemacht wurden.

Und: Genau wie in Irland beschränkten sich die Wikinger auch im Frankenreich nicht mehr nur aufs Plündern und Brandschatzen, sondern gründeten wie ihre Brüder im Baltikum neue Siedlungen, so, als hätten sie vor zu bleiben.

Natürlich blieben andere küstennahe Gegenden währenddessen nicht verschont. Vier Jahre nach der Plünderung von Dorestad kehrten die Wikinger ins südenglische Königreich Wessex zurück.

Als die Bewohner von Carhampton in der Ferne Segel auftauchen sahen, trauten sie ihren Augen nicht. Das war die größte Wikingerflotte, die je in angelsächsischen Gewässern gesichtet worden war: fünfunddreißig Schiffe, randvoll mit erfahrenen Kriegern mit eingekerbten, bemalten Zähnen und tätowierten Gesichtern.

Die Kunde von der Sichtung dieser Flotte verbreitete sich schnell. Als die Nordmänner ins Landesinnere vordrangen, berichteten ihre Späher von einer Armee unter der Führung von Egbert, König von Wessex, die sich ihnen in den Weg stellte.

Den Eindringlingen machte dies keine Angst. Als die Angelsachsen, Beleidigungen und Verwünschungen ausstoßend, zum Angriff übergingen, hoben die Wikinger ihre Schilde und fügten sie zu einer geschlossenen Fläche zusammen.

Die Angelsachsen taten dasselbe. Doch im Gegensatz zu den Wikingern waren nur wenige von ihnen geborene Krieger. Bei den meisten handelte es sich um Bauern, Schäfer, Schmiede und Tischler, die von ihrem König eingezogen worden waren, um gegen die Heiden zu kämpfen.

Als die beiden Angriffsreihen klirrend zusammenstießen, spürten die Wikinger die Angst ihres Feindes. Die Gesichter der Angelsachsen waren bleich und verschlossen, ihre Arme und Beine zitterten.

Immer wieder stießen die Wikinger ihre Schwerter in die Lücken der Verteidigung. Die Erde färbte sich rot, überall krümmten sich die Verwundeten. Die Verteidigungslinie der Einheimischen wankte unter dem Ansturm der Wikinger und löste sich immer mehr auf...

In nicht einmal einer Stunde war alles vorbei. König Egbert

gelang die Flucht, doch viele seiner Getreuen lagen mit leeren und kalten Augen dort, wo die Wikinger sie niedergemetzelt hatten.

Die Wikinger hatten ihre erste Schlacht auf englischem Boden gewonnen. Es sollte nicht die letzte sein.

■

Wenige Wochen nach der Schlacht von Carhampton war König Egbert immer noch in tiefer Sorge.

Wie ihre Nachbarn in anderen christlichen Königreichen wussten die Menschen in Wessex, dass der Tag des Jüngsten Gerichts immer näher kam.

Die Warnungen der Bibel waren allzu deutlich. Vier teuflische Reiter würden das Land erobern und Krieg, Hunger und Tod bringen. Die Sonne würde sich verfinstern und der Mond sich mit Blut füllen. Feuer und Hagel würden auf die Erde niedergehen, in Meeren und Flüssen eine giftige Flüssigkeit brodeln.

Grauenvolle Kreaturen würden die Erde bevölkern, ehe es zur Entscheidungsschlacht zwischen der Armee von Jesus Christus und den Legionen des Feindes kam.

Für die Angelsachsen war die Offenbarung des Johannes über das Ende der Welt keine Vision, sondern eine Realität, die ihnen unmittelbar bevorstand. Nur ein Heide würde es wagen, dies anzuzweifeln.

Für Egbert war das Erscheinen der Wikinger also kein Zufall.

Er betrachtete es als Zeichen, dass die Tage der Menschheit gezählt waren.

Der König blickte auf, weil er ein Geräusch an der Tür vernommen hatte. Die Wachen führten einen Priester in den Raum. Sein Gesicht war blass, seine Wangen hohl. Als er sagte, warum er gekommen war, erbleichte auch Egbert.

Seit Tagen schlafe er schlecht, erklärte der Priester. Immer wieder träume er, von einem Fremden in eine unbekannte Stadt gebracht zu werden, die voller wunderschöner Gebäude sei. Der Fremde führe ihn in das Innere einer Kirche. Dort säßen zahlreiche Jungen, die alle in Büchern lasen. Jedes Mal habe der Priester dann mit unheilvoller Vorahnung einen Blick in eines der Bücher geworfen, die alle gleich ausgesehen hätten: Einer Linie aus schwarzer Tinte folgte eine blutige Linie, dann wieder schwarz, dann wieder Blut …

Die Tintenlinien, habe ihm der Fremde erklärt, seien die Seelen der Heiligen, die die Sünden der Menschheit betrauerten. Die Linien aus Blut seien die Sünden selbst. Und die Botschaft sei klar: Den Menschen in Wessex bleibe noch eine letzte Chance, ihre Sünden zu bereuen, bevor Gottes Zorn über sie hinwegfege.

Drei Tage und drei Nächte lang, so der Fremde, werde dichter Nebel herrschen. Dann würden die Nordmänner mit Feuer und Schwert kommen und einen Großteil der Christenheit töten und ihre Länder verwüsten …

Der Priester schwieg.

In dieser Nacht hatte König Egbert den gleichen Traum.

4

Die Straße nach Miklagard

In einer stürmischen, regnerischen Nacht um die Mitte des achten Jahrhunderts erreichte ein Fremder die Siedlung von Staraja Ladoga.

Sein Name war Rurik und er war ein schweigsamer Mann. Er war mit seinen Brüdern Sineus und Truvor unterwegs und mit einer Gruppe hartgesottener Krieger mit finsteren, narbigen Gesichtern und Mordlust in den Augen.

Am nächsten Tag machten verschiedenste Gerüchte die Runde. Manche sahen in Rurik einen Glücksritter, andere einen Sklavenhändler. Einige behaupteten, er sei in den Osten gekommen wie ein Gesetzloser, andere hielten ihn für einen Fürsten auf der Flucht. Eine Minderheit vertrat die Ansicht, es handele sich bloß um den Sohn eines Schweinebauern, der einen starken Schwertarm und ein paar angeheuerte Schläger habe.

Doch alle waren sich einig darin, dass mit Rurik nicht zu spaßen war. Man sah, dass er ein harter und erbarmungsloser Mann war, der keine Gnade walten lassen würde.

Doch die Leute in Staraja Ladoga waren Männer wie Rurik

gewohnt. Der kleine Ort war nun fast hundert Jahre alt und seine Marktstände und Langhäuser zogen sich am Ufer des Sees entlang. Obwohl die Dorfältesten Wikinger waren, handelte es sich bei den meisten Bewohnern um Slawen aus den umliegenden Wäldern.

Die Slawen sprachen eine Vorstufe des heutigen Russisch oder Ukrainisch und verehrten die Geister von Bäumen und Flüssen. Jahrhundertelang waren ihre Vorfahren unter sich geblieben. Doch jetzt, in den überfüllten Hütten und schmutzigen Gassen, vermischten sie sich mit den Zugezogenen aus dem Norden.

Staraja Ladoga hatte eine wilde, gesetzlose Seite und fast jeden Abend kam es zu Auseinandersetzungen und Messerstechereien. Doch die Leute kamen weiter in die Stadt. Mit einer Ladung Wiesel-, Fuchs-, Marder- oder Wolfsfell aus dem Norden konnte man hier ein kleines Vermögen machen, falls man mutig genug war, flussaufwärts in Richtung Süden zu steuern.

Das meiste Geld konnte man jedoch auf dem Sklavenmarkt verdienen. Wer die Flüsse hinabfuhr und das offene Meer überquerte, bis er jene Länder erreichte, die wie ein Glutofen waren, der konnte für ein einziges blasses Sklavenmädchen einen Haufen Silbermünzen bekommen.

Es überrascht also nicht, dass Rurik nach seiner Ankunft jeden Morgen damit verbrachte, mit grüblerischer Miene die verlorenen Gestalten in den Sklavenschuppen zu inspizieren.

Als sie ins Dorf gekommen waren, hatten er und seine Brüder eine Handvoll Gefangene aus Northumbria und Irland dabeigehabt. Aber, so hatte man sie murmeln hören, sie würden noch einiges mehr an Sklaven brauchen, um ihnen ihre Schiffe auf dem Weg zur Großen Stadt an den Stromschnellen vorbeizuziehen.

Sofort machte dies in der Stadt die Runde. Das also war sein Plan!

Wie all die anderen war Rurik gekommen, weil er den Ruf des Goldes vernommen hatte. Und jetzt würde er gen Süden weiterreisen, bis er die reichste Stadt der Welt erreichte …

▪

Dieser Winter war anders als alle Winter, die die Leute in Staraja Ladoga bisher erlebt hatten. Von den Wäldern im Osten brachen heulende Winde herein, die tosende Schneestürme mit sich brachten.

Jenseits der Stadtmauern war nichts als ein weißes Inferno. Woche um Woche kauerten Rurik und seine Leute bibbernd um die Feuerstellen der Langhäuser, in mehrere Lagen Felle gehüllt.

Schließlich kam der Frühling dann doch. In die Wälder und Sümpfe kehrte das Leben zurück, und als der Schnee endlich taute und das Schmelzwasser die Flüsse anschwellen ließ, erhob sich Rurik von der Feuerstelle und wies seine Männer an, ihre Vorbereitungen zu treffen.

Inzwischen war seine Anhängerschaft beträchtlich angewachsen. Die meisten von ihnen waren Schweden, von vielen Schlachten gehärtet und mit Narben übersät. Doch es gab auch ein, zwei Dänen und ein paar Slawen, die versprachen, sie durch das Gewirr der Flüsse zu lotsen.

Da die Langschiffe der Wikinger sich nicht für die Flussschifffahrt eigneten, mussten sie Bäume fällen, um Kanus und Lastkähne zu bauen, wie andere Reisende es auch taten. Ihre Fracht bestand aus mehreren Truhen mit Fellen – schneeweiße Wieselpelze sowie orange-schwarze Fuchsfelle –, für die sie sich in der Großen Stadt einen guten Preis erhofften.

Rurik wurde jedoch nicht müde zu betonen, dass ihre größte Einnahmequelle der Menschenhandel war. Und niemand dachte auch nur im Traum daran, ihm zu widersprechen. Sklaverei war ein Teil des Lebens in Midgard und niemand konnte sich ein Leben ohne Sklaven vorstellen.

Eines Morgens im Mai, als die Sonne nur zögerlich zwischen den Wolken hervorkam, nahmen Rurik und seine Brüder Abschied von Staraja Ladoga. Ihre Route erstreckte sich in Richtung Süden, auf dem Fluss Wolchow bis ins Herz des heutigen Russlands.

Zwei Tage lang ruderten sie den breiten Fluss hinauf, immer gegen die Strömung. Sahen nichts als die Birken am Ufer und die Gänse, die über ihre Köpfe hinwegflogen. Doch am dritten Tag erreichten sie ein anderes Gewässer, den Ilmensee.

Hier stießen sie auf eine weitere Wikingersiedlung mit einer Umfriedung aus soliden Holzstämmen und einem schweren

Eingangstor. Die Einheimischen nannten sie Holmgard, die »Inselfestung«, und als die Reisenden durch den Schneematsch stapften, stellten sie fest, dass diese Siedlung viel größer war als Staraja Ladoga.

Holmgard war ein weiterer Grenzort, ein Ort, an dem man ein Vermögen machte oder beim Versuch zugrunde ging. Der Boden war matschig-nass und in den Gassen drängelten sich Säufer und Banditen. Es herrschte eine aggressive Stimmung, die jederzeit in Gewalt umschlagen konnte.

Rurik sprach den ganzen Abend mit zwei Einheimischen, die blaue Tätowierungen im Gesicht hatten. Und als seine Männer am nächsten Morgen erwachten, hatte ihr Anführer auf rätselhafte Weise ein Dutzend neue Sklaven akquiriert. Es waren Jungen und Mädchen aus den umliegenden Dörfern – bleich, dürr und vor Schreck wie erstarrt.

Auf der Lowat ruderten sie weiter in Richtung Süden. Die Temperaturen stiegen, die Bäume wurden kräftiger. Als sich der Fluss nach ein paar Tagen verengte, gab Rurik ein heiseres Kommando, worauf sie am Ufer anlegten.

Ihre Führer informierten sie, dass sie die Reise ab hier zu Fuß fortsetzen mussten. Die Nordmänner gingen also an Land und bahnten sich ihren Weg durch die Wälder. Die Sklaven zogen die Boote hinter sich her.

So kämpften sie sich tagelang vorwärts, mit geschundenen Füßen und rauen, schwieligen Händen. Doch allmählich wurde der Wald lichter und sie gelangten zu einer dritten Siedlung.

Auch diese hatte hohe, massive Rundholzaußenwände und schwere Tore.

Dies, erklärten die Führer, sei Gnjosdowo, eine weitere Stadt*, mit deren Einwohnern ebenfalls nicht zu spaßen sei. Hier entspringe ein neues Netz von Wasserwegen in Richtung Süden. Gleichzeitig sei es die letzte Gelegenheit, ihre Bierhörner zu füllen, ehe sie den Dnepr erreichten. Doch Rurik drängte auf eine schnelle Weiterreise und so zogen sie die Boote nach einer schlaflosen Nacht zum Flussufer und legten erneut ab.

Der Dnepr war einer der größten Flüsse in Midgard, länger und breiter, als ihn je zuvor ein Wikinger zu Gesicht bekommen hatte.

Und während er immer weiter anschwoll, spülte er sie in südöstliche Richtung, erst ins heutige Belarus, dann in die Ukraine.

Hunderte von Kilometern legten sie zurück, durch flaches Grasland, der Wärme des Südens entgegen. Doch falls sie glaubten, den härtesten Teil der Reise nun hinter sich zu haben, so erwartete sie ein Schock. Denn sobald sie die heutige Stadt Dnipro passiert hatten – damals eine winzige Siedlung –, riefen ihnen die Führer zu, dass nun die Stromschnellen kämen.

Insgesamt waren es sieben Stromschnellen, die als »Barrieren« bekannt waren, eine furchterregender als die andere. Die Abenteurer aus dem Norden hatten ihnen bereits passende Beinamen

---

* Die heutige Stadt Smolensk an der russischen Westgrenze.

verliehen: »Nicht schlafen!«, »Der Schreier«, »Der Grimmige«, »Der Lacher«, »Das siedende Wasser«.*

Um an ihnen vorbeizukommen, mussten sich die Wikinger nahe am Ufer halten und dabei den Felsen ausweichen. Doch an der vierten Stromschnelle ging auch das nicht mehr.

Auf Ruriks Kommando gingen sie also an Land und zogen ihre Lastkähne und Kanus ans Ufer. Dann setzten sie ihren Weg zu Fuß fort und die Sklaven zogen die Boote über den Boden.

Zweifellos eine ungeheure Anstrengung, doch die Stromschnellen waren nicht ihre größte Sorge. Denn inzwischen befanden sie sich auf feindlichem Gebiet – im Land der Petschenegen.

Die Petschenegen waren blutrünstige Nomaden, die aus den weiten Steppen Zentralasiens eingewandert waren. Sie waren bekannt für ihre Grausamkeit und verwendeten die Schädel ihrer Feinde als zeremonielle Trinkgefäße.

Alle Reisenden hatten schon von Händlern gehört, die beim Passieren der Stromschnellen von den Petschenegen getötet worden waren. Sie spähten also unablässig in alle Richtungen, ob sich der Feind womöglich in der Nähe befand.

---

* Unsere Information über diese Stromschnellen – die heute nicht mehr existieren – stammen aus einer bemerkenswerten historischen Quelle. Um das Jahr 950 herum schrieb der byzantinische Kaiser Konstantin VII. eine Abhandlung mit dem Titel »De Administrando Imperio« (Von der Regierung des Reichs) für seinen Sohn. In einem Kapitel wird genau die Route beschrieben, die die Nordmänner auf ihrem Weg nach Konstantinopel nahmen.

Doch diesmal war das Glück auf ihrer Seite. Von den Petschenegen war weit und breit nichts zu sehen. Und sobald sie die siebte Stromschnelle hinter sich gelassen hatten, weitete sich der Fluss, und die Strömung trieb sie wieder in Richtung Süden.

Wenige Stunden später, nahe der heutigen Stadt Saporischschja, erreichten sie eine bewaldete Insel. Hier, im Schatten einer großen Eiche, ruhten sie sich aus und opferten den Göttern.

Vier weitere Tage ruderten sie den Dnepr hinunter, der immer breiter wurde. Schließlich verschwanden die Ufer auf beiden Seiten und sie wurden von der Strömung direkt ins Schwarze Meer gespült.

In der gleißenden Mittagssonne wandte sich Ruriks kleine Flotte der Küste im Westen zu. Manchmal fuhren kleine Fischerboote vorbei, deren Besatzung ihnen neugierige Blicke zuwarf, und hin und wieder erblickten sie am hügeligen Ufer aus Stein gebaute Kirchen.

Nachdem sie sich weitere fünf Tage lang nahe am Ufer gehalten hatten, erblickten sie im Süden eine Meerenge zwischen zwei gewaltigen Landmassen. Das war der Bosporus, die schmale Meeresstraße, die Europa von Asien trennt.

Sie segelten in den Kanal hinein. Auf dem Wasser wimmelte es jetzt von Fähren und Handelsschiffen, an den Hängen reihten sich kleine Dörfer mit Häfen aneinander.

Und schließlich begann sich in der Ferne etwas abzuzeichnen – es war wie eine Vision von Asgard. Kreuze und Kuppeln glänzten im Sonnenlicht, majestätische Gebäude erhoben sich am Hafen, an dessen Kais reges Treiben herrschte.

Die Stadt war von einer Größe, mit der sie nie gerechnet hatten, und von einer Schönheit, die ihnen den Atem verschlug. Ihre Pracht war so unbeschreiblich, dass selbst die Götter bei ihrem Anblick nach Luft geschnappt hätten.

Seit fünfhundert Jahren war dies die Stadt der Kaiser, die reichste und mächtigste Metropole der Welt. Das erste Rom war längst Geschichte. Dies war das »zweite Rom« im Osten, eine Stadt mit Parks und Palästen, öffentlichen Bädern und Kirchen, schwindelerregend hohen Türmen und geschäftigen Märkten, so stolz und wehrhaft wie eh und je.*

■

Nicht alle Wikinger haben die Reise nach Miklagard überlebt. Doch wer dort seine Felle und Sklaven verkaufte und in seine Heimat zurückkehrte, um davon zu berichten, für den hatte sie sich mehr als gelohnt.

Schon bald nahm das Silber den Rückweg den Dnepr hinauf – ein Rinnsal, ein Bach, dann ein mächtiger Strom –, den ganzen Weg bis nach Staraja Ladoga. Um die Mitte des achten Jahr-

---

* Heute nennen wir dieses Imperium – die östliche Hälfte der römischen Welt, die bis 1453 Bestand hatte – das Byzantinische Reich. Doch kein Einwohner der Stadt hat diese Bezeichnung je benutzt. Sie nannten sich selbst »Romaioi« – das griechische Wort für Römer. Ihre Einwohner nannten die Stadt Konstantinopel, heute kennen wir sie als Istanbul. Für Rurik und seine Männer war sie Miklagard – die Große Stadt.

hunderts waren Silbermünzen auf den Märkten des Nordens eine übliche Tauschwährung.

Ehrgeizige junge Männer konnten der Flussreise nach Miklagard mit all ihren Verheißungen kaum widerstehen. Immer mehr Reisende machten sich auf in Richtung Süden, wodurch auch die heruntergekommenen Handelsstationen allmählich wuchsen.

Holmgard platzte angesichts der vielen Reisenden bald aus allen Nähten, sodass die Einwohner beschlossen, eine zweite Stadt zu bauen, die ein wenig weiter im Norden lag. Die Slawen nannten diese Stadt »Neue Festung« oder in ihrer Sprache: *Nowgorod*. So heißt sie noch heute und ist in der ganzen Welt als eine der ältesten russischen Städte bekannt.

Staraja Ladoga, Gnjosdowo und all die anderen Siedlungen entlang des Flussnetzes von Belosersk bis Isborsk haben eine ähnliche Geschichte. Sie alle tragen slawische Namen, wurden aber von Wikingern gegründet.

Die Jahreszeiten vergingen. Aus Handelsstationen wurden Flusshäfen, Siedlungen wurden zu Festungen, die sich zu Städten entwickelten. Wie Perlen einer Kette reihten sie sich bald entlang der Flüsse des Baltikums bis zum Schwarzen Meer.

Mehr und mehr Nordmänner ließen sich in den Städten am Fluss nieder und machten so, mehr oder weniger nebenbei, weite Teile dessen, was heute das westliche Russland, Weißrussland und die Ukraine ist, zu »ihrem« Land. Sie nannten es *Gardarike*, das Reich der Städte.

Niemand sprach hier von Wikingern. Die meisten nannten sie »das rudernde Volk«. Das altnordische Wort für Ruderer ist roðsmenn, das sich allmählich zu *Rus* entwickelte. Von diesem Wort leitet sich das heutige *Russland* ab.

Nicht alle Rus waren Wikinger. Im Laufe der Zeit wurden ihre Reihen durch Kämpfer aus den Wäldern und Grasebenen im Osten ergänzt: Chasaren und Petschenegen, Tschuden und Wepsen, Merja und Krivichianer. Und die sumpfigen Wege zwischen den Flussstädten wurden vermutlich hauptsächlich von Slawen bevölkert.

Doch ihre Anführer kamen aus dem Norden, von der zerklüfteten Küste des heutigen Schweden. Und der wichtigste Anführer von allen war ein Wikinger durch und durch. Dieser Mann war Rurik.

■

Rurik kehrte als reicher Mann aus Miklagard zurück. Wie andere Abenteurer unter den Wikingern benutzte er das Silber, um im nächsten Sommer eine weitere Expedition zu finanzieren, mit mehr Schiffen und mehr Sklaven. Diese Expedition brachte ihm noch mehr Silber ein, was ihm wiederum weitere Reisen ermöglichte.

In Staraja Ladoga übertrafen sich die Händler gegenseitig mit Geschichten über seine Erlebnisse, eine haarsträubender als die andere. Dann kehrte in einem kalten Frühling um das Jahr 860 eine Gruppe von Abenteurern zurück, die sensationelle Neuigkeiten aus dem Süden mitbrachten. Rurik war offenbar König geworden!

Ihre Geschichte ging so: Monatelang hätten sich die Clans der Waldgebiete – die Tschuden, Slawen, Wepsen und Krivichianer – gegenseitig bekriegt. Und schließlich kamen sie auf die Idee, ihre Streitigkeiten beizulegen, indem sie Rurik fragten, ob er nicht die Regentschaft über das gesamte Gebiet antreten wolle.

»Unser Land ist groß und reich, aber ohne jede Ordnung«, haben sie vermutlich gesagt. »Komm und herrsche über uns!«

Und natürlich hat Rurik Ja gesagt.

Viele fragten sich, ob es wirklich wahr sein konnte, dass Rurik die Macht einfach so in die Hände gefallen war. Doch ganz gleich, was genau sich ereignet hatte, er war nun der Herrscher von Nowgorod, während seine Brüder die Städte Belosersk und Isborsk regierten.

Dieser Zustand währte zwei Jahre, bis ihn die Nachricht erreichte, dass seine Brüder tot seien. Wieder konnte niemand sagen, was genau vorgefallen war. Und wieder einmal profitierte Rurik von der neuen Situation.

Einige seiner Männer hatten freilich eigene Ambitionen. Ein paar Monate später fragten die Brüder Askold und Dir um Erlaubnis, mit einer Gruppe von Kriegern gen Süden ziehen zu dürfen, um ein eigenes Königreich zu gründen.

Rurik willigte ein, worauf Askold und Dir den Dnepr hinunterfuhren. Schließlich entdeckten sie am rechten Flussufer eine Stadt, deren Lage ihnen perfekt erschien, weil viele Wasser- und

Landwege dort mündeten. Die älteren Einheimischen sagten, dieser Ort heiße Kiew.

Askold und Dir übernahmen also die Kontrolle über ihre neue Hauptstadt. Sie rekrutierten Krieger der ansässigen Clans, verlangten Steuern von den Schiffen, die auf dem Dnepr vorbeifuhren, und begannen mit dem Bau einer Festung, von der aus man den Fluss überblicken konnte.

Doch die Brüder wollten noch mehr. Kiew war ihnen zu klein und sie träumten von unermesslichen Reichtümern.

Also richteten sie den Blick nach Süden zum größten Schatz von allen – Miklagard.

Für die Einwohner der Großen Stadt begann der 18. Juni 860 sonnig und warm. Es versprach, ein herrlicher Tag zu werden, der wolkenlose Himmel war leuchtend blau, und die Sonne glitzerte auf den Wellen des Bosporus.

Weit im Osten führte Kaiser Michael III. seine Truppen gegen die Araber ins Feld. Doch an einem Morgen wie diesem konnte man leicht vergessen, dass sich das Reich im Krieg befand. Auf den Bazaren wurde eifrig gehandelt, die Kais waren von Fischern bevölkert, und in den Tavernen wurde lautstark über die Wettkämpfe im Hippodrom diskutiert …

Kurz vor Mittag läutete die erste Kirchenglocke, dann setzten auch die anderen Glocken ein, und schließlich war es ein wildes Geläut, das die Menschen in Panik versetzte.

Die Leute rannten zu den Stadtmauern und sahen, dass sich eine ganze Armada von Wikingerschiffen – zweihundert an der Zahl und bis an die Zähne bewaffnet – der Stadt näherte.

Glücklicherweise konnte sich keine Stadt der Welt in Sachen Verteidigungsanlagen mit Konstantinopel messen: Es gab drei steinerne Mauerringe, fast hundert Befestigungstürme und sogar einen Graben. Die Große Stadt war noch nie erobert worden und die Wikinger hatten mit Belagerungen nur wenig Erfahrung.

Ganz gleich, wie enthusiastisch Askold und Dir ihre Kampflieder anstimmten, sie hatten kaum eine Chance, in das Innere der Stadt vorzudringen. Sie wiesen die Schiffe also an, vor den Mauern der Stadt zu ankern, um die umliegenden Dörfer zu plündern.

In den nächsten Tagen wüteten die Wikinger wie hungrige Wölfe in den Vororten der Großen Stadt. Sie stürmten die Klöster, warfen die Kirchenschätze auf einen Haufen und metzelten die Mönche nieder. Sie plünderten und brandschatzten und mordeten und richteten ein Blutbad nach dem anderen an, stets angetrieben von Askold und Dir, deren brüllendes Gelächter die Schreie der Opfer übertönte.

Innerhalb der Stadtmauern drängten sich Hunderte verschreckte Einwohner in der Hagia Sophia, der Kirche der »heiligen Weisheit«, zusammen. Als der weißhaarige Bischof, Patriarch Photios, das Wort ergriff, war sein Gesicht ernst und verschlossen.

»Was hat es mit dieser schmerzhaften schweren Heimsuchung auf sich?«, rief er mit dröhnender Stimme. Warum hat uns dieser grausame Donnerschlag aus dem hohen Norden ereilt? Warum fegt dieser Hagelsturm plötzlich über uns hinweg?«

Bei diesen Worten ging ein angstvolles Raunen durch die Kirche. Sie alle kannten die Antwort. Die Nordmänner waren die Sendboten der Finsternis und Gott strafte die Einheimischen für all ihre Sünden.

»Wehe uns!«, rief Photios. »Die wilden und grausamen Angreifer umzingeln die Stadt und plündern die Vororte. Sie schlagen alles kurz und klein, zerstören Felder und Häuser, töten das Vieh, morden Frauen und Kinder, Alt und Jung! Ohne das geringste Erbarmen metzeln sie uns mit ihren Schwertern nieder und machen vor niemandem halt. Tod und Vernichtung erwarten uns alle!«

Doch Photios irrte sich. Die Kunde vom Angriff der Wikinger verbreitete sich schnell. Und nur wenige Wochen später segelte Kaiser Michael III., geschickt den Spähern der Wikinger ausweichend, in den heimischen Hafen ein.

Aufgeschreckt von den alarmierenden Nachrichten verlor er keine Zeit. Gemeinsam mit Photios eilte er in die Kirche der Jungfrau Maria, wo er die ganze Nacht betete.

Als über der Großen Stadt der nächste Morgen dämmerte, führte er eine Prozession schwarz gekleideter Priester an. Sie zogen bis zum Hafen, sangen Lieder und trugen große Kreuze.

In den Händen des Kaisers befand sich eine der bedeutendsten Reliquien der Stadt, der Umhang der Jungfrau selbst. Die Bewohner senkten die Köpfe und hielten den Atem an, als er an ihnen vorbeiging.

Am Hafen kniete er nieder und senkte den Umhang der heiligen Maria vorsichtig ins Wasser. Zunächst geschah nichts.

»Das Wasser war ruhig«, schrieb später ein Chronist, »die See lag still da …«

Doch plötzlich erhob sich wie aus dem Nichts eine Brise, gefolgt von einer heftigen Windböe – dann dröhnte ein gewaltiger Donnerschlag, ein Sturm peitschte das Meer auf, Gischt schoss hoch in die Luft, und die Wellen türmten sich schäumend höher und höher …

Der Sturm wütete den ganzen Tag. Als es dunkel wurde, rückten die Menschen in ihren Häusern zusammen, während der Wind um die Dächer heulte.

Doch am nächsten Morgen hatte sich das Unwetter gelegt. Und als der Kaiser und die Priester ihre Blicke über den Hafen schweifen ließen, trieben Wrackteile im Wasser – hier ein zerfetztes Segel, dort ein gebrochenes Ruder, der Schaft einer Axt, ein hölzerner Drachenkopf.

Das war alles, was der Sturm von der Wikingerflotte übrig gelassen hatte. Doch Askold und Dir sowie einigen Gefolgsleuten war in der Nacht rechtzeitig die Flucht gelungen.

Und sie würden wiederkommen.

TEIL ZWEI

RAGNARS SÖHNE

5

Das Sterbelied von Ragnar Lodbrok

Vom ersten Tag, an dem er die Welt betrat, bis zu seiner letzten Stunde war Ragnar Lodbrok der Inbegriff eines Helden.

Im frühen neunten Jahrhundert geboren, war er der Sohn des schwedischen Bandenchefs Sigurd Hring und seiner Frau Alfhild. In einer Saga wird er als der »größte und redlichste Mann« bezeichnet, »den je ein menschliches Auge erblickt hat«. Andere beschreiben ihn als »wohlgestaltet und wohlerzogen, großzügig den eigenen Leuten, doch grausam seinen Feinden gegenüber«.

Sein ganzes Leben lang strebte er nach persönlichem Ruhm. Sobald er alt genug war, stellte er sich seine eigene Kampftruppe zusammen und später dann eine Flotte, die er in Expeditionen über das Meer führen konnte.

Im gesamten Norden eilte ihm sein Ruf bald voraus. Wo immer sich Männer und Frauen versammelten, um den Erzählungen der Skalden zu lauschen, hörten sie von schwedischen und dänischen Schlachten, von Ragnars Reisen an die Küsten Englands und des Frankenreichs und seinen Kämpfen mit Drachen und Ungeheuern.

Ein so verwegener Held brauchte natürlich eine außerordentliche Königin. Doch den Skalden zufolge war keine Frau auf Erden gut genug – außer einer.

Im Königreich der Gauten in Südschweden lebte der Jarl Herraud. Er hatte eine Tochter namens Thora, die als die schönste junge Frau in ganz Midgard galt.

Um sie zu beschützen, baute Herraud ihr ein eigenes Wohnhaus, das von einer hohen Mauer umgeben war. Den Dichtern zufolge hatte er ihr außerdem eine junge Schlange geschenkt, die sie in eine Truhe steckte, in der sich ein Goldschatz befand.

Die Schlange wuchs heran und auch der Goldschatz vermehrte sich. Aus der Schlange wurde ein riesiger gefährlicher Drache, ein Lindwurm, der jeden Tag einen Ochsen fraß und alle, die ihn sahen, in Angst und Schrecken versetzte.

Zu dieser Zeit bereute Herraud seine Entscheidung zutiefst. Thora war immer noch in ihrem Haus in Sicherheit, aber der Lindwurm war jetzt so groß, dass er sich einmal um das ganze Haus wand und sich selbst in den Schwanz beißen konnte, während er den Goldschatz bewachte.

Schließlich versprach Herraud, König der Gauten, jedem, der ihm den grässlichen Lindwurm vom Hals schaffte, sowohl den Goldschatz als auch die Hand seiner Tochter.

Diese Chance konnte sich Ragnar, Sohn von Hring, nicht entgehen lassen. Da er aber wusste, dass der Kampf gegen einen Lindwurm eine äußerst gefährliche Sache war, plante er ihn bis ins kleinste Detail.

Ehe er sich dem Lindwurm näherte, fertigte er für sich eine ganz besondere Hose an, die aus Fell, Wolle und Tierhäuten bestand. Manche sagten, er habe sie gekocht, mit Teer übergossen und im Sand gerollt, um sie zu härten. Andere behaupteten, er habe sie durchs Wasser gezogen und im Schnee gefroren, sodass die Eiskristalle wie kleine Dolche geglitzert hätten.

So oder so muss Ragnar eine seltsame Figur abgegeben haben, als er mit seiner steifen Wollhose dem Drachen entgegenstakste. Doch sein Gesicht verriet nicht die geringste Angst.

Drachen haben die unvergleichliche Fähigkeit, eine Gefahr zu wittern, und so hatte ihn der Lindwurm bereits entdeckt. Sein abscheulicher Kopf thronte hoch in der Luft. Von seinen messerscharfen Zähnen tropfte das Gift.

Ragnar stand unerschütterlich da, den Speer in der einen, den Schild in der anderen Hand.

Der Kopf des Lindwurms schoss hinab und spuckte der kleinen Gestalt zu seinen Füßen eine Ladung Gift entgegen. Doch Ragnar hatte seine Kleidung gut gewählt und so konnte das Gift seine Hose nicht durchdringen.

Erneut fuhr der Kopf des Lindwurms nach unten, seine Fangzähne schnappten nach Ragnars Schild. In diesem Moment stach der junge Mann dem Untier seinen Speer in den Hals und rammte ihn mit aller Kraft tiefer und tiefer hinein.

Der Lindwurm stieß einen grässlichen Schmerzensschrei aus. Während er sich krümmte und in Panik nach Ragnar schlug, ließ dieser den Speer los und hieb mit aller Kraft, die ihm geblieben war, mit dem Schwert auf den Hals des Untiers ein, schnitt durch die Schuppen und trennte den Kopf vom Körper ab.

Während der kopflose Drache zu Boden sank und sein schwarzes Blut die Erde tränkte, stand der junge Wikinger keuchend da. Schließlich versuchte er, seinen Speer aus dem Untier herauszuziehen, doch dies gelang ihm nur mit dem hölzernen Schaft, die Eisenspitze steckte zu tief im Fleisch.

Ragnar zuckte die Schultern. Der Speer hatte seinen Zweck erfüllt. Er konnte immer irgendwo einen anderen auftreiben.

Am nächsten Tag verbreitete sich die Kunde von Dorf zu Dorf. König Herraud kam, um sich die sterblichen Überreste des Lindwurms anzusehen, doch Ragnar war verschwunden. Thora, die sich alles von drinnen angeschaut hatte, sprach ohne Unterbrechung von dem mutigen jungen Krieger, dessen eiserne Speerspitze immer noch im Fleisch des Untieres steckte. Das brachte ihren Vater auf eine Idee.

Am nächsten Tag rief Herraud alle Männer der Gegend zu sich, um den Bezwinger des Lindwurms ausfindig zu machen. Einer nach dem anderen trat vor und zeigte seine Waffen. Doch niemand hatte einen abgebrochenen Speer, der zu der Eisenspitze im Fleisch des Drachen passte.

Schließlich trat ein Fremder vor Herraud hin. Er trug einen Umhang mit Kapuze und eine ziemlich auffällige Hose. Schweigend hielt er ihm den Schaft seines Holzspeeres entgegen. Ein Lächeln breitete sich auf Thoras Gesicht aus.

Als Ragnar seine Kapuze zurückschlug, ging ein Raunen durch die Menge. Dann brandete Jubel und Applaus auf. Und während der Drachenbezwinger seine Braut in die Arme schloss, gab König Herraud bereits die ersten Anweisungen für das Hochzeitsfest.

■

Ragnars Ruhmestat verbreitete sich wie ein Lauffeuer. Und schon bald kannte man in jedem Dorf des Nordens die Geschichte von Ragnar, der mit seiner »Lodenhose« (Lodbrok) für Furore gesorgt hatte.

Den Sagas zufolge führten Ragnar und Thora ein glückliches Leben zusammen und hatten zwei Söhne, Agnar und Erik, der den Beinamen »Vindhatt« erhielt, weil er stets Glück mit den Winden auf See hatte. Die Dichter beschreiben sie als »stattlich und wohlgeraten und anderen Männern an Stärke weit überlegen«.

Thoras Lebensfaden wurde von den Nornen leider viel früher abgeschnitten, als sie und Ragnar es sich erhofft hatten. Sie war noch recht jung, als sie erkrankte und kein Arzt verhindern konnte, dass sie ihre letzte Reise nach Hel antreten musste.

Ragnars Schmerz war grenzenlos, er verließ sein Reich und zog lange Zeit allein umher. Doch eines Tages führte ihn sein Weg zu einem Fischerdorf an der norwegischen Küste. Auf der Suche nach Brot begegnete er dort einem Bauernmädchen mit langem goldenem Haar, das sich *Kraka* – Krähe – nannte.

Für Ragnar war es Liebe auf den ersten Blick. Und als sie ihren Scharfsinn durch ein paar Rätselspiele unter Beweis stellte, wusste er, dass sie die perfekte Frau für ihn sein würde.

Mit seiner geheimnisvollen Braut kehrte er also in seine Heimat zurück. Auch sie waren sehr glücklich zusammen und bekamen vier Söhne: Ivar, Björn, Ragnald und Halfdan.

Als Kraka entdeckte, dass sie ein weiteres Kind erwartete, fasste sie einen folgenschweren Entschluss. Sie fand es an der Zeit, ihrem Mann die Wahrheit über ihre Herkunft zu sagen.

Eines Nachts, als er gerade in den Schlaf hinüberglitt, fasste sie ihn an den Schultern und offenbarte ihm ihre Geschichte. Ihr eigentlicher Name sei nicht Kraka, sondern Aslaug, und ihre Eltern seien auch keine Bauern, sondern »mein Vater der größte Mann, der je gelebt hat, und meine Mutter die klügste und schönste aller Frauen«.

»Mein Vater war Sigurd Fafnirs Bane, der Drachentöter, und meine Mutter war Brynhild, die Schildmaid«, erklärte sie.*

Jeder andere wäre außerstande gewesen, ihr dies zu glauben. Doch Ragnar war auch das Außergewöhnlichste nicht fremd. Und als ein paar Wochen später ihr fünfter Sohn geboren wurde, sandten ihm die Götter ein Zeichen, dass seine Frau die Wahrheit gesprochen hatte.

Als das Baby die Augen öffnete, sah er in dessen Augen eine

---

* Ihr erinnert euch bestimmt an Sigurd, der den Drachen Fafnir tötete, und Brynhild, die sich auf seinen Scheiterhaufen warf.

gewundene Schlange, die sich in den Schwanz biss. Das war Fafnir, der größte aller Drachen!

Ragnar und Aslaug nannten ihn Sigurd »Schlangenauge«. Er wurde zum Ahnherrn der dänischen Könige.

▪

Ragnars Söhne wuchsen zu starken Kriegern heran, wie einst ihr Vater. Sie lernten zu reiten, den Bogen zu spannen, das Schwert zu schwingen und den Speer zu werfen. Und wie alle Wikinger sahen sie voller Freude ihren eigenen Abenteuern entgegen.

Zu dieser Zeit waren Beutezüge zu einer zuverlässigen Einnahmequelle geworden. Die Angriffe auf Lindisfarne, Iona und Dorestad waren erst der Anfang gewesen. Jahr für Jahr drangen die Wikinger nun tiefer in das Innere der christlichen Länder vor.

Im Sommer 840 verbreitete sich eine Kunde, die allen Kriegern, die je eine Axt geschwungen hatten, ein Lächeln ins Gesicht zauberte. Ludwig I., der König des Fränkischen Reichs, war gestorben, und seine Söhne stritten sich um die Nachfolge.

Da im gesamten Fränkischen Reich blutige Kämpfe ausgebrochen waren, lag die Küstenlinie nahezu ungeschützt da und bettelte förmlich darum, angegriffen zu werden.

In diesem Chaos erblickten die Wikinger ihre Chance. Rasch zogen sie große Kriegsflotten zusammen, segelten mit ihren Schiffen die Seine, die Loire und die Somme hinunter und plünderten die Dörfer, wann immer sich eine Gelegenheit bot.

841 verwüsteten sie die Stadt Rouen und griffen anschließend die Abteien Jumièges und Saint-Ouen an. Zwei Jahre später fielen sie am Tag des Johannisfests, als die Stadt voller Pilger war, in Nantes ein.

Die Einwohner rannten in Panik durch die Gassen, und Tausende retteten sich zunächst in die Kathedrale, wo Bischof Gohard verzweifelte Gebete mit ihnen sprach. Doch Gott war taub. Nur Minuten später ließen Äxte das Holz der Kirchentüren zersplittern.

Als die Wikinger, ihre Kriegslieder singend, in die Kirche stürmten, sprangen die Betenden auf.

Am Altar hatte Gohard gerade »Fasset Mut« gesagt, als die Wikinger zu ihm vordrangen. Ehe ihre Äxte auf ihn niedersausten, stand er unbeweglich da, die Augen im Gebet geschlossen.

Nachdem die letzten Schreie verstummt waren, wollen ein paar Leute gesehen haben, wie Gohard wieder aufgestanden ist, seinen abgetrennten Kopf aufgehoben hat, mit ihm zum Hafen gegangen ist und ein Boot in seine Heimatstadt Angers bestiegen hat. Klingt insgesamt ziemlich unwahrscheinlich, aber wer weiß?

Was sich in Nantes abgespielt hatte, war inzwischen allzu vertraut geworden. »Die Wikinger überrennen alles, was in ihrem Weg liegt«, klagt ein fränkischer Chronist. »Niemand kann ihnen Einhalt gebieten und so breitet sich das Übel ungebremst im ganzen Land aus.«

Im Frühjahr 845 fand der spektakulärste Angriff von allen statt – ein Dolchstoß in das Herz des Frankenreichs.

Diesmal legte eine Flotte mit über hundert Schiffen und mindestens viertausend Kämpfern in Dänemark ab. Sie brauchten eine Woche, um – zunächst entlang der Küste und dann auf der Seine flussaufwärts – ihr Ziel zu erreichen.

Der Bürgerkrieg war inzwischen vorüber und das Fränkische Reich in drei Teile geteilt. Über den westlichen Teil, das heutige Frankreich, herrschte ein junger Mann namens Karl. Seine Untertanen nannten ihn Karl den Kahlen, obwohl er volles Haar hatte. Vielleicht war es scherzhaft gemeint.

Auf jeden Fall war Karl fest entschlossen, die Wikinger aufzuhalten, ehe sie die Hauptstadt Paris erreichten. Er teilte also seine Truppen und ließ sie beide Ufer der Seine bewachen – eine verhängnisvolle Entscheidung, wie sich herausstellen sollte.

Während die Wikinger mit ihren Langschiffen den Nachschub der französischen Truppen abschnitten, nahmen sie sich zuerst die kleinere Armee vor und zerstörten sie vollkommen. Das brachte ihnen hundertzehn Gefangene ein, die sie auf einer Insel in der Seine zusammentrieben.

Während der hilflose König und die anderen zusahen, wurden die Gefangenen zur Warnung aller gehängt. Als die verbliebenen westfränkischen Soldaten daraufhin panisch Reißaus nahmen, breitete sich auf dem Gesicht des Wikinger-Kommandanten ein höhnisches Lächeln aus.

Es war Ragnar Lodbrok.

Nun wandte sich Ragnar in Richtung Süden. Karl hatte Zuflucht in einem Kloster in der Provinz gesucht. Der Weg nach Paris war also frei.

Als die Wikinger das Stadtzentrum erreichten, waren die meisten Einwohner bereits geflohen. Doch die Enttäuschung war groß, weil die Mönche der Abtei Saint-Germain-des-Prés den Großteil ihres Kirchenschatzes mitgenommen hatten. Immerhin war Ragnar sehr erfreut darüber, dass ihr großartiger Weinkeller noch gut bestückt war.

Doch als er die Stadt gerade in Brand stecken wollte, erschien ein Bote des Königs mit einer eiligen Nachricht. In seiner Verzweiflung war Karl der Kahle bereit, jeden Preis zu zahlen, um seine Hauptstadt zu retten und die Wikinger zum Abzug zu bewegen. Die beiden Männer schlossen also einen Handel. Karl wollte Ragnar zweieinhalb Tonnen Silber aushändigen, und dieser versprach, die Stadt und das Westfränkische Reich zu verschonen. Vorerst.

Für die Wikinger im Westen war dies ein Meilenstein. Zum ersten Mal hatte ein christlicher König sie dafür bezahlt, dass sie kampflos die Heimreise antraten – hatte ihnen einen enormen Schatz überlassen, weil er zu schwach zum Kämpfen war.

Natürlich machte dies im Norden sofort die Runde. Die Christen waren reich, sie waren schwach und gespalten. Und vor allem hatten sie *Angst.*

Von nun an brauchten die Wikinger nur ihre Hände auszustrecken und konnten verlangen, so viel sie wollten.

Zwei Jahrzehnte vergingen. Ragnar Lodbrok saß allein in seinem großen Haus an der schwedischen Küste und starrte in die Flammen.

Er war sichtbar gealtert, sein Gesicht mit Narben übersät. Auch war er nicht mehr ganz so schnell wie in seinen Glanztagen, doch sein Hunger nach Ruhm und Ehre hatte nie nachgelassen.

Viele Wikinger folgten seinen Spuren. In den folgenden Jahren drangen viele Kriegsbanden tief nach Irland vor und bauten befestigte Häfen wie in Black Pool an der Liffey, dem heutigen Dublin.

Ein ums andere Mal waren die Wikinger über die Königreiche der Angelsachsen hergefallen. Sie hatten Southampton und Portland, London und Canterbury gestürmt, hatten die Männer niedergemetzelt und die Frauen versklavt.

Mit einem Lächeln musste Ragnar an seinen Sohn Björn denken, der ein Kämpfer nach seinem Geschmack war.

Zusammen mit seinem engen Freund Hastein hatte Björn schon im Jugendalter Beutezüge ins Westfrankenreich angeführt, war die Loire hinaufgefahren, um zu plündern und zu brandschatzen. Oder wie es ein fränkischer Chronist formulierte: »Sie kamen mit wehenden Fahnen und geblähten Segeln, um wie hungrige Wölfe über die Schafe des Herrn herzufallen, ihr Blut zu vergießen und es ihrem Gott Thor zu opfern.«

Für Björn und Hastein führte die Straße der Wellen nun Richtung Süden. Sie wussten, dass hinter den Berggipfeln der Pyrenäen das Königreich al-Andalus lag, ein Land von unermesslichem Luxus und Reichtum.

Als westlichster Außenposten des Islam in Europa war al-Andalus berühmt für seine prachtvollen Bibliotheken, die Schönheit seiner Gärten und den Trubel auf seinen Basaren. Händler aus dem Norden hatten dort enorm hohe Summen für ihre Sklaven erzielt, doch es war den Wikingern nie gelungen, die für ihren Reichtum bekannte Stadt Sevilla zu erobern.

Nachdem sie im Jahr 859 mit über sechzig Schiffen die Fischerdörfer Nordspaniens angegriffen hatten, segelten Björn und Hastein an der Küste des heutigen Portugal entlang nach Süden, durchquerten die Straße von Gibraltar und gelangten so ins Mittelmeer.

Nachdem sie die Meerenge hinter sich gelassen hatten, fielen sie in Spanien, Marokko und auf den Inseln Ibiza und Mallorca ein, bevor sie auf Italien zuhielten, wo sie den Hafen von Luni im heutigen Ligurien plünderten. Als sie nach zwei Jahren die Heimreise antraten, hatten sie eine gewaltige Menge an Gold und Silber sowie Hunderte Sklaven aus Nordafrika für den Sklavenmarkt in Dublin dabei.

Ragnar starrte ins Feuer. Er wusste, was die jungen Männer sagen würden – dass er es mit Björns Taten niemals aufnehmen konnte, dass er ein Mann von gestern war.

Aber er würde ihnen beweisen, dass sie sich irrten. Ein letztes

Mal würde er seine Schlachtgesänge anstimmen, und wenn es ihn das Leben kostete …

Er blickte auf. Aslaug stand in der Tür, und er spürte, dass sie seine Gedanken lesen konnte. Aber sie sagte nichts. Als Tochter von Sigurd und Brynhild wusste sie, dass es keinen Zweck hatte, sich dem Schicksal entgegenzustellen.

Am nächsten Tag machte sich Ragnar mit nur zwei Langschiffen auf den Weg, obwohl Aslaug ihn zu einer größeren Flotte gedrängt hatte. Ragnar hielt es jedoch für besser, mit einer kleinen beweglichen Flotte anzugreifen. Und dann, nachdem er die Angelsachsen so geschlagen hatte, würde ihm ewiger Ruhm gewiss sein.

Was er aber mitnahm, war ein Seidenhemd, das Aslaug für ihn genäht hatte. Das würde ihn vor allen Gefahren schützen, sagte sie mit ernster Stimme.

Der alte Kämpfer segelte gen Westen, dem Sonnenuntergang entgegen. Und während sein scharlachrotes Segel sich im Wind blähte, spürte er, wie das Blut in seinen Adern pulsierte und die vertraute Kampfeslust ihm die Brust weitete …

Als Ragnar und seine Mannen schon fast die Küste erblickten, frischte der Wind auf, der Sturm heulte, und Regen peitschte auf sie herab. Irgendwie gelang es ihnen, an Land zu gehen, doch war es eine erschöpfte und mitgenommene Kriegsbande, die sich den englischen Strand hinaufschleppte.

Am nächsten Tag fielen die Krieger Northumbrias über sie her. Wie immer führte Ragnar seine Männer von vorne in die

Schlacht, ohne Helm und ohne Schild. Nur den Speer, mit dem er vor vielen Jahren Thora für sich gewonnen hatte, trug er bei sich. Während seine Männer einer nach dem anderen tot zu Boden sanken, kämpfte er weiter, ein Krieger bis zuletzt.

Als alles vorbei war, wurde er in die Hauptstadt York gebracht und vor Aelle, dem König von Northumbria, auf die Knie gestoßen.

Ragnar zeigte nicht das geringste Anzeichen von Furcht. Er begegnete Aelles Blick mit einem kühlen Lächeln und sprach kein Wort.

Aelle nickte seinen Wachen zu. Der Heide würde noch um Gnade winseln. Und er wusste genau, was dazu erforderlich war.

»Werft ihn in die Grube!«, befahl er mit kalter Stimme.

Ragnar war dadurch berühmt geworden, dass er eine große Schlange besiegt hatte. Und als die Wachen ihn in eine Grube warfen und sich dort Schlangen seinem geschundenen Körper entgegenwanden, schien sich sein Schicksal zu erfüllen.

Zunächst weigerten sich die Schlangen, ihn zu beißen. Sie entblößten ihre Zähne, schnappten jedoch nicht zu, als würden sie vor irgendetwas zurückschrecken.

Aelle gab seinen Wachen ein weiteres Zeichen. Diese zerrten Ragnar daraufhin aus der Grube und rissen ihm sein Seidenhemd vom Körper. Dann stießen sie ihn zurück in die Grube, wo die Schlangen schon züngelten.

Nun, da die Schlangen ihre Zähne in ihn schlugen, brach

Ragnar sein Schweigen und stimmte ein letztes trotziges Lied an – das Sterbelied eines Wikingers.

Er sang von Schlachten und Abenteuern, von Reisen und Eroberungen. Er sang vom Kampf mit dem Drachen, von Schwertern, Speeren und Schiffen. Er sang von seiner verlorenen Thora und seiner geliebten Aslaug, die er niemals wiedersehen würde …

Ragnar spürte, wie das Gift in seine Venen eindrang, und hob ein letztes Mal seine Stimme:

Ich bin bereit zu sterben. Die Diener Odins rufen mich nach Hause. Mit den Göttern an meiner Seite werde ich mein Bier trinken. Meine Tage sind gezählt, mein Leben ist vorbei. Lachend werde ich sterben!

Er sank auf die Knie. Mit letzter Kraft flüsterte er: »Wie sie grunzen werden, die kleinen Schweinchen, wenn sie vom Schicksal des Ebers erfahren …«

Dann verstummte er. Die Geschichte von Ragnar Lodbrok hatte ihr Ende gefunden.

■

Ragnars Söhne waren alle im großen Saal, als sie die Nachricht aus York erreichte. Ivar, der Älteste, fläzte sich im Thronsessel, Björn schärfte seinen Speer, Halfdan und Sigurd spielten Schach.

Als Aelles Boten die Nachricht verkündeten, schien die Zeit stillzustehen. Halfdan und Sigurd unterbrachen ihre Partie,

Björn ließ den Speer sinken, Ivar lauschte schweigend, sein Gesicht kalt und hart.

Als die Boten Ragnars letzte Worte von den Schweinchen und dem Eber überbrachten, war die Anspannung fast unerträglich. Björns Hände krampften sich so sehr um den Speer, dass seine Fingerknöchel weiß wie Schnee wurden. Halfdan drückt eine Schachfigur so sehr zusammen, dass unter seinen Fingernägeln Blut hervortrat.

Sigurd, der seine Fingernägel mit einem Messer reinigte, schnitt sich bis auf den Knochen ins Fleisch, gab aber keinen Ton von sich. Und Ivar saß unbeweglich da, sein Gesicht bleich vor Schmerz und Wut.

Die Boten hatten ihre Nachricht überbracht und schwiegen. Im großen Saal war es totenstill.

Dann ergriff Ivar das Wort. Die Boten sollten in Frieden nach Hause zurückkehren, sagte er. Niemand würde ihnen ein Haar krümmen.

Voller Erleichterung senkten die Boten die Köpfe.

Noch in dieser Nacht planten Ragnars Söhne ihre Rache.

6

Der Blutadler

Über den Feldern Englands brach die Abenddämmerung an. Als der Schäfer die Kuppe des Hügels erreichte, nahm er den Geruch brennenden Holzes aus dem Nachbardorf wahr.

Er pfiff, und sein Hund kam mit einem Wuff angelaufen. Sie mussten durch den Wald und dann über einen kleinen Fluss. Die Sonne war bereits hinter dem Horizont versunken, nur die Wipfel der Bäume badeten noch in rotgoldenem Licht.

Jetzt eine weitere Anhöhe hinauf und dann Richtung Meer. Ein grasbewachsener Hügel schälte sich aus der Dämmerung – und unwillkürlich bekreuzigte sich der Schäfer.

So etwas gab es hier überall: seltsame Hügel und rätselhafte große Steine, die sich niemand erklären konnte. Eine Landschaft voller Geheimnisse, übersät mit den geisterhaften Boten einer fernen Vergangenheit.

Der Schäfer hatte zwar nie Lesen und Schreiben gelernt, er wusste aber, dass es hier vor vielen Jahrhunderten Römer gegeben hatte – Menschen mit magischen Fähigkeiten, die riesige Paläste gebaut hatten.

Manche sagten, bei den Römern habe es sich um Riesen gehandelt, und der Schäfer glaubte ihnen. Als Junge hatte er einst mit seinem Vater die Ruinen von London gesehen und hatte nie die abgebrochenen Säulen und Überreste der Tempel vergessen. Kein Sterblicher war in der Lage, solche Gebäude zu errichten.

Der Schäfer wusste, dass seine Vorfahren jenseits des Meeres gelebt hatten. Vor vielen Jahren hatte er einen Dichter von alten Zeiten singen hören: von Beowulf, dem mutigsten aller Krieger, von seinem Kampf mit dem Unhold Grendel und dessen scheußlicher Mutter.

Doch solche Erzählungen gehörten zu einer längst vergangenen Zeit, als die Menschen jenseits des Meeres noch nichts von Jesus Christus und den Heiligen gewusst hatten. Gott sei Dank hatten die Angeln und die Sachsen das Meer überquert und sich Jesus Christus zugewandt.*

Im Laufe der Jahrhunderte gründeten sie Städte und bauten Kirchen, Klöster und Trinkhallen. Für sie schien es ein gesegnetes Land zu sein. Der Schäfer hatte einmal einen Reisenden sagen hören, dass es auf der ganzen Welt kein besseres Ackerland gebe. Das hatte ihn mit tiefem Stolz erfüllt.

---

* Die Angelsachsen kamen ursprünglich aus dem heutigen Deutschland, aus Dänemark und den Niederlanden. Im fünften und sechsten Jahrhundert, nach dem Untergang des Römischen Imperiums, gelangten sie über die Nordsee nach England.

Doch nachdem die Angelsachsen hier an Land gegangen waren, hatten sie sich geteilt. Noch heute lebten sie in vier verschiedenen Königreichen und bekämpften einander.

Ihr nördlichstes Königreich war Northumbria, zu dem York, Lindisfarne und Jarrow gehörten. Einst ein Land der Gelehrten und der Heiligen, war es durch endlose innere Querelen geschwächt worden.

Dann gab es das Land des Schäfers, East Anglia, mit seinem weiten Himmel und seinen endlosen Moorlandschaften. Es war stets ein reiches Land gewesen, das sich seiner guten Handelsbeziehungen bis jenseits des Meeres rühmte. Doch Gerüchte machten die Runde, dass seine besten Tage gezählt seien.

Das größte Königtum war Mercia, das von den Städten in den *Midlands* aus regiert wurde. Bis vor Kurzem war es das mächtigste aller angelsächsischen Königreiche gewesen. Doch auch damit schien es allmählich vorbei zu sein, ohne dass der Schäfer hätte sagen können, warum.

Und dann gab es Wessex im Südwesten. Viele betrachteten Wessex als aufstrebende Macht, obwohl sein König jung und unerfahren war.

Osric, der Freund des Schäfers, sagte, dass alle Streitigkeiten irgendwann der Vergangenheit angehören würden. Die Nachkommen der Angeln und der Sachsen würden eines Tages in einem geeinten Land – Angel-Land – leben.

Während der Schäfer nun über die Dünen in Richtung Strand stapfte, konnte er sich bei dem Gedanken ein Lächeln nicht verkneifen. Wie sollten all die Menschen je unter einem einzigen König geeint werden?

Als er den höchsten Punkt der Dünen erreichte, fiel ihm die Kinnlade herunter.

Das Meer war übersät mit Drachenschiffen, fünfzig, sechzig, *hundert*! Die ersten waren schon gelandet, die letzten kaum am Horizont zu erkennen. Kein Zweifel: das Ende der Welt!

Unzählige Männer wateten bereits durchs seichte Wasser auf den Strand zu, Schilde und Speere auf dem Rücken, ihre Gesichter bedeckt mit den typischen Zeichen der Nordmänner. Das war kein Plünderungstrupp, das war eine ganze Armee!

Der Schäfer begann zu rennen. Als er im Dorf dann keuchend Bericht erstattete, wich seinen Zuhörern das Blut aus dem Gesicht.

▪

Ragnars Sohn Ivar landete mit seiner Flotte im Herbst 865 in East Anglia. Im Bestreben, seinen Vater zu rächen, hatte er die größte Armee rekrutiert, die die Menschen je gesehen hatten, mit skrupellosen Kämpfern aus dem gesamten Norden.

Die Sachsen sprachen vom »Großen Heidnischen Heer« und dieser Ausdruck war wohlverdient. Es waren nicht nur Seeleute und Kämpfer, sondern Navigatoren, Hufschmiede, Köche und Tischler. Viele hatten ihre Frauen und Kinder dabei, was bereits zeigte, dass dies kein gewöhnlicher Raubzug war.

Als sie in den Mooren East Anglias ihr Lager aufschlugen, rief

Ivar seine Huscarls zusammen. Es gehe ihm nicht allein um Rache für Ragnar, erklärte er. Sie seien als Eroberer gekommen, um die Sachsen zu vernichten und ein eigenes Königreich zu gründen.

Zwei seiner Brüder begleiteten Ivar: Halfdan »Weißhemd«, ein gerissener Anführer und grimmiger Krieger, sowie Ubba, der für seine Grausamkeit bekannt und von Kopf bis Fuß tätowiert war.*

Doch Ivar war der unbestrittene Anführer.

Als junger Mann hatte er Raubzüge in Irland angeführt und die dortigen Christen in Angst und Schrecken versetzt. Das Auffälligste an ihm war jedoch eine Eigenschaft, der er seinen Beinamen zu verdanken hat: *Ivar der Knochenlose.*

Es gibt viele Erzählungen darüber, dass mit Ivars Beinen etwas nicht stimmte. Vielleicht litt er an einer Knochenkrankheit, die seine Knochen weich und zerbrechlich machte. Doch er hatte einen so starken Charakter und eisernen Willen, dass niemand seine Führungsrolle infrage stellte.

In diesem ersten Winter wartete Ivar geduldig den richtigen Augenblick ab. Die Männer verbrachten die Zeit in ihrem Lager mit Brettspielen, Trinken und Geschichtenerzählen. Unterdessen schwärmten seine Späher aus, um Informationen über mögliche Schwächen der Angelsachsen zu sammeln.

---

* In diesem Zusammenhang wird Ubba zum ersten Mal erwähnt. In den Berichten über Ragnars Leben kommt er nicht vor. Wo kam Ubba her und wer war seine Mutter? Wir wissen es nicht.

Sie berichteten, dass sich die mächtigsten Familien Northumbrias so sehr in ihre Fehden verstrickt hatten, dass sie einen äußeren Feind gar nicht in Erwägung zogen. Sie hatten sogar zwei rivalisierende Könige: den rechtmäßigen König Osberht und seinen Feind Aelle, der Ragnar einst in die Schlangengrube geworfen hatte.

Ivar lächelte. Das würde ein Kinderspiel werden …

Im Frühjahr marschierten die Wikinger los. Es war ein langer Wagenzug mit Reitern und Fußsoldaten, der sich seinen Weg durch die Moore bahnte, um die Great North Road zu erreichen, die nach York führte.

Für die angsterfüllten Dorfbewohner, die hinter ihren Türen hervorlugten, war es ein Spektakel, das sie nie vergessen würden. Es waren unendliche Reihen von Kriegern in Lederkleidung und Kettenhemden, die an ihnen vorbeizogen. Die Schilde hatten sie sich auf den Rücken, die Äxte an die Seiten gebunden, die runden Helme hingen über ihren Schultern.

Über ihnen wehte ihr Banner: Odins schwarzer Rabe. Die Töchter von Ragnar hatten es selbst angefertigt, und es ging das Gerücht, dass Aslaug das Banner mit einem Zauberspruch belegt habe.

Wann immer sie in die Schlacht zogen, hieß es, würde der Rabe den Ausgang vorhersagen. Wenn er stolz und stark im Wind flatterte, würden Ivars Männer den Sieg davontragen. Hing das Banner aber schlaff herunter, waren sie zum Scheitern verurteilt.

Doch eine Niederlage war undenkbar. Sie waren Ragnars Söhne, Odins Krieger. *Sie konnten nicht verlieren.*

Das Große Heidnische Heer marschierte unbeirrt weiter. Um sich mit Lebensmitteln zu versorgen, drangen sie in Häuser und Höfe ein. Sie sperrten die Menschen in die Keller und plünderten ihre Vorräte. Dann schlachteten sie die Tiere und brannten alles bis auf den Grund nieder. Im Krieg durfte man nicht so zimperlich sein.

Zuweilen kreisten schwarze Vögel über ihnen, die ungeduldig auf ihr Festmahl warteten. In der Nacht wurde ihr Lager von Wölfen umlagert, die blutrünstig heulten.

Am Morgen des ersten November erblickten Ragnars Söhne die Stadtmauern von York. Es war eine der reichsten Städte Englands, wo Händler ihre Töpferwaren, Edelsteine, Schwerter und Sklaven feilboten. Und an diesem Tag waren die Gassen noch voller als sonst, denn es war Allerheiligen, ein hoher Feiertag im christlichen Kalender.

Niemand rechnete mit einem Angriff. Als die Einwohner von York die ersten Schlachtrufe hörten, rannten sie entweder schreiend davon oder blieben in Erwartung ihres Schicksals wie angewurzelt stehen.

Als die Dämmerung hereinbrach, saß Ivar mit einem Weinpokal in der Hand im Rittersaal. York war gefallen und er hatte nicht einen einzigen Mann verloren.

Wenige Wochen später feierten die Nordmänner im Herzen der eroberten Stadt das Julfest. Sie tranken auf Odin und Frey, auf ihre Vorväter und auf ihre Freunde zu Hause. Und sie hoben ihre Pokale auf Ragnar den Drachentöter, für dessen Tod sie Rache geschworen hatten.

In den nächsten Tagen saß Ivar lange am Feuer, tief in Gedanken versunken. Seine Späher berichteten, dass die rivalisierenden Könige Osberht und Aelle ihre Truppen vereinigt hatten und diese bereits auf York zumarschierten.

Für einen Moment starrte Ivar in die Flammen, dann lächelte er kalt. Er hatte eine Überraschung für sie parat. Und für König Aelle hielt er ein ganz besonderes Geschenk bereit …

▪

Am Palmsonntag 867, einem weiteren Feiertag, ritten Osberht und Aelle in die Stadt York ein.

Der Angriff war viel besser gelaufen, als sie sich hätten träumen lassen. Ihre Truppen hatten mit bemerkenswertem Mut gekämpft, waren in die Stadt vorgedrungen und hatten deren enge Gassen in Besitz genommen.

Doch zu Aelles Verwunderung war die Stadt leer gewesen. Ein Großteil von Ivars Männern musste geflohen sein. So viel zur Kampfmoral der Heiden, dachte er.

Als der König von Northumbria sich von seinem Pferd gleiten ließ, dachte er an diesen störrischen alten Narren, der in der Schlangengrube gestorben war, und stieß ein lautes Lachen aus.

In diesem Moment schnappte Ivars Falle zu.

Aelles Männer hatten nicht die geringste Chance, als die Wikinger aus ihren Verstecken hervorsprangen. Die Gassen waren viel zu eng, die Fluchtwege blockiert, und so wurden sie an Ort und Stelle niedergemetzelt.

Für ein paar Stunden war nichts anderes zu hören als splitternde Knochen und markerschütternde Schreie, das Stöhnen der Sterbenden und das Gelächter der Wikinger. Durch die Rinnsteine von York liefen Ströme von Blut. Es gab nur einen Überlebenden.

Aelle lag hilflos auf dem Boden des Rittersaals, sein Gesicht mit Blut und Tränen verschmiert. Zitternd hob er den Kopf und sah, wie Ivar ihn von seinem großen verzierten Stuhl aus betrachtete, Ubba zu seiner Linken, Halfdan zu seiner Rechten.

Für eine Weile schwiegen die Söhne Ragnars. Dann hob Ivar langsam die Hand. In aller Ruhe standen seine Brüder auf und näherten sich dem zitternden Aelle …

Was dann geschah, würden sich noch Generationen erzählen. Manche sagten, Ragnars Söhne hätten Aelle die Kehle durchgeschnitten und seinen Leichnam den Vögeln zum Fraß vorgeworfen. Andere behaupteten, Ivar hätte ein Messer genommen und dem Sterbenden einen Adler in den Rücken geritzt, ehe er Salz in die offene Wunde streute.

Doch es gab noch eine dritte Version, deren Grausamkeit die beiden anderen noch übertraf: Ivar habe Aelle die Brust aufgeschnitten, seinen Brustkorb geöffnet und seine Lunge herausgeholt. *Blutadler* war das Wort, das ihnen dazu einfiel.

Niemand weiß, was wirklich geschah, und es spielte auch keine Rolle. Was zählte, war, dass Ivar und seine Brüder ihre Rache bekommen hatten.

Doch mit England waren sie noch nicht fertig.

▪

Ivars nächstes Ziel war das größte angelsächsische Königreich – das riesige Mercia. Und diesmal sollte sich Ivars tatkräftiger Einsatz so richtig bezahlt machen.

Kaum hatte er die große Festung von Nottingham erobert, wurde ihm auch schon Geld für den Rückzug angeboten. Ivar nahm das Silber lächelnd entgegen und führte seine Truppen zurück nach York.

Er hatte bekommen, was er wollte: nicht nur das Geld, sondern auch die Gelegenheit, sich Straßen und Flüsse näher anzusehen – beides lohnte sich zu kennen, wenn man eine Großinvasion plante. Außerdem hatten Mercias Männer gezeigt, wie feige sie waren. Er musste nur mit den Fingern schnippen und schon sanken sie vor seinen Füßen zu Boden.

Als Nächstes wandte er sich auf der alten Römerstraße nach Osten. Diesmal fasste er das Königreich von East Anglia ins Auge.

Wenige Tage später erreichte ein Bote den Hof von König Edmund im Herzen von East Anglia und er kam sofort zur Sache.

»Unser König Ivar, kühn und siegreich zu Wasser und zu

Lande, ist mit seiner Armee in dieses Land gekommen«, sagte er kühl. »Ihr verfügt nicht über genügend wehrhafte Männer, um Widerstand leisten zu können. Falls Ihr am Leben bleiben wollt, so gebietet er, dass Ihr Euer Gold und Eure Ländereien mit ihm teilt und sein Vasall werdet.«

Edmund schüttelte den Kopf. »Zu fliehen war noch nie meine Art«, entgegnete er mit ruhiger Stimme. »Eher würde ich mein Leben für mein Land geben. Geht und sagt Eurem Meister: Niemals wird sich Edmund dem Heiden Ivar unterordnen, ehe sich dieser nicht zu Christus dem Erlöser bekennt, der unser aller Heiland ist.«

Als Ivar die Antwort des Königs erfuhr, lächelte er zufrieden. Nun gut, seine Krieger würden die Übung zu schätzen wissen.

Nach nicht einmal einer Stunde war die Schlacht vorbei. Als die Wikinger in den Thronsaal spazierten, fanden sie Edmund allein vor, der sagte, er wolle wie sein Erlöser sterben.

Ivar zuckte die Schultern. Wenn der König unbedingt ein blutiges Ende wollte, na schön.

Er nickte seinen Männern zu. Sie packten Edmund und schlugen ihn mit Stöcken. Dann prügelten sie auf ihn ein, bis ihm das Blut aus den Wunden lief.

»Und?«, fragte Ivar spöttisch. »Willst du dich jetzt von deinem Christus lossagen?«

»Niemals!«, gab Edmund mit brechender Stimme zurück.

Die Nordmänner schleiften Edmund nach draußen und fesselten ihn an einen Baum.

Sie hoben ihre Bögen und zielten genau. Edmund, wie betäubt vom Schmerz, murmelte stille Gebete vor sich hin.

Ivar nickte erneut. Ein Sturm von Pfeilen traf den König in die Brust »und sie standen hervor wie die Borsten eines Stachelschweins«.

Ivar hob die Hand, woraufhin Ruhe einkehrte. Edmunds Augen waren geschlossen, doch man hörte noch immer das gehauchte Wort »Jesus«.

Ivar spähte zu seinen Brüdern hinüber. Ubba zog sein Schwert, trat vor und trennte mit einer heftigen Bewegung Edmunds Kopf von seinem Körper ab.

Das Außerordentliche, erzählten sich die Leute später, habe darin bestanden, dass Edmunds Lippen weiterhin ein Gebet gemurmelte hätten, als sein Kopf schon auf dem Boden lag.*

■

Mit dem Mord an König Edmund sandten die Söhne Ragnars eine Furcht einflößende Botschaft aus: Ergebt euch oder ihr werdet sterben.

Für die Angelsachsen bestätigte der Tod des Königs die größten Befürchtungen hinsichtlich der Ungläubigen aus dem Norden.

---

* Der Legende zufolge wurde der Kopf von einem grauen Wolf bewacht, bis er schließlich gefunden wurde. Später wurde Edmund zu einem Schutzheiligen Englands. Begraben wurde er in einer Stadt namens Beodericsworth, die später in Bury St Edmunds umbenannt wurde.

Die »Dänen«*, wie sie genannt wurden, waren Gesetzlose, Barbaren, Kreaturen der Finsternis und des Schattens. Die Leute nannten sie die »Wölfe des Gemetzels« und die »Söhne des Teufels«.

Und die Heiden feierten einen Erfolg nach dem anderen. Northumbria und East Anglia waren gefallen. Mercia hatte sich kampflos ergeben.

Und nun wandten sich Ivars Männer gen Westen und stießen dabei tief ins Landesinnere von Irland und Schottland vor. Im Jahr 870 eroberten sie die Festung von Alt Clut, im Königreich Strathclyde hoch über dem Fluss Clyde gelegen.

Niemand schien dem Ansturm der Nordmänner irgendetwas entgegenzusetzen zu haben.

Wenige Monate später, als die Blätter fielen, trug der Herbstwind ein Gerücht in den Süden: Halfdan marschiere mit dem Großen Heidnischen Heer durch Mercia und sei auf eine neue Eroberung aus.

Die Söhne von Ragnar waren siegesgewiss. Nach der nächsten Schlacht würden sie die unangefochtenen Herrscher Englands sein.

Jetzt stand ihnen nur noch Wessex im Wege.

■

---

* Obwohl die Angelsachsen sie als »Dänen« bezeichneten, kamen die Eindringlinge aus allen Teilen des Nordens, nicht nur aus Dänemark. Dennoch blieb der Name in der Erinnerung der Menschen haften.

Das Reich der West-Sachsen war über dreihundert Jahre alt. Die Grafschaften Wiltshire, Somerset, Dorset, Hampshire und Berkshire mit ihren sanften Hügellandschaften und steilen Kreidefelsen waren das Kerngebiet des Königreichs. Ein Land der verschlafenen Dörfer und verstreuten Bauernhöfe.

König Aethelred war erst Anfang zwanzig und in kriegerischen Dingen völlig unerfahren. Niemand traute ihm so recht zu, den Wikingern viel Widerstand zu leisten.

Zunächst verlief alles nach Halfdans Plan. Binnen weniger Wochen überquerte seine Armee die Themse und besetzte die Stadt Reading, was ihm die Kontrolle der Flüsse in Richtung Südengland sicherte.

Wie Halfdan gedacht hatte, zog Aethelred sofort seine Truppen zusammen. Vier Tage später, während es aus einem düstergrauen Himmel auf sie herabregnete, ritt der König mit seinem jüngeren Bruder an seiner Seite und den Männern von Wessex in seinem Rücken den Wikingern bis auf Sichtweite entgegen.

Als Aethelred den Befehl zum Angriff gab, warfen sich die Sachsen mit großem Gebrüll in die Schlacht. Mit Todesverachtung preschten sie in die Reihen der Wikinger und trieben sie – Schwerthieb für Schwerthieb – auf dem durchweichten Boden zurück. Die Ungläubigen wurden auseinandergetrieben, ihre Verteidigung wankte. Weiter! Weiter!

Dann stand die Schlacht plötzlich still.

Vier ganze Tage lang hatten Halfdans Männer das Schlachtfeld präpariert, hatten tiefe Gräben gezogen, Wälle errichtet und angespitzte Pfähle in den Boden getrieben. Als die Männer aus Wessex vor diesem Hindernis plötzlich zögerten, hatte Halfdan ein kaltes Lächeln auf den Lippen.

Dann gab er das Signal. »Wie die Wölfe«, schrieb ein Mönch später, »warfen sich die Dänen plötzlich mit all ihrer Kraft nach vorne.«

Die Sachsen verfielen in Panik. Plötzlich waren *sie* es, die zurückgetrieben wurden, die im Schlamm ausrutschten, übereinanderstürzten und zur leichten Beute für die Schwerter der Wikinger wurden.

Die Sachsen, ihres Mutes beraubt, ergriffen jetzt Hals über Kopf die Flucht. Sie rannten, hinkten und stolperten an einer seichten Stelle über die Themse und dann durch matschiges, sumpfiges Ufergelände in die Dämmerung hinein – und hoffentlich weit weg vom sicher geglaubten Tod.

Doch als Aethelred am Abend die Überlebenden zählte, wollte er nichts davon hören, dass man aufgeben solle. Er und sein Bruder hätten die Schlacht unverletzt überstanden und eine Kapitulation käme für sie nicht infrage.

Ein paar Tage später, als die Wintersonne über den Wäldern aufging, brach Halfdan mit seinem Heer von Reading aus auf. Es war der 8. Januar 871, und er zweifelte nicht daran, dass der Sieg nahe war.

Als seine Männer den Hügel bei Ashdown erreichten, sah er im Tal Stahl aufblitzen. Halfdan entblößte seine Zähne in einem höhnischen Grinsen. Wussten diese Schwächlinge nicht, wann sie geschlagen waren?

Kriegsgeschrei und markerschütternde Schlachtrufe erfüllten die Luft. Jetzt rückten die Dänen geschlossen vor, den Abhang hinab, ihren Feinden entgegen, mit glühenden Augen in Erwartung des Gemetzels.

Die Sachsen hielten ihre Stellung. Unter den Soldaten der ersten Gefechtsreihe sah Halfdan das dürre und bleiche Gesicht von Aethelreds jüngerem Bruder. Für einen Moment fragte er sich, wo der König sein mochte, aber dann verdrängte er diesen Gedanken. Die Sachsen waren nur noch wenige Schritte entfernt. Das Blutvergießen konnte beginnen …

»*Vorwärts!*«, schrie Halfdan.

Die Schlachtreihen krachten zusammen. Halfdan hieb mit dem Schwert auf den Wald aus Schilden ein und spürte, wie seine Klinge in das Fleisch des Feindes eindrang. Für den Bruchteil einer Sekunde hatte er Blickkontakt mit jemandem, der sich ein paar Meter weiter hinten befand. Der blasse Bruder des Königs kämpfte mit der Verzweiflung eines in die Enge getriebenen Ebers.

Dann hörte Halfdan hinter sich ein Brüllen und Schreie der Überraschung. Er spürte, wie die eigene Verteidigungsformation wankte, als seine Männer herumfuhren.

Auch er drehte sich um. Und zu seinem Erschrecken erblickte er eine *zweite* sächsische Armee mit König Aethelred an der Spitze. Halfdan wusste genau, was passiert war.

Sie waren den Sachsen in die Falle gegangen.

■

Die Schlacht von Ashdown dauerte den ganzen Tag. Doch nun hatten die Männer aus Wessex die Oberhand und dies sollte auch so bleiben. Oder wie eine sächsische Quelle berichtet: »Eine Seite kämpfte für das Böse, die andere für das Leben, ihre Lieben und das Vaterland.«

Als alles vorbei war, lagen unzählige Tote über das Schlachtfeld verstreut. Darunter einige Huscarls, die Halfdan besonders geschätzt hatte. Ihm selbst war die Flucht gelungen.

Leider brauchte es mehr als eine Schlacht, um den Kampfgeist der Dänen zu brechen. Und die nächste Wendung in dieser Auseinandersetzung stand unmittelbar bevor. Zwei Wochen nach der Schlacht von Ashdown transportierte die Wikinger-Flotte Tausende frischer Kämpfer die Themse hinauf, damit Halfdan Aethelreds Hauptstadt Winchester angreifen konnte.

Die Sachsen fingen ihn bei Old Basing, nahe dem heutigen Basingstoke, ab. Wieder einmal wurden die Felder von Wessex mit Blut getränkt, doch als die Nacht hereinbrach, waren es die Dänen, die das Feld beherrschten.

Das Frühjahr 871 brachte weitere schlechte Nachrichten. Wiederum fuhr eine Wikinger-Armee, das »Große Sommer-Heer«, die Themse herauf. An ihrer Spitze ein groß gewachsener Häuptling mit schwarzem Bart, der Guthrum hieß und von der dänischen Küste stammte.

Gerüchten zufolge hatten Halfdan und er geschworen, England unter sich aufzuteilen. In den Kirchen von Wessex sanken die Menschen auf die Knie und flehten Gott um Hilfe an.

Dann kam die schlimmste Nachricht von allen. Einen Monat vor Ostern war Aethelred bei einem Kampf in der Stadt Meretun schwer verletzt worden.

Vier Wochen lang kämpfte der junge König um sein Leben. Doch die Wunde entzündete sich und weder Ärzte noch Gebete konnten ihn retten. Wenige Tage nach Ostern tat er seinen letzten qualvollen Atemzug.

Für die Hauptmänner von Wessex war dies ein schrecklicher Schicksalsschlag. Jetzt waren sie auf sich allein gestellt, zahlenmäßig weit unterlegen, ohne Freunde oder Verbündete.

Ihr König war tot und hinterließ zwei Söhne, die viel zu jung waren, um seine Nachfolge anzutreten. Halfdan und Guthrum kamen indes immer näher, entschlossen, das Königreich zu zerstören.

In dieser dunkelsten Stunde des Landes fasste sich Aethelreds jüngerer Bruder ein Herz und übernahm die Führung.

Er war schmächtig und blass, kränklich und ernst. Die Leute sagten, er sei ein Gelehrter, kein Kämpfer. Nur wenige dachten, dass er länger als ein paar Monate durchhalten würde. Und niemand hätte sich vorstellen können, dass er der größte König in der englischen Geschichte werden sollte.

Sein Name war Alfred.

7

Wessex allein

Es war Mitternacht. In der kleinen Steinkapelle waren die Kerzen heruntergebrannt.

Still und regungslos wie eine Statue kniete der junge Mann vor dem Kreuz. Seit Stunden hatte er nichts anderes getan, als die Hände zum Gebet zu falten, nachdem er sich während der Krönungsfeierlichkeiten zu den Klängen des Harfenisten einfach davongeschlichen hatte.

Seine Freunde hatten dies natürlich bemerkt, doch niemand hatte versucht, ihn aufzuhalten. Dafür kannten sie ihn zu gut.

Eine Kerze flackerte und erlosch. Doch er murmelte unermüdlich kniend seine Gebete.

Alfred von Wessex war einundzwanzig Jahre alt. Er war der jüngste von fünf Brüdern, die alle bereits tot waren. Er war kein geborener Herrscher. Sein ganzes Leben lang hatte er die Gegenwart Gottes gefühlt, hatte gespürt, wie er getestet, geführt und auf die große Prüfung vorbereitet worden war.

Für einen Moment schweiften seine Gedanken ab und er sah sich wieder als Jungen. Er erinnerte sich, dass sein Vater Aethelwulf groß und streng gewesen war, seine Mutter, Königin Osburh, hingegen ernst und sanft.

Mit einem verstohlenen Lächeln dachte er an den Lederball, den er und Aethelred im Hof hin und her gekickt hatten, an die Holzfiguren und Kreisel, mit denen er sich als Kind vergnügt hatte. Er erinnerte sich an die regennassen Nachmittage, an denen sie *Tafl*, sein Lieblingsbrettspiel*, gespielt hatten, und an die kalten Wintermorgen, wenn sein Vater sie auf die Jagd mitgenommen hatte und der Boden noch gefroren gewesen war.

Alfred hatte das alles geliebt, so wie er Musik und Sprachen liebte. Wenn Dichter an den Hof seines Vaters kamen, fand man ihn rasch zu ihren Füßen vor, sein Gesicht glühend vor Begeisterung.

Schon als Junge machte er auf die Leute einen außerordentlichen Eindruck. Als er vier Jahre alt war, ließ sein Vater ihm eine besondere Ehre zukommen. Alfred durfte eine kleine Gruppe von Mönchen auf ihrer langen Reise über Land und Meer nach Rom begleiten, zur ehemals wichtigsten Stadt der Welt.

Er hatte nur noch vage Erinnerungen an diese Pracht, an Ruinen und mächtige Gebäude. Doch Alfred spürte immer noch die Aufregung, als Papst Leo IV. ihm die Hand auf die Stirn

---

* Ein Spiel ähnlich Schach, bei dem sich zwei unterschiedlich große feindliche Armeen gegenüberstehen.

gelegt und ihm das Schwert und die Robe eines römischen Konsuls überreicht hatte.

Hatte der Papst damals bereits die große Persönlichkeit des kleinen Jungen wahrgenommen? Hatte er ihn wirklich als zukünftigen König gesalbt, wie manche Leute sagten?

Alfred glaubte ganz fest daran. Noch Jahre später erwähnte er dies manchmal Freunden gegenüber, ganz nebenbei, wie eine unumstößliche Tatsache.

Der bemerkenswerteste Zug an Alfred war vielleicht seine Liebe zu Büchern. In einer Zeit, in der nur wenige Menschen lesen konnten, war dies eine hervorstechende Eigenschaft.

Eines Tages, Alfred war noch sehr jung, hatte seine Mutter ihre Söhne zu sich gerufen. In den Händen hielt sie ein in Leder gebundenes Buch mit angelsächsischen Gedichten, kunstvoll mit der Hand geschrieben und illustriert, wie es damals bei allen Büchern der Fall war.

»Das bekommt derjenige von euch«, sagte sie, »der zuerst lesen lernt.«

Alfreds Brüder zuckten nur mit den Schultern. Er wusste, was sie dachten – dass Bücher etwas für Mönche wären; dass ein König lernen sollte zu kämpfen, statt seine Zeit mit Lesen zu vergeuden.

Doch Alfred konnte die Augen nicht von all den roten und goldenen Verzierungen abwenden. Hinter jedem dieser akribisch gepinselten Wörter schien sich ein Geheimnis zu verbergen.

»Wirklich, Mutter?«, fragte er eifrig. »Und ich muss dafür nur verstehen, was drinsteht?«

Seine Mutter lachte. »Ja, Alfred«, antwortete sie. »Wenn du es als Erster schaffst.«

An diesem Nachmittag, als sich seine Brüder im Bogenschießen übten, fragte Alfred, ob er das Buch ausleihen dürfte. Am nächsten Tag nahm er es mit zu dem Mönch, der ihn über das Leben Jesu unterrichtete, und bat ihn, ihm zu erklären, was die Wörter bedeuteten.

Alfred lernte schnell. Und nur ein paar Tage später stand er vor seiner Mutter und rezitierte die Gedichte, die er gelernt hatte. Sie klatschte voller Freude in die Hände.

Noch immer bewahrte er das Buch neben seinem Bett auf. Es erinnerte ihn an seine Mutter. Doch dies, dachte er entschlossen, ist nicht die Zeit für Bücher.

Dies war die Zeit des Wolfs und des Schwerts. Waren die Nordmänner erst geschlagen, konnte er immer noch lesen.

■

Am nächsten Morgen hielt Alfred seinen Kriegsrat ab.

Er saß am Kopfende eines großen Eichentischs und war blasser denn je. Vor ihm saßen die wichtigsten Männer von Wessex, seine Thane und Ealdormen, grau und grimmig.*

* Ein Thane war ein adeliger Gefolgsmann, der in der angelsächsischen Hierarchie unterhalb eines Ealdorman angesiedelt war.

Alle schwiegen und warteten darauf, dass der König das Wort ergriff.

Als Alfred sprach, war seine Stimme leise und eindringlich. Er legte die Situation dar. Northumbria war gefallen. East Anglia war gefallen. Mercia war im Begriff zu fallen – die Dänen bewegten sich völlig ungehindert innerhalb seiner Grenzen, und es war nur eine Frage der Zeit, bis auch dieses Königreich seine Freiheit ein für alle Mal verlor.

Nur Wessex war noch übrig.

Alfred ließ seinen Blick in die Runde schweifen. Die Lage schien aussichtslos. Zu viele Thane hatte er in Reading und Ashdown schon verloren.

Da es in Wessex nicht mehr genug geschulte und erfahrene Krieger gab, kam er nicht umhin, auch einfaches Volk und Bauern einzuziehen. Alle mussten ihre Pflicht tun.

Für einen Moment verdunkelte sich seine Miene, als spürte er einen plötzlichen Schmerz. Er griff sich mit einer Hand in die Seite, dann fuhr er fort.

Ragnars Söhne, sagte er ernst, seien die Diener des Teufels. Mönche hatten Schreckliches von den Verbrechen Ivars des Knochenlosen in Irland berichtet, wo ihm niemand Widerstand leisten konnte.

Halfdan sei, wie alle wüssten, ein furchterregender Feind. An seiner Seite war Ubba, der König Edmund hingemetzelt hatte. Und nun hatten sie sich auch noch mit Guthrum, diesem schwarzbärtigen Dänen, verbündet …

Als Alfred erneut das Gesicht verzog, tauschten seine Ealdormen verstohlene Blicke aus.

Sie alle wussten, dass der König von Krankheiten geplagt wurde. Manche sagten, es sei der Magen, andere machten seine Gedärme dafür verantwortlich, dass ihm das Sitzen Schmerzen bereitete.

Es ging sogar das Gerücht, er habe sich seine Gebrechen selbst beigebracht, als Strafe für seine Sünden. So etwas hätte jeder von ihnen Alfred ohne Weiteres zugetraut.

Er sprach immer noch und schien nun sehr aufgewühlt zu sein.

Sie sollten keine Angst haben, sagte er. Gott habe sie mit dieser Prüfung gesegnet, nicht verflucht. Es falle ihnen die Aufgabe zu, die Ungläubigen zurück ins Meer zu treiben, und sie sollten froh über diese Verantwortung sein.

»In der Vergangenheit sind wir oft uneins gewesen«, sagte Alfred leidenschaftlich. »Doch nun verbindet uns alle ein gemeinsames Ziel – in den Krieg zu ziehen, bis der Sieg errungen ist, und uns niemals der Knechtschaft und der Scham zu beugen, wie viel Qualen das auch für uns bereithalten mag.«

Alfred hatte sich erhoben und sein Gesicht strahlte. Er habe den Traum, sagte er, dass Angeln und Sachsen eines Tages Seite an Seite leben würden – in der Liebe zu Jesus Christus und befreit von der Angst vor den Dänen.

Er träume davon, dass ihre Kinder als *englische* Männer und Frauen aufwachsen würden, geeint in einem gemeinsamen Königreich.

Er ließ seinen Blick durch den Raum schweifen.

Nichts davon würde jemals Wirklichkeit werden können, fuhr er dann fort, wenn sie nicht die Heiden aufhielten. »Wir *müssen* die Dänen zurücktreiben. Wir *müssen* sie schlagen.«

Es gebe nur ein Volk, dem dies gelingen könne. Den Leuten aus Wessex – dem letzten Königreich.

■

All den aufrüttelnden Worten zum Trotz hätte Alfreds Gegenoffensive nicht schlechter beginnen können.

Wenige Monate nach seiner Krönung traf er nahe der Ortschaft Wilton zum ersten Mal als König auf die Dänen. Erneut kämpfte er tapfer. Doch als der Gegner seine Verstärkung auf das Schlachtfeld schickte, zögerten einige seiner Männer.

Schließlich musste Alfred den Rückzug antreten. Besser den Kampf auf einen anderen Tag verschieben, sagte er, als sich sinnlos zu opfern. Wie so viele andere vor ihm musste auch er schließlich zahlen. Als die Wikinger im Herbst aus Wessex abzogen, waren ihre Wagen mit Kreuzen und Abendmahlkelchen, mit Kerzenleuchtern und Reliquien beladen.

Alfred kniete in seiner Kapelle auf den nackten Steinfliesen und bat um Gottes Hilfe. Doch in der Zwischenzeit zogen Ivar, Halfdan und Ubba die Schlinge enger.

Im Jahr 873 bereiteten sie der Freiheit in Mercia ein Ende und setzten einen Marionettenkönig ein, einen gewöhnlichen Mann, der ihnen treu ergeben war. Sein Name war Ceolwulf.

»Er schwor ihnen Treue und lieferte Geiseln an sie aus«, heißt es in der *Angelsächsischen Chronik**, »und versprach, dass er und seine Gefolgsleute dem Feind zu Diensten wären.«

Dann traf eine sensationelle Neuigkeit an Alfreds Hof ein: Ivar der Knochenlose war tot!

Die Umstände seines Todes liegen im Dunkeln. In keinem schriftlichen Zeugnis der Wikingerzeit wird beschrieben, woran er starb. Doch viele Jahrhunderte später tauchte schließlich doch ein Hinweis auf, und zwar ausgerechnet im Garten eines Pfarrhauses in Repton, Derbyshire.

Man wusste, dass an diesem Ort viele Könige von Mercia sowie der heilige Wigstan ihre letzte Ruhe gefunden haben sollen. Doch die Gebeine, die man dort in der Erde fand, datieren um die Mitte der 870er-Jahre und gehören eindeutig zu einem Wikinger, denn er trug eine Kette mit der Abbildung von Thors Hammer um den Hals. Er wurde mit Hammer und Schwert, dem Hauer eines Ebers und dem Flügel einer Dohle begraben. Eine Untersuchung des Skeletts ergab, dass er durch Gewalteinwirkung zu Tode gekommen war.

Man hatte ihm etwas durchs Auge gestochen. Außerdem waren Brust und Unterleib schrecklich verstümmelt worden.

Um ihn herum lagen weitere Skelette, darunter vermutlich

---

* Der *Anglo-Saxon Chronicle* ist ein von Mönchen verfasster detaillierter Bericht über die Geschichte des angelsächsischen Zeitalters. Vieles, was wir heute über diese Zeit wissen, stammt aus dieser Quelle.

ehemalige Diener und Sklaven. Offensichtlich musste es sich um eine hochgestellte Persönlichkeit gehandelt haben: um einen Wikinger-Häuptling, den man ehrenvoll neben sächsischen Königen begraben hatte.

Handelt es sich um Ivar den Knochenlosen? Manche Historiker sind davon überzeugt.

In jedem Fall zog der Tod Ivars des Knochenlosen eine Veränderung im Großen Heidnischen Heer nach sich. Alfreds Informanten berichteten atemlos, dass sich das Heer der Wikinger geteilt habe.

Eine Armee unter Guthrum war in östlicher Richtung nach Cambridge gezogen, um dort ein neues Hauptquartier zu errichten. Die andere Armee unter Halfdan hatte sich nach Norden gewandt, um einen Aufstand in Northumbria niederzuschlagen und Angriffe im Süden Schottlands durchzuführen.

Niemand hätte damals vorhersagen können, dass Halfdans Entscheidung, sich Richtung Norden zu bewegen, noch Generationen beschäftigen würde. Nachdem Carlisle, Hexham und das Kloster Lindisfarne zerstört waren, nahm Halfdan seine Kommandanten zur Seite, um das weitere Vorgehen zu besprechen.

Halfdans Männer waren inzwischen seit über zehn Jahren im Norden Englands. Sie hatten alle Schätze gestohlen, die es zu stehlen gab; hatten alle Städte niedergebrannt, die sie niederbrennen konnten; und es gab kaum noch ein Kloster, das sie hätten verwüsten können.

Viele von ihnen waren kampfesmüde. Das Leben war kurz in der Wikingerzeit, und so wollten sich viele von ihnen niederlassen, um einen eigenen Bauernhof mit eigenen Sklaven zu gründen.

Halfdans Heeresführer einigten sich schließlich darauf, Northumbria unter sich aufzuteilen. Sie betrachteten es als ihr eigenes Land, das sie mit dem Schwert und der Axt erobert hatten. Die Dörfer würden dänische Namen bekommen und die Menschen dänische Wörter benutzen. Ihre Gebeine würden einst in dieser Erde ruhen und ihre Kinder das Land erben.

Dieser Landstrich, sagten sie verächtlich, würde niemals *England* werden, sondern Dänenland.

■

Chippenham, 878. Raunacht.

Für die Männer und Frauen im angelsächsischen England war die zwölfte Nacht nach Weihnachten ein Abend, an dem gesungen und gelacht wurde – ein Abend mit Lagerfeuern und schäumenden Trinkhörnern, an dem auch die Winterfeierlichkeiten ein Ende fanden.

Im großen Festsaal von Chippenham war Alfred bester Laune. Sieben Jahre waren seit seiner Krönung vergangen und Wessex hielt seinen Feinden immer noch stand.

Letzten Sommer war Guthrum bis nach Wareham in Dorset vorgedrungen und hatte sogar die Stadt Exeter angegriffen. Doch Alfred hatte rasch seine Truppen zusammengezogen und schließlich hatte sich Guthrum kampflos nach Mercia zurückgezogen.

Im Festsaal hatte der Harfenist mit einem Lied begonnen und für einen Moment kehrten Alfreds Gedanken zu seinem erbitterten Feind zurück. Wo mochte Guthrum jetzt sein?

In den letzten Wochen waren in den äußeren Bezirken von Wessex angeblich vermehrt Wikinger gesichtet worden, bewaffnete Männer mit narbigen Gesichtern unter Pilgern und Kaufleuten. Einen wirklichen Beweis dafür gab es nicht. Alfred war sich ziemlich sicher, dass Guthrum nach wie vor in Mercia war und dort mit anderen Heiden feierte und trank.

Ein Diener schenkte Alfred Wein nach, woraufhin dieser sich wieder dem Harfenisten zuwandte und die Dänen für den Rest des Abends aus seinen Gedanken verbannte.

Draußen, weit entfernt von Kaminfeuer und Gelächter, herrschte nichts als die tiefe Stille des Winters. Chippenham war nur ein kleiner Ort und die meisten seiner Bewohner waren längst zu Bett gegangen und hatten sich unter dicken Decken vor der Kälte verkrochen.

Kurz nach Mitternacht bellte ein Hund – und verstummte plötzlich. Eine Gestalt huschte durch die Dunkelheit. Schatten bewegten sich auf den Hügeln nahe des Dorfs.

In der Ferne erklang das lang gezogene, unwirkliche Heulen eines Wolfs. Dann ein zweites, wie eine Antwort …

Noch eine Gestalt in der Finsternis. Die anderen kamen langsam die Hügel herunter …

Es war der Küchenjunge, der sie als Erster sah. Um kurz nach drei Uhr morgens war er nach draußen gegangen, um sich zu erleichtern, und wäre vor Schreck fast tot umgefallen, als plötzlich sechs Dänen mit gezogenen Schwertern vor ihm standen.

Als seine verzweifelten Schreie durch die Dunkelheit schallten, musste man sich im Festsaal erst den Schlaf aus den Augen reiben, ehe man nach seinen Waffen rief. Die Diener rannten zu den Türen, um diese zu verriegeln, doch schon ließen die ersten Axtschläge das Holz zersplittern.

Den Angreifern war es egal, ob ihre Äxte Holz oder Köpfe trafen. Jetzt waren sie im Saal. Verzweifelte Schreie. Leichen am Boden. Und erst langsam, dann immer schneller tränkten sich die Teppiche mit Blut …

Doch als alles vorbei war und Guthrum durch die zerschmetterten Türen schritt und sich seinen Weg durch Blutlachen und Leichenberge bahnte, fiel ihm auf, dass ein Leichnam fehlte.

Irgendwie hatte Alfred es geschafft zu fliehen.

▪

Die nächsten Tage kamen Alfred vor wie ein böser Traum.

Er konnte sich kaum daran erinnern, wie er und seine Leibwächter aus dem Festsaal entkommen, wie sie im Dunkeln durch den Schnee gehastet waren, verzweifelt und durchgefroren, doch, dem Herrn sei Dank, immer noch am Leben.

In dieser ersten Nacht liefen sie ohne Pause, bis der Morgen anbrach und sie in einer Scheune Unterschlupf fanden. Alfred fiel sofort in tiefen Schlaf, und als er frierend und hungrig erwachte, setzte schon die Abenddämmerung ein.

In den nächsten Tagen gingen sie nur im Dunkeln weiter. Sie suchten nach Nahrung und bei Sonnenaufgang einen Platz zum Schlafen, ehe sie sich zur Abenddämmerung gegenseitig wach rüttelten und ihre Flucht wieder aufnahmen.

Allmählich veränderte sich die Landschaft. Die Hügel wurden flacher, der Untergrund weicher und sumpfiger.

Alfred wusste, dass sie die Ebene von Somerset erreicht hatten, die sich mit ihren Mooren bis zum Bristolkanal im äußersten Westen Englands erstreckte. Vor ihnen lag das von Sumpfland umgebene Athelney.

Schon bald sanken sie so tief in den Boden ein, dass sie kaum noch vorwärtskamen. Nachdem sie ein paar Stunden durch den Sumpf gewatet waren, entdeckte einer von Alfreds Männern ein Boot. Für den Rest des Tages trieben sie durch das Moor wie Geister im Nebel.

Nach einer Weile stießen sie auf eine kleine Hütte. Die Besitzer, ein Schweinehirte und seine Frau, hatten keine Ahnung, wen sie vor sich hatten. Nur zögerlich erklärten sie sich bereit, Alfred etwas zu essen zu geben und ihm Unterschlupf zu gewähren, während sich seine Leibwächter auf den Weg machten, um Hilfe zu holen.

An Alfreds viertem Tag in der Hütte stand der Schweinehirte früh auf, um nach seinen Tieren zu sehen. Seine Frau konzentrierte sich ganz darauf, kleine Brote zu backen, während Alfred missmutig am Feuer saß und sich fragte, warum Gott ihn so hart strafte.

Als die Frau des Schweinehirten die Brote sorgfältig über der Feuerstelle platzierte, nahm er davon kaum Notiz. Er schenkte ihr auch keine Beachtung, als sie sagte, sie müsse draußen die Hühner füttern, und ihn fragte, ob er in der Zwischenzeit nach den Broten schauen könnte.

Alfred beugte das Haupt im Gebet, doch Gott antwortete ihm nicht. Vage nahm er einen verbrannten Geruch wahr, aber er war zu müde, um sich darum zu kümmern. Ihm fielen fast die Augen zu …

Ein lauter Schrei weckte ihn. In der Tür sah er das wutverzerrte Gesicht der Frau des Schweinehirten. Über der Feuerstelle kokelten die schwarzen Überreste der Brote vor sich hin.

»Was zum Teufel!«, schrie sie. »Du isst meine Brote gern, aber du hast keine Lust, auf sie aufzupassen, du fauler Hund!«

Alfred öffnete seinen Mund, um sich zu entschuldigen, aber er brachte nichts über die Lippen. Denn hinter der Frau des Schweinehirten war eine zweite Person aufgetaucht, der Anführer seiner Leibgarde, dessen Gesicht vor Aufregung glühte.

»Es gibt Neuigkeiten, Mylord!«, rief er aus. »Es ist noch nicht alles verloren! Unsere Leute haben die Rabenflagge erbeutet! Und Ubba … Ubba ist tot!«

■

Folgendes war geschehen:

Nach dem Angriff in Chippenham waren Guthrums Männer plündernd durch Wessex gezogen, hatten überall erzählt, dass Alfred tot und das Königreich nun ihres sei.

Nicht alle von Alfreds Gefolgsleuten waren getötet worden. Angeführt von Odda, dem Ealdorman von Devon, hatten manche Zuflucht in dem an der Küste gelegenen Hügelfort Cynuit gesucht.* Dort warteten sie auf Nachrichten vom König.

Wenige Tage später erblickten sie etwa zwanzig Langschiffe, über dem größten wehte die Rabenflagge. Es war Ubbas Flaggschiff, und wie man schnell erfahren sollte, hatte Ragnars Sohn geschworen, Cynuit entweder zu zerstören oder bei diesem Versuch zu sterben.

Doch Ubba war hochmütig. Er nahm an, dass die Sachsen bereits am Boden lagen. Es wäre ihm nie in den Sinn gekommen, dass sie aus schierer Verzweiflung um alles kämpften, was sie kannten und liebten. Als Alfreds Gefolgsleute also mit Todesverachtung aus dem Fort stürmten, waren die Dänen vollkommen überrascht.

Ubba fiel als Erster, eine Axt spaltete ihm den Kopf. Und Odda, der immerhin schon sechzig Sommer zählte, war es, der den Sieg der Wessexer krönte, indem er die Rabenflagge erbeutete.

---

* Wahrscheinlich das heutige Countisbury in Devon.

Als der Leibwächter seinen Bericht beendet hatte, fühlte sich Alfred wie neugeboren. Vom grübelnden Flüchtling war nichts mehr übrig. Der König war wieder da und sein Gesicht leuchtete vor Zuversicht.

Wessex hatte standgehalten. Die Rabenflagge war ihre. Der Traum eines vereinigten Englands lebte. Gott hatte seine Gebete erhört.

In dieser Nacht hatte Alfred in der Hütte des Schweinehirten einen Traum, in dem ihm der heilige Cuthbert erschien, der in Lindisfarne begraben lag. Und die Worte des Heiligen würden ihn bis an sein Lebensende begleiten.

»Hab keine Angst«, sagte die Erscheinung. »Gott wird dir all deine Feinde und ihr Land ausliefern. Du wirst wieder König sein, ebenso wie die Söhne deiner Söhne und deren Söhne. Gott der Herr hat dir und deinen Nachkommen ganz England gegeben und noch mehr dazu. Herrsche gerecht, denn du bist zum König über ganz Britannien auserwählt!«

Am nächsten Morgen war Alfred früh auf den Beinen. Als seine Männer erwachten, lief er schon mit aufgeregter Miene vor der Hütte hin und her.

Er hätte an Gottes Willen nicht zweifeln sollen, sagte er. Dieses verregnete Moor sei ein perfekter Ort, um den Gegenschlag zu planen. Hier, in Athelney, müssten sie so viele Männer zusammenziehen und so viele Waffen sammeln wie irgend möglich.

»In der Zwischenzeit gebt den Thanen in Somerset Nachricht«, fuhr er fort. »Schickt Boten in alle Dörfer, Weiler und Höfe. Verkündet den Leuten von Wessex, dass ihr König am Leben ist! Und sagt ihnen, dass er nun mehr denn je ihre Hilfe braucht!«

Seine Stimme zitterte vor Leidenschaft. In seinen Augen loderte ein Feuer, das sie nie zuvor gesehen hatten.

»Sie sollen sich sieben Wochen nach Ostern bei mir einfinden«, fuhr er fort. »Am Pfingstsonntag – am Tag, an dem der Heilige Geist vom Himmel kam, um die, die Gott folgen, zu segnen. Sagt Ihnen, sie werden mich bei Egbert's Stone finden, nahe der Wälder, wo Somerset und Wiltshire aufeinandertreffen. Sagt ihnen, sie sollen alle Waffen mitbringen, die sie auftreiben können – Messer, Knüppel, sogar Mistgabeln, wenn sie welche besitzen. Sagt ihnen, sie sollen sich ein Herz fassen und all ihren Mut zusammennehmen. Zu lange haben wir in Furcht vor den Dänen gelebt. Genug damit! An Egbert's Stone werden wir stehen und kämpfen. Für Gott. Für Wessex. Für England!«

8

Der Traum von England

Pfingstsonntag, 878: der Tag des Schicksals.

Als Alfred durch die Wälder ritt, war ihm ziemlich mulmig zumute. Sicher – er hatte eine Botschaft gesandt. Doch würden die Menschen sie hören? Würden sie kommen? Und vor allem: Würden sie *kämpfen*?

Der Wald wurde lichter. Der Pfad führte einen grasbewachsenen Abhang hinauf, dem verwitterten Wahrzeichen Egbert's Stone entgegen.

Alfred gab seinem Pferd die Sporen. Die Hügelkuppe kam immer näher. Der große Stein ragte vor ihm auf.

Einen Moment lang herrschte absolute Stille. In der Ferne sang ein einsamer Vogel – und mit einem Mal verließ ihn der Mut und sein Herz wurde schwer. Niemand würde da sein, Gott hatte ihn verlassen.

Dann erreichte er den uralten Stein am Kamm des Hügels und blickte ins Tal hinab …

… und unter ihm, über die Wiesen verteilt, sah er, wie Menschen vom Boden aufstanden. Hunderte, *Tausende!*

Es waren weder Krieger noch Soldaten, sondern Bauern und Leute aus den Dörfern, die seinem Ruf gefolgt waren. Die Bewohner von Wessex jubelten und schrien sich die Lunge aus dem Hals, als sie ihren König erblickten, der im blendenden Sonnenlicht über den Hügel galoppiert kam.

Alfred wandte sich zu seinen Freunden, in seinen Augen glitzerten Freudentränen.

England war erwacht. Sein Volk hatte sich erhoben.

■

Zwei Tage später traf Alfreds Armee bei Edington auf die Dänen.

Genau fünfzig Tage waren vergangen, seit Alfred in sein Versteck geflohen war, und inzwischen war er ein anderer Mann geworden. An diesem Morgen, schrieb ein Chronist, »strahlte sein Gesicht, als wäre es das Antlitz eines Engels«.

Als die Sonne über dem Hochland von Wiltshire aufging, rochen Alfreds Männer die Kochfeuer im dänischen Lager. Sie hörten die höhnischen Rufe aus den feindlichen Reihen und sahen den Stahl der Helme und Speere aufblitzen.

Doch als die Männer aus Wessex niederknieten, um ihre letzten Gebete zu sprechen, war es, als würden sie von der leidenschaftlichen Zuversicht ihres Königs emporgehoben, von seinem unerschütterlichen Glauben, dass Gott auf ihrer Seite war.

Auf der anderen Seite des Schlachtfelds brüllte Guthrum seine Befehle, woraufhin sich eine dichte Wand aus Schilden formierte, drei Mann tief, mit für den Kampf geschärften

Schwertern und Speeren. Alfred mahnte seine Männer ebenfalls, in der Schlachtformation keine Lücken entstehen zu lassen.

In der rechten Hand schwang er eine Bibel. Über ihm wehten die Fahnen – das christliche Kreuz und ein Wyvern, der zweibeinige goldene Drache von Wessex.

Die Bogenschützen und Reiter nahmen ihre Plätze an den Flanken ein. Auf der anderen Seite wurde es immer lauter: Zaubersprüche beschworen den Sieg und die Berserker brüllten wie besessen.

Alfred führte das Rufhorn an seine Lippen. Für einen Moment schien ganz Wessex den Atem anzuhalten.

Dann ertönte das Signal – es war ein lang gezogener Ton, der durch die Erde zu laufen schien, in die Stiefel der Männer hinein und bis hinauf in ihre Herzen. Die Männer aus Wessex setzten sich in Bewegung, mit langsamen Schritten, immer die Linien haltend, wie die Thane es ihnen eingeschärft hatten.

Der erste dänische Speer flog durch die Luft. »*Schilde!*« war das Kommando auf englischer Seite. Im nächsten Moment wurde das Wurfgeschoss von den englischen Schilden abgefangen.

Die erste Kampfreihe der Dänen kam näher. Alfred rief etwas, doch seine Worte gingen im Lärm unter. Näher, immer näher …

Und dann – mit einem markerschütternden KRACHEN – durchbrachen sie plötzlich die dänische Verteidigungslinie. Schwerter klirrten und kreischten, Schwertklingen schnitten und stachen, und der Albtraum war entfesselt.

Alle schrien und brüllten, hieben mit aller Kraft auf die feindlichen Schilde ein und ließen ihre Waffen niedersausen. Die Welt war ein Gewirr aus Schweiß und Angst, aus hackenden Äxten und splitternden Helmen, aus besinnungslos kämpfenden, fallenden und sterbenden Männern.

Die Sachsen drängten vor, die Dänen hielten dagegen. Die Gesichter mit Blut verschmiert, trampelten sie über die am Boden Liegenden hinweg.

Alfred trieb seine Truppen schreiend an. Blut tropfte von seinem Schwert, doch in seinem Gesicht war ein Anflug von Freude.

Sie ließen nicht locker, schienen seit Stunden nach vorne zu drängen. Vielleicht hatten sie es schon immer getan. Vielleicht bestand die Welt aus nichts anderem als Kämpfen und Töten.

Noch immer wogte die Schlacht hin und her, doch die Dänen schienen ein klein wenig nachzugeben. Immer mehr Leichen lagen am Boden. Pfeile flogen durch die Luft. Alfreds Männer hörten das Stampfen von Hufen, einen gequälten Schrei.

Dann schien ihr Vorwärtsdrängen plötzlich auf keinen Widerstand mehr zu treffen, denn es war niemand mehr da. Die dänische Verteidigungslinie war auseinandergebrochen.

Alfred lachte aus vollem Hals und seine Männer johlten und schrien und jubelten.

Sie hatten gewonnen.

■

Während die Wölfe sich über die Toten hermachten, flohen Guthrums Männer nach Norden. In Chippenham verbarrikadierten sie sich und bereiteten sich darauf vor, belagert zu werden.

Alfred ritt ihnen hinterher und metzelte jeden dänischen Verwundeten nieder, der ihm in den Weg kam. Als er Chippenham erreichte, befahl er seinen Männern, ihr Lager unmittelbar vor den Toren der Stadt aufzuschlagen, damit kein Wikinger entkommen konnte.

Guthrum hielt zwei Wochen lang durch. Als ihm schließlich die Nahrungs- und Wasservorräte ausgingen, fügte er sich in das Unvermeidliche und bettelte um Gnade.

Für Alfred war dies der Augenblick des Triumphs. Wochen zuvor war er selbst noch ein Flüchtling im Moor gewesen und sein Leben hatte am seidenen Faden gehangen. Jetzt setzte er dem Feind das Messer an die Kehle.

Doch er war klug genug, um zu wissen, dass er die Rache der Wikinger herausfordern würde, falls er Guthrum und seine Armee einfach hinrichtete.

Also bot er Guthrum einen Handel an. Guthrum musste sich zum Christentum bekennen und taufen lassen. Alfred selbst würde sein Taufpate sein. Im Gegenzug würde Alfred ihm das Königreich East Anglia überlassen, sofern er es als Christ regierte.

Drei Wochen später beugte Guthrum in einer Kirche nahe Athelney in einer der bemerkenswertesten Zeremonien in der englischen Geschichte sein Haupt. Bei ihm waren dreißig seiner

Häuptlinge, alle in schneeweiße Umhänge gehüllt, als Zeichen der Reinheit ihres neuen christlichen Glaubens.

Nachdem sie mit heiligem Öl gesalbt worden waren, wurden Guthrum und seine Krieger nacheinander in ein großes Taufbecken hinabgelassen, damit sie von ihren Sünden reingewaschen wurden. Und wie versprochen half Alfred dem dänischen Kriegsherrn aus dem heiligen Wasser heraus und umarmte ihn als seinen christlichen Bruder.

In unseren Augen mag dies ein seltsamer Weg sein, einen Krieg zu beenden. Doch für Alfred und Guthrum war es die perfekte Lösung.

Als Alfreds Patensohn akzeptierte Guthrum seine untergeordnete Stellung offiziell. Und als Christ musste er seinen Schwur erfüllen, wenn er nicht riskieren wollte, im Jenseits gestraft zu werden – ein Gedanke, der Dänen wie Sachsen allzu vertraut war.

Doch auch für Guthrum hatte die Lösung offensichtliche Vorteile. Die Bewohner East Anglias würden ihn sehr viel eher akzeptieren, wenn er christlichen Glaubens war. Und da Jesus Christus seine Macht auf dem Schlachtfeld von Edington unter Beweis gestellt hatte, war Guthrum durchaus willig, sich der siegreichen Religion anzuschließen.

In gewisser Weise hatte Alfred jedoch nur einen Teilsieg errungen: Zum einen blieb East Anglia unter dänischer Herrschaft, und zum anderen herrschten Halfdans Gefolgsleute immer noch über Northumbria.

Was Mercia anging, so beschlossen Alfred und Guthrum, es unter sich aufzuteilen. Alfred nahm sich die größte Stadt, London, sowie den Süden und den Westen. Den Dänen blieb der nordöstliche Teil und damit praktisch die heutigen East Midlands.

England war somit in zwei Hälften geteilt, eine sächsische und eine dänische. Aber auch ein Teilsieg war ein Sieg.

Wessex war gerettet. Der Traum von einem vereinigten England lebte weiter. Eines Tages sollte dieser Traum dank Alfred Realität werden.

■

Zwölf Monate waren vergangen. In Wessex war das Schlagen von Hämmern zu hören, das Scharren von Meißeln und das Rumpeln von Schubkarren.

Alfred hatte viel zu tun. Während der dunklen, freudlosen Abende im Moor hatte er intensiv über die Kriegsführung der Wikinger nachgedacht.

Die Dänen, das wusste er, waren vor allem Plünderer. Längere Kampfhandlungen mochten sie nicht, und was sie wirklich hassten, waren Belagerungen, weil sie keine Geduld hatten, sich mit Katapulten und Rammböcken an einer Stadtmauer abzuarbeiten.

Alfred hatte also einen Plan gefasst, um sein Königreich zu schützen. Er verwandelte Dutzende Städte in ein Netzwerk von Festungen, die *Burhs* genannt wurden. Dadurch sollte die Kontrolle über die wichtigsten Straßen und Flüsse in Wessex und Mercia erhalten bleiben, was den Einwohnern eine gewisse

Sicherheit gab. Keiner von Alfreds Untertanen, gleich welchen Standes, würde mehr als fünfundzwanzig Kilometer von einer Burh entfernt sein.

Der König ging also ans Werk und machte die verschlafenen Ortschaften in Wessex und im Süden Mercias zu einem Verteidigungsgürtel, der von Exeter über Shaftesbury, Bath und Wilton bis nach Oxford, Wallingford, Buckingham und Warwick reichte.

Entscheidend war Alfreds Anordnung, dass die Burhs stets bemannt sein mussten. Fünfundzwanzigtausend Mann wechselten sich nun Jahr für Jahr auf den Stadtmauern ab und opferten ihre Zeit, um ihr Land zu verteidigen.

Doch jenseits der Grenze von Wessex war die Situation eine andere. Im östlichen Mercia und in Teilen Northumbrias und East Anglias – einem Gebiet, das bald als *Danelag* bekannt wurde – übernahmen die Menschen bereits die Sitten und Gebräuche der dänischen Besatzer. Statt Kreuzen trugen sie nun Thors Hammer um den Hals. Sie kopierten Schuhe und Schmuck und eigneten sich sogar dänische Wörter an.

Auch heute noch enden die Straßennamen in Städten des früheren Danelags wie York, Lincoln, Derby und Nottingham oft auf *-gate*, was dem altnordischen Wort *-gata** entspricht.

---

* Das altnordische Wort *gata* bedeutet »Straße«. In dänischen Städten wie Kopenhagen enden die Straßennamen oft auf *-gade*, in Norwegen auf *-gate* und in Schweden auf *-gatan*.

Auch viele Höfe und Dörfer tragen immer noch dänische Namen.

Das ehemalige Danelag ist voller Orte, die auf *-by* enden, was Hof oder Bauernhof bedeutete, *-holme* war eine Insel, *-thorpe* ein kleines Dorf und *-thwaite* eine Wiese oder Weide. Der Name der englischen Hafenstadt Grimsby beispielsweise bedeutet »Grims Bauernhof«, während das Dorf Micklethwaite letztlich eigentlich eine »große Wiese« ist.

In einigen Gegenden von England ist der Einfluss der Wikinger besonders stark zu spüren. Der Lake District in der Grafschaft Cumbria ist voller *fells*, *becks*, *gills* und *tarns* – allesamt altnordische Ausdrücke.

Und dank des Danelags hat sich auch die englische Sprache für alle Zeit geändert. Die Wörter *anger, barn, cake, egg, fog, gang, happy* und *ill* stammen alle aus dem Altnordischen. Selbst die Wörter *they, them* und *their* kommen von den Dänen.*

■

Sieben Jahre zogen ins Land. An der Südküste kam es weiterhin zu Angriffen der Wikinger, doch Alfreds Verteidigungsgürtel bewährte sich. Wessex war sicher und würde nie wieder einer Katastrophe so nahe kommen.

---

* Statt »they«, »them« und »their« benutzten die Angelsachsen »hie«, »him« und »heora«, was nach der Eroberung durch die Normannen allmählich in Vergessenheit geriet.

Im Frühjahr 885 gab es an Alfreds Hof ein neues Gesicht. Ein sorgenvoller und ernst dreinblickender Mann mit der braunen Kutte und dem geschorenen Kopf eines Mönchs sowie einem leichten walisischen Akzent.

Sein Name war Asser und er war im Kloster St Davids erzogen und ausgebildet worden. Wie so viele Mönche empfand er einen brennenden Hass auf die Wikinger, die sein Kloster in den letzten hundert Jahren mehrfach angegriffen hatten.

Doch Asser war nicht nach Wessex gekommen, um über die Dänen zu diskutieren. Denn Alfred wollte mit ihm über ganz andere Dinge reden – über *Bücher!*

In glücklicheren Zeiten waren die Literatur und Kunst der Angelsachsen, ihr Schmuck und ihre Reliquien, ihre Bibeln und Gebetbücher in der gesamten christlichen Welt berühmt gewesen. Doch die Dänen hatten alles aus Gold und Silber Gefertigte gestohlen und ganze Bibliotheken mitsamt ihrer unschätzbar wertvollen Manuskripte verbrannt.

Brutal und skrupellos hatten sie die angelsächsische Kultur zerstören wollen – und fast wäre es ihnen gelungen.

Wie Alfred bemerkte, war Wessex »so tief gefallen«, dass es kaum noch Menschen gab, die Latein lesen oder verstehen konnten, die alte Sprache der Römer und der Kirche. »Unsere Vorväter«, schrieb er betrübt, »liebten die Weisheit, die sie uns hinterließen. Wir sehen immer noch ihre Fußabdrücke, doch wir können ihnen nicht mehr folgen, und darum haben wir nicht nur Reichtum sondern auch Weisheit verloren.«

Aus diesem Grund hatte Alfred Asser, einen der gelehrtesten Männer in Wales, zu sich geholt. Er rief Gelehrte aus jedem Winkel des Landes zu sich, in der Hoffnung, Wessex zu einem Zentrum der Bildung zu machen.

Alfred und Asser wurden enge Freunde.* Beide waren regelrechte Bücherwürmer und zudem sehr gottesfürchtig und Alfred freute sich jedes Mal unbändig auf ihre gemeinsamen Lateinstunden.

Wann immer Alfred auf eine Passage stieß, die ihm besonders gut gefiel, bat er Asser, diese für ihn in ein kleines Büchlein abzuschreiben, das er stets bei sich trug. Auf diese Weise lernte Alfred, das Lateinische ins Englische zu übersetzen, was ihn auf eine Idee brachte.

In Zukunft, dachte er, sollte es alle großen Werke der Literatur nicht nur auf Latein geben, sondern auch auf Englisch – »der Sprache, die wir alle verstehen«.

Außerdem sollten alle frei geborenen jungen Männer in der Lage sein, diese Werke zu lesen, um von der Weisheit ihrer Vorfahren zu lernen.

Dies war eine neue und brillante Idee. Mit Alfreds Unterstützung machten sich Gelehrte wie Asser daran, die großen Werke der Vergangenheit ins angelsächsische Englisch zu übertragen. Außerdem gründete Alfred an seinem Hof eine Schule,

---

* Asser schrieb später eine Biografie über seinen Freund, die heute die wichtigste und detaillierteste Quelle über das Leben Alfreds ist.

in der begabte Jungen und Mädchen ermutigt wurden, Latein und Englisch zu lernen sowie »sächsische Bücher, vor allem sächsische Gedichte« zu lesen.

Alfred war also nicht nur der Verteidiger und Bewahrer Englands, sondern auch der größte Förderer, wenn nicht der »Erfinder« eines neuen kulturellen Bewusstseins für die englische Sprache.

Von einer bestimmten Übersetzung – es war ein Buch über die Kirche von Papst Gregor dem Großen – war Alfred so begeistert, dass er Abschriften davon in jeden Winkel des Landes schicken ließ. Jedem Exemplar legte er zudem einen kleinen Zeigestock bei, der es leichter machte, dem Text zu folgen.

Die »Lesehilfen« waren mit Gold und Edelsteinen verziert, und eine davon, bekannt als »Alfred-Juwel«, ist bis zum heutigen Tag erhalten geblieben. Es befindet sich im Ashmolean Museum in Oxford und trägt die altenglische Inschrift:

AELFRED MEC HEHT GEWYRCAN

»Alfred hat mich herstellen lassen.«

■

Alfred der Große starb am 26. Oktober 899 im Alter von fünfzig Jahren in seinem Bett. Sein ganzes Leben lang war der blasse, ernste und außerordentlich mutige Mann von Krankheiten geplagt worden. Jetzt hatte sein Leiden ein Ende.

Alfred hat seinen Traum von einem vereinigten Heimatland, das die Dänen nicht mehr zu fürchten brauchte, nicht verwirklichen können. Die Angriffe der Wikinger hielten an, und seine letzten Lebensjahre waren von erbitterten Kämpfen gegen die Nordmänner geprägt, die in größerer Zahl denn je über das Meer kamen.

Doch indem er Wessex vor Ragnars Söhnen schützte, hat er die Vision eines freien Englands aufrechterhalten. Jetzt war es an seinem Sohn, seiner Tochter und an seinem Enkel, auf diesem Fundament aufzubauen.

Alfreds Nachfolger war sein Sohn Eduard, der damals Mitte zwanzig war. Leider sind viele Details seines Lebens in Vergessenheit geraten, doch Asser beschreibt ihn als freundlichen und geduldigen jungen Mann, der den Rat seines Vaters beherzigte, in der Bibel las und sich mit Leidenschaft englischen Gedichten widmete.

Womöglich klingt das etwas zu sanft für einen König, doch im Grunde war er genauso kühn wie sein Vater. Würden wir mehr über ihn wissen, wäre er vielleicht genauso berühmt wie dieser.

Die nächsten zwanzig Jahre war Eduard vor allem damit beschäftigt, an der Grenze zum Danelag weitere Burhs errichten zu lassen, um sein Herrschaftsgebiet abzusichern. Außerdem schmiedete er eine enge Allianz mit seiner älteren Schwester Aethelflaed, die als Jugendliche in den Norden geschickt worden war, um den Ealdorman von Mercia zu heiraten.

Als Aethelflaeds Ehemann krank wurde, unterstützte Eduard sie darin, ihren Anspruch auf den Thron durchzusetzen. Wenn Bruder und Schwester einträchtig Wessex und Mercia regierten, so sein Kalkül, konnten sie die Dänen gemeinsam zurückdrängen.

Doch im Sommer 910 griffen die Dänen zu einer spektakulären List. Zunächst brachten sie Gerüchte in Umlauf, dass sie demnächst Kent angreifen würden, was Eduard dazu brachte, seine Flotte im Süden zu mobilisieren. Dann, nachdem Eduard ihnen den Rücken zugekehrt hatte, starteten sie im Westen Mercias einen verheerenden Angriff, plünderten die Städte und ließen keinen Stein auf dem anderen.

Für kurze Zeit schien es, als sei Alfreds Lebenswerk vernichtet. Doch die Dänen hatten nicht mit seiner Tochter Aethelflaed gerechnet, einer klugen Frau von außerordentlichem Mut.

Wie einst ihr Vater rief auch sie die einfache Bevölkerung – Bauern, Schmiede und andere Handwerker – zusammen. Die Versammlung fand unweit des Örtchens Tettenhall* auf dem »Field of Woden«, dem »Wotansfeld«, statt. Auch Eduard begab sich auf schnellstem Weg nach Norden, um seiner Schwester zu Hilfe zu kommen, bevor es zu spät war.

Am Morgen des 5. August 910 hing die Zukunft von Alfreds Traum am seidenen Faden. Ihrer Kriegerkönigin treu ergeben,

---

* Wotan war die sächsische Version von Odin. Tettenhall ist heute ein Vorort von Wolverhampton.

warfen sich Aethelflaeds Männer in die Schlacht. Zunächst jedoch schienen die Dänen, die jahrelange Erfahrung im Kämpfen und Töten hatten, die Engländer zurückzudrängen.

Doch plötzlich stürmten Eduard und seine Männer aus Wessex über die Hügelkuppe, um ihren Brüdern aus Mercia beizustehen. Von beiden Seiten in die Zange genommen, hatten die Dänen nicht die geringste Chance.

Tettenhall war ein Triumph für die englische Sache. Mit Tausenden über das Schlachtfeld verstreuten Toten hatten die Wikinger eine vernichtende Niederlage erlitten.

Jetzt nutzten Eduard und Aethelflaed ihren Vorteil. In den späten 910er-Jahren waren die Armeen von Wessex weit nach East Anglia vorgedrungen, während die Mercianer Derby und Leicester eingenommen hatten.

Nach Aethelflaeds Tod im Jahr 918 wurde Eduard König von Mercia und Wessex. Und als er sechs Jahre später starb, hatte er sein Reich bis zur Grenze von Northumbria erweitert.

All dies bereitete den Boden für den Mann, den die Wikinger mehr fürchten würden als jeden anderen: Eduards Sohn Aethelstan, den ersten König von England.

Leider liegen viele Einzelheiten seines Lebens im Dunkeln. Es heißt, Alfred sei vom Benehmen des Jungen so beeindruckt gewesen, dass er ihm den scharlachroten Umhang eines Kriegers, einen mit Diamanten besetzten Gürtel und ein prachtvolles Schwert mit goldenem Schaft geschenkt habe.

Und selbst wenn diese Geschichte nicht der Wahrheit entsprechen sollte, so wurde Aethelstan dem großen Vorbild seines Großvaters offenbar gerecht. Nur drei Jahre nach seiner Krönung durchbrach er die dänische Verteidigung, nahm York ein und erklärte, dass Northumbria ab sofort zum Hause Wessex gehörte.

Damit waren die Angeln und die Sachsen zum ersten Mal unter einem gemeinsamen König vereint: dem *Rex Anglorum*, König der Engländer. Doch für Aethelstan war dies nur der Beginn.

Als Nächstes wandte er sich gen Westen und zwang die Anführer der Waliser, ihm einen jährlichen Tribut zu entrichten. Mit Cornwall und Schottland machte er es genauso.

Zu diesem Zeitpunkt war er mehr als nur englischer König. Er nannte sich *Rex Totius Britanniae*, König von ganz Britannien – was er auch auf seine Münzen prägen ließ.

Nicht alle hießen die Geburt dieses neuen Englands willkommen. Im Sommer 937 segelte ein Wikinger-Häuptling namens Olaf Guthfrithson von Irland aus mit sechshundert Langschiffen nach Osten, nachdem er sich insgeheim mit den Walisern und Schotten verbündet hatte.

Ohne taktische Winkelzüge schickte Aethelstan sein Heer bei Brunanburh*, einem Ort, der nie eindeutig identifiziert wurde, in die offene Schlacht. Vom Morgengrauen bis zur Abenddäm-

---

* Manche Historiker vermuten, dass es sich hierbei um das auf der Halbinsel Wirral gelegene Bromborough handelt.

merung tobten die Kämpfe. »Nie zuvor«, schrieb ein angelsächsischer Dichter, »fielen auf dieser Insel mehr Männer dem Schwert zum Opfer.« Doch als alles vorbei war, hatten die Engländer den Sieg errungen.

Nach der Schlacht von Brunanburh hatte Aethelstan in ganz Europa als »Hammer der Wikinger« Berühmtheit erlangt. Auf seinen großen Versammlungen beugten Waliser, Schotten und Dänen das Haupt vor ihrem erhabenen Herrscher.

Doch als Aethelstan im Herbst 939 starb, war die Aufgabe, ein vereintes christliches England zu schaffen, noch nicht erledigt.

Vor allem in Northumbria lebten noch Tausende, die die dänische Sprache sprachen und nach wie vor Odin, Freyja und Thor verehrten.

Doch Alfreds Nachfolger hatten bewiesen, dass die Wikinger nicht unbesiegbar waren. Und indem es ihnen gelungen war, die Invasoren von der anderen Seite des Meeres zu bezwingen, hatten sie etwas geschaffen, das niemals sterben sollte.

Sie hatten nicht nur eine Vision von England geschaffen, sondern auch eine unvergessliche David-gegen-Goliath-Geschichte geschrieben. Die Geschichte eines Königs, der in der Hütte eines Schweinehirten Mut gefasst und sein ganzes Volk hinter sich versammelt hatte.

Die Geschichte einer geknechteten und geschundenen Nation, die einen Kampfgeist entdeckte, von dessen Existenz sie nichts gewusst hatte und der letztendlich zum Sieg führte.

TEIL DREI

REISE INS GRAUEN

9

Das Land aus Feuer und Eis

In den fernen nördlichen Gefilden Midgards, dem eiskalten Atlantik ausgesetzt, liegt das Land aus Feuer und Eis.

Island liegt auf dem Rücken des größten unterseeischen Gebirgszugs der Welt – geschaffen durch das Aufeinandertreffen und die stete Reibung zweier großer tektonischer Platten, der nordamerikanischen und der eurasischen.

Es ist ein Land von Gletschern und Vulkanen, pechschwarzen Lavafeldern und tiefgrünen Schluchten, hoch aufschießenden Geysiren und tosenden Wasserfällen. An Mittsommer geht die Sonne niemals unter. Und im Winter tanzen Lichter am Himmel, die nicht von dieser Welt zu sein scheinen.

Island ist ein junges Land, nicht mehr als zwanzig Millionen Jahre alt. Und für nahezu dieselbe Zeit war die Insel komplett unbewohnt. Ein Tempel für die Wunder der Natur, von keinem menschlichen Fußabdruck je berührt.

Dann, gegen Ende des achten Jahrhunderts, kamen die ersten Siedler.

Wer waren diese Pioniere? Die Legende spricht von einer

Handvoll irischer Mönche, die mit ihren kleinen Booten in nordwestliche Richtung gerudert waren, um ein Land zu finden, in dem sie mit ihren Gebeten allein sein konnten.

Nach Tagen auf See erreichten sie ein fernes grünes Land, das sich sehr nach Island anhört. Dort, so die Geschichte weiter, sei es so hell gewesen, dass sie sich im Licht der Mitternachtssonne die Läuse von den Kutten pflücken konnten.

Was mit diesen irischen Einsiedlern geschah, bleibt ein Geheimnis. Vielleicht beschlossen sie ihre Tage meditierend in ihrer neuen Heimat. Vielleicht ist die ganze Geschichte auch nur eine Geschichte.

Um die Mitte des neunten Jahrhunderts kam der erste norwegische Siedler. Sein Name war Naddoddur, und dass er nach Island kam, war reiner Zufall.

Dem isländischen »Landnámabók« (»Landnahmebuch«) zufolge, das Jahrhunderte später geschrieben wurde, um Islands Besiedlung zu dokumentieren, wollte Naddoddur zu den Färöerinseln segeln, die sich über dreihundert Kilometer nördlich von Schottland befinden. Doch ein heftiger Sturm ließ ihn vom Kurs abkommen und in westliche Richtung abtreiben.

So landeten er und seine Schiffskameraden an der Küste eines riesigen, menschenleeren Landes mit zerklüfteten Klippen und langen schwarzen Stränden. Sie zogen ihr Boot an den Strand und kletterten auf den nächsten Hügel, in der Hoffnung, irgendwelche Spuren menschlichen Lebens zu entdecken: ein Dorf, einen Bauernhof, vielleicht nur eine Rauchsäule.

Aber da war nichts. Nur tiefe Täler und mächtige Berge, so weit das Auge reichte. Sie waren völlig allein.

Sie blieben mehrere Wochen auf Island und brachten ihr Boot für die Rückreise auf Vordermann. Als der Sommer kam, machten sie sich auf den Heimweg. Und als sie einen Blick zurückwarfen, sahen sie in den Bergen Schnee fallen.

Als sie nach Norwegen zurückkehrten, verbreitete sich rasch die Kunde von dem seltsamen »Schneeland«. Ein paar Jahre später begab sich der Schwede Gardar Svavarsson auf Naddoddurs Spuren – »geleitet von seiner Mutter, die das zweite Gesicht hatte«, wie die Chronisten schrieben.

Gardar ging im Norden Islands an Land und zimmerte sich dort ein Häuschen. Auch er kehrte im Sommer nach Hause zurück, war jedoch »voll des Lobes für das neue Land«.

Der dritte Nordländer, der Island einen Besuch abstattete, war Raben-Floki Vilgerdarson, der für seine Unerschrockenheit und Gerissenheit weithin bekannt war. In Norwegen stach er mit einer Handvoll Freunde in See und segelte einfach drauflos, als wollte er die Götter herausfordern.

Ohne Karten oder andere Hilfsmittel war so eine Reise ungeheuer gefährlich. Doch Floki hatte vorgesorgt, und so öffnete er, als sich Gewitterwolken zusammenballten, einen Korb, in dem sich drei Raben befanden.

Der erste flog dorthin zurück, woher sie gekommen waren. Der zweite weigerte sich, das Schiff zu verlassen. Der dritte stieg hoch in den Himmel, als wollte er sie nach Westen führen.

Auf Flokis schmalem, klugem Gesicht zeigte sich ein Lächeln. Seine Blicke folgten dem Raben den ganzen Tag, und schließlich entdeckte er dort, wo das Meer dem Himmel begegnete, eine graugrüne Küstenlinie.

Floki ging am heutigen Vatnsfjord im äußersten Nordwesten der Insel an Land. Er und seine Leute erklommen einen Hügel und sahen, wie sich das Land vor ihnen ausbreitete, seine langen Fjorde mit Eis bedeckt.

Es war Floki, der dem Land seinen Namen gab – Island. Doch er befand, das Land sei zu abweisend, um menschliches Leben zu ermöglichen, und so segelte er schließlich zurück nach Norwegen.

Der vierte Entdecker aus dem Norden war Ingólfur Arnarson. Er und seine Brüder hatten all ihren Besitz verloren, nachdem sie sich mit dem Jarl ihrer Gegend überworfen hatten. Also hatten sie beschlossen, in Flokis Eiswüste ein neues Leben anzufangen.

Es heißt, dass Ingólfur, als er die noch ferne Küste erblickte, zwei kunstvoll geschnitzte Holzpfeiler – Totems, die ihm viel bedeuteten – hervorholte und diese dann nahe des Festlands in die Wellen warf.

Wo immer sie angeschwemmt werden sollten, so rief er, wollte er seinen Hof errichten. Die Götter von Asgard sollten über sein Schicksal entscheiden!

Eine Zeit lang waren die Pfeiler nirgends zu sehen. Sie schienen spurlos verschwunden zu sein, und so begann er mürrisch, seinen Stützpunkt auf einer Landzunge zu errichten, die er Ingolfskopf nannte.

Doch eines Nachts kamen zwei seiner Sklaven über den Bergrücken getrottet – nass, dreckig und durchgefroren, aber freudestrahlend. Sie hatten die Pfeiler am südwestlichen Zipfel der Insel unterhalb eines Hügels gefunden, wo dampfendes Wasser aus dem Inneren der Erde schoss.

Hier, inmitten der heißen Quellen, baute Ingólfur sein neues Zuhause. Er nannte es Rauchbucht oder in seiner eigenen Sprache: *Reykjavik*.

Heute, mehr als tausend Jahre später, ist Reykjavik immer noch die Hauptstadt des Landes, das er gegründet hat.

■

Wie viele Menschen genau es waren, die Ingólfur in das Land der Geysire und Vulkane folgten, ist schwer zu sagen. Das »Landnahmebuch« listet über hundert Pioniere sowie Hunderte ihrer Nachkommen auf, die sich über eintausendfünfhundert Orte verteilten.

Diese ersten Siedler brachten Hunderte von Sklaven mit. Wie im übrigen Norden fußte das isländische Leben auf Sklavenarbeit. Es waren Sklaven, die den Torf für die Dächer der Langhäuser stachen. Es waren Sklaven, die die Töpfe putzten und die Feuerstellen fegten. Es waren Sklaven, die die Schafe hüteten und die Kühe molken.

Bei DNA-Analysen der heutigen Isländer haben Wissenschaftler festgestellt, dass die meisten *männlichen* Siedler von Norwegen aus nach Westen gesegelt waren. Doch zwei Drittel aller *weiblichen* Siedler kamen aus Irland und Schottland. Was vermutlich bedeutet, dass es sich um Sklaven handelte, die man auf der Reise nach Westen gefangen genommen hatte.

In den isländischen Sagas gibt es gelegentliche Hinweise auf ihr Leben. In der *Laxdaela saga* besucht ein Mann namens Hoskuld einen norwegischen Markt, um Holz für seinen Bauernhof zu kaufen. Während er sich dort aufhält, begegnet er einem Händler, der ihm ein wunderschönes Sklavenmädchen verkauft.

Das Mädchen bleibt lange Zeit stumm. Auch nachdem Hoskuld sie auf seinen Hof im Westen Islands mitgenommen hat, spricht sie kein Wort.

Doch später, nachdem sie ihm einen Sohn geboren hat, hört Hoskuld zufällig Stimmen am Fluss und begreift plötzlich, dass sie in ihrer Muttersprache zu ihrem Sohn spricht. Als er sie darauf anspricht, sagt sie ihm die Wahrheit.

Ihr Name sei Melkorka, sagt sie, und sie sei die Tochter eines irischen Königs. »Ich wurde im Krieg geraubt«, fährt sie traurig fort, »als ich fünfzehn Winter alt war.«

Melkorkas Geschichte endet glücklich. Hoskuld gibt ihr einen eigenen Hof und ihr Sohn Olaf wird einer der reichsten Männer Islands.

Doch es muss Tausende Frauen gegeben haben, deren Leben weniger glücklich verlief. Leicht können wir uns ihre Panik vorstellen, als die Eroberer ihre Heimatdörfer angriffen, ihr

Grauen, als sie verschleppt wurden, und ihr abgrundtiefes Elend, als man sie auf den Schiffen für die lange Reise zusammenpferchte.

Was ist mit ihnen geschehen? Wir werden es nie erfahren, denn ihre Geschichten wurden nie aufgeschrieben.

▪

Islands ergreifende Schönheit zieht zahllose Touristen an; sich dort niederzulassen, war jedoch alles andere als leicht. Im Herzen des Landes befindet sich ein vulkanisches Plateau, das ständig aktiv ist und die Erde erbeben lässt. Weite Teile dieses Gebiets sind mit schwarzer Lava bedeckt oder mit Gletschern überzogen, was es unmöglich macht, sich dort anzusiedeln.

Die ersten Isländer ließen sich an der sturmumtosten Küste nieder. Sie fällten die Bäume, die damals etwa ein Drittel der Insel bedeckten, und bauten kleine Gehöfte mit Werkstätten, Schmieden und Ställen für die Tiere.

Im Jahr 930, fast sechzig Jahre nach Ingólfurs Ankunft, waren die bewohnbaren Gebiete auf Island komplett besiedelt. Mit anderen Worten: Die Insel war voll.

Und die Besiedlung forderte ihren Preis. Fast alle Bäume waren inzwischen gefällt worden und sollten nie mehr zurückkehren. Wer heute seinen Blick über die kahle isländische Landschaft schweifen lässt, der sieht ein Land, das von den Siedlern geformt wurde.

Im zehnten Jahrhundert gab es auf Island keine größeren

Ortschaften. Die Menschen lebten verstreut in ihren torfbedeckten Langhäusern, hüteten ihre Schafe und kümmerten sich um ihre eigenen Angelegenheiten.

Viele waren gen Westen geflohen, um Königen oder machtbesessenen Häuptlingen zu entkommen, und weigerten sich nun, sich erneut einer einzelnen Person unterzuordnen. So entstand eine Republik unabhängiger Bauern, die als Isländisches Commonwealth bekannt ist.

Der Alltag in diesem Commonwealth war alles andere als perfekt. Regen und Schnee waren an der Tagesordnung. Oft war es bitterkalt und gespenstisch dunkel. Und angesichts der erbitterten Konkurrenz um bewohnbares Land konnten Familienfehden über Generationen hinweg anhalten.

Um diesen blutigen Auseinandersetzungen Einhalt zu gebieten, schufen die Isländer lokale Versammlungsorte, die *Thing* genannt wurden. Die großen Versammlungen, die unter freiem Himmel stattfanden, wurden von gelehrten Männern geleitet, die über die gerade aktuellen Streitpunkte zu befinden hatten. Dabei konnte es sich um Nachbarschaftsstreitigkeiten, Diebstahl oder Mord handeln.

Ein Thing war in der Welt des Nordens eine bekannte Einrichtung. Auch in Großbritannien zeugen noch viele Ortsnamen davon: Tinwald und Tingwall in Schottland, Tynwald auf der Isle of Man, Thingwall und Thingoe in England.

Doch die Isländer gingen noch weiter. Im Jahr 930 gründeten die mächtigsten Grundbesitzer einen zentralen Versammlungsort für das ganze Land, das *Althing*, das somit zum ersten Parlament der Welt wurde.

Und sie hätten sich kaum eine dramatischere Kulisse suchen können – ein Tal in einer Grabenbruchzone, dort wo die eurasische und die nordamerikanische Platte aufeinandertreffen und eine zerklüftete, aufgerissene Landschaft geschaffen haben, für die »Zeit« und »Geschichte« keine Bedeutung haben.

Jedes Jahr im Juni schlugen die wichtigsten Grundbesitzer der Insel hier ihre Zelte auf, um zu essen, zu trinken und zu debattieren. Schon bald wurde dieser Ort *Thingvellir* genannt, die »Ebene der Volksversammlung«.

In all dem Trubel stach einer heraus: der für drei Jahre gewählte Gesetzessprecher. Er hatte seinen Platz auf dem sogenannten Gesetzesfelsen, war der Vorsitzende der Versammlung und trug die isländischen Gesetze aus dem Gedächtnis vor.

Das mag sich merkwürdig anhören, doch nur wenige konnten lesen und schreiben. Erst im Winter 1117 schrieb der Häuptling Haflidi Masson die Gesetze des Landes nieder, während Schneestürme um sein Langhaus heulten.

Als die Isländer erst einmal mit dem Schreiben begonnen hatten, hörten sie so schnell nicht mehr damit auf. Sie schrieben Gedichte, Reiseberichte, Nachschlagewerke und Geschichtsabhandlungen. Über all dem steht jedoch eine der größten Errungenschaften der Weltliteratur: eine Sammlung von Geschichten, die immer noch das Zeug dazu haben, unser Blut in Wallung zu bringen und uns Tränen in die Augen zu treiben: die Sagas.

In gewisser Weise sind die Sagas so alt wie Island selbst. Seit dem Augenblick, in dem Naddoddur seinen Fuß auf den schwarzen Sand setzte, hatten die Siedler ihr neues Zuhause als Land der Legenden betrachtet.

Die skandinavischen Skalden hatten den hohen Norden stets als Platz der Wunder und Monster beschrieben, wo Riesen und Oger über frostige Eiswüsten ziehen. Und tatsächlich war Island mit seinen Geysiren und Vulkanen vollkommen unvergleichlich, ein Land von wilder, fast unwirklicher Schönheit.

So war es nur natürlich, dass sich die Siedler abenteuerliche Geschichten über ihre neue Heimat ausdachten, wenn sie sich um ihre Feuerstellen scharten. Es waren Geschichten, die mündlich von einer Generation an die nächste weitergegeben wurden, von den Vätern an die Söhne, von den Müttern an ihre Töchter.

Sie wurden gehütet und gepflegt und jedes Mal, wenn sie jemand erzählte, ein wenig aufpoliert und ausgeschmückt. Deshalb heißen sie auch *Sagas* – nach dem altnordischen Wort *segja* für »sagen«.

Die, die sie dann aufschrieben, waren selbst jedoch keine Wikinger, sondern ihre Nachkommen – Dichter, Mönche, sogar normale Bauern, die vier- bis fünfhundert Jahre nach den ersten Siedlern lebten.

Der bekannteste Saga-Autor von allen ist Snorri Sturluson, der zu Beginn des dreizehnten Jahrhunderts auf einem Hof im

Westen der Insel lebte. Er war Dichter und Geschichtsschreiber, Gesetzessprecher und ein bedeutender Politiker. Noch heute gilt er als einer der klügsten Männer in der isländischen Geschichte.

Es war Snorri, der die *Heimskringla* schrieb, eine Sammlung von Geschichten über die größten Könige der Wikingerzeit. Außerdem war er der Autor der *Prosa-Edda*, einer als Lehrbuch für Skalden gedachte Sammlung uralter Geschichten und Sagas, der wir die Überlieferung vieler nordischer Mythen verdanken.

Zu Snorris Zeit waren die Isländer bereits Christen geworden. Er glaubte nicht an Odin und Thor, doch ihre Geschichten nahm er immer noch ernst.

Sich selbst betrachtete er als den letzten Skalden, dem die Aufgabe zukam, die alten Erzählungen zu bewahren. »Wir können nicht sagen, wie viel Wahrheit sie enthalten«, räumte er ein, »doch wir können sicher sein, dass alte und weise Männer sie als Wahrheit in Betracht zogen.«

Es gibt Dutzende Sagas, die nur so strotzen von Kämpfen, Intrigen und Morden, von tragischen Liebesgeschichten und blutrünstigen Abenteuern. Wir begegnen dort Königen und Zauberern, Kriegsfürsten und Hexen – und ganz normalen Männern und Frauen, die alles geben, um in dieser kalten und gefährlichen Welt zu überleben.

Manche Sagen wirken wie Märchen mit ihrem Arsenal an Monstern, Drachen und Geistern. Ihre Helden kämpfen gegen Riesen, die es auf Menschenfleisch abgesehen haben, Gestaltwandler werden plötzlich zu Bären, und Walküren suchen das Schlachtfeld nach gefallenen Kriegern ab.

Doch die Sagas sind auch voller schillernder Details des einfachen Wikingerlebens, die uns unter anderem vor Augen führen, dass Frauen damals viel eigenständiger waren, als wir gemeinhin denken.

Eine der einprägsamsten weiblichen Figuren trägt den wunderbaren Namen Aud die Tiefsinnige. Sie ist die Tochter von Ketil Flachnase, König der Hebriden, der die westlich von Schottland gelegene Inselgruppe im späten neunten Jahrhundert regierte.

In der Saga wird Aud mit dem Wikingerfürsten Olaf verheiratet, der später König von Dublin wird und in einer Schlacht fällt. Mit ihrem Sohn Thorstein, genannt »der Rote«, kehrt sie auf die Hebriden zurück. Dort wird Thorstein selbst zum Kriegsherrn und wird ebenfalls getötet.

Aud baut heimlich ein Langschiff und segelt es bis nach Island, wo sie ihre Sklaven freilässt und ihnen eigenen Grundbesitz gibt. Am Ende ihrer Geschichte herrscht sie über einen großen Teil von Westisland.

Wie das Schicksal von Auds Familie vermuten lässt, sind die Sagas oft außerordentlich gewalttätig. In den bekanntesten tropft das Blut oft förmlich von den Seiten.

Egil Skallagrimsson, der Held der *Egils saga,* ist außerordentlich grausam und schwingt seine Axt mit diabolischer Freude. Sein erstes Opfer – Egil ist gerade mal sieben Jahre alt – ist ein älterer Junge namens Grim, der ihn in einem Ballspiel geschlagen hat.

Wenn ihn die Wut packt, metzelt Egil Freunde und Feinde, Sklaven und Kinder nieder. So gewinnt er einmal einen Zweikampf mit seinem Rivalen Atli dem Kurzen nur dadurch, dass er diesem – nachdem er sein Schwert weggeworfen hat – die Kehle durchbeißt.

Mit heutigen Augen betrachtet, wirkt er wie ein gefährlicher Psychopath. Doch viele der damaligen Zuhörer sahen in ihm einen Helden.

Andere Sagas sind nicht minder grausam. Die berühmteste ist vermutlich die *Njals saga*, die von einer blutigen Familienfehde erzählt, die fünfzig Jahre dauert und die immer größere Ausmaße annimmt.

In einer spannenden Szene trifft Njals Sohn Skarphedinn auf einer Eisbrücke mit seinem Feind Thraen zusammen:

Als Skarphedinn an die Rinne kam, sprang er in einem gewaltigen Satz über sie hinweg. Auf der anderen Seite war das Eis so glatt wie Glas, und Thraen stand etwas weiter abwärts mit seinem Gefolge. Mit dicht geschlossenen Füßen sauste Skarphedinn über das Eis auf ihn zu, so schnell, wie ein Vogel fliegt.

Thraen hatte seinen Helm abgenommen, ehe er ihn aber wieder aufsetzen konnte, traf Skarphedinns Axt Rimegyge sein Haupt und spaltete es bis zu den Zähnen, sodass diese auf dem Eise umherrollten. Skarphedinn bewegte sich so rasch, dass niemand ihn treffen konnte.

Doch leider entkam Skarphedinn der Rache seiner Feinde nicht lange. Zusammen mit Njal und seinen Brüdern wird er in die Enge getrieben und verbrennt im Hof der Familie bei lebendigem Leib. Die Familienfehde endet erst, nachdem fast hundert Menschen ihr Leben lassen mussten.

Das letzte Opfer stirbt, Saga-typisch spektakulär, während es gerade seine Silbermünzen zählt. »Kaare erkannte ihn sogleich wieder, lief mit gezogenem Schwert auf ihn zu und hieb ihm das Haupt vom Rumpfe, welches noch zu zählen fortfuhr, als es vom Halse flog«, heißt es in der Saga.

▪

Sowohl in der *Egils saga* als auch in der *Njals saga* gibt es einen Ausdruck, der immer wieder vorkommt. Dieses Wort, das die Menschen des Nordens mehr fürchteten als jedes andere, war »Ächtung« oder »ächten«.

Für die Isländer der damaligen Zeit gab es keine größere Schmach, als vom Althing mit Ächtung belegt zu werden. War das Urteil »geringere Ächtung«, verlor der Betroffene sein gesamtes Land und musste für drei Jahre ins Exil gehen.

Wer jedoch zu »voller Ächtung« verurteilt wurde, musste das Land sofort verlassen und durfte niemals wiederkehren. Niemand durfte dem Verurteilten Unterschlupf gewähren oder ihm auch nur die geringste Hilfe zukommen lassen. Und wer ihn auf isländischer Erde antraf, durfte ihn töten, ohne dafür bestraft zu werden.

In der *Gisla saga* fühlt sich der Held Gisli dazu verpflichtet, seinen Blutsbruder zu rächen, der brutal ermordet worden war. Dann ächtet ihn das Althing ungerechterweise, woraufhin Gisli folgende Klage anstimmt:

Böse Botschaft aus dem Norden,
als Geächteter ziehe ich weiter,
ein verlorenes Leben auf Land und See,
keiner wagt, für mich zu sprechen.

Der arme Gisli ist zum Flüchtling geworden. Jahrelang hält er sich in den Bergen versteckt, während ihm die Feinde auf den Fersen sind. Von schrecklichen Visionen geplagt, hat er solche Angst vor der Dunkelheit, dass er nicht mehr schlafen kann.

Wie so viele Sagas endet auch diese blutig. Von seinen Feinden im Hochgebirge in die Enge getrieben, tötet Gisli acht Männer, ehe er selbst getötet wird. »Doch nie«, heißt es in der Saga, »hat sich ein Mann so tapfer verteidigt.«

Gisli war nicht der Einzige, der seine Verbannung ins Exil nicht akzeptierte. Im Westen von Island kann man die Lavahöhle Surtshellir besuchen, die nach dem Feuerriesen Surt benannt wurde. Hier, in den dunklen Winkeln und Spalten, hat sich manch Ausgestoßener jahrelang versteckt.

Als im Jahr 982 ein weiterer jähzorniger Isländer ins Exil gehen musste, führte sein Weg ihn jedoch ganz woanders hin. Er habe Gerüchte von einem fernen Land weit im Westen gehört, teilte er seinen Freunden mit – ein riesiges schneebedecktes Land, in dem es keine Gesetze, keine Herren, keine Siedler gab.

Statt also in die dunklen Höhlen zu fliehen, setzte er alles auf eine Karte und machte sich auf ins Ungewisse. Es schien der reine Irrsinn zu sein. Aber Erik der Rote sollte mit dieser Fahrt ins Unbekannte Geschichte schreiben …

10

Die Abenteuer von Erik dem Roten

Niemand wusste, wer Erik dem Roten seinen Beinamen verliehen hatte, doch alle waren der Meinung, dass er perfekt zu ihm passte. Er war ein groß gewachsener bulliger Mann mit feuerroten Haaren und hitzigem Temperament.

Die Leute scherzten, man riskiere bereits sein Leben, wenn man mit ihm sein Trinkhorn hob. Andere behaupteten, es sei gefährlicher, ihm über den Weg zu laufen, wenn er mit seinen Hunden unterwegs war oder seine Schafe hütete, als mit einer Bande Plünderer nach England zu segeln.

Natürlich war das nicht ernst gemeint. Oder doch?

Eriks Vater Thorvald nahm ihn mit nach Island, als Erik zehn Jahre alt war. Thorvald erzählte nicht viel von früher, doch ging das Gerücht, dass er aus Norwegen verbannt worden sei, weil er einen Mann in einer Blutfehde getötet hatte.

Viele hielten das für wahrscheinlich. Denn auch sein Sohn Erik war schon als Kind für seinen Jähzorn bekannt und er lag ständig im Streit mit den älteren Jungen entlang des Fjords.

Nach dem Tod seines Vaters heiratete Erik und baute einen

Hof über dem Breidafjord, von dem aus man den Atlantik sehen konnte. Und immer noch hatte er ständig Ärger.

Eines Tages lösten zwei seiner Thralls beim Graben am Hügel versehentlich einen Erdrutsch aus, der ein paar Schafe des Nachbarn unter sich begrub. Dieser Nachbar namens Eyolf war außer sich und nahm Rache, indem er die beiden Thralls tötete.

Als Erik davon erfuhr, saß er für einen Moment schweigend da – wie ein Vulkan vor dem Ausbruch. Dann sprang er auf, griff sich sein Schwert und rannte aus dem Haus.

Als er Eyolfs Hof erreichte, stand dieser gerade in der Tür. Ohne ein Wort zu sagen, stach Erik ihn an Ort und Stelle nieder. Der zufällig anwesende Hrafn, ein Freund Eyolfs, kam ebenfalls nicht mit dem Leben davon.

Erik der Rote musste den Breidafjord verlassen. Eine Zeit lang lebte er auf der entlegenen Insel Sudurey. Doch dann geriet er erneut in eine blutige Fehde mit einem Bauern namens Thorgest.

Diesmal beriefen die Landbesitzer der Umgebung eine Versammlung ein, bei der Erik zu drei Jahren Exil verurteilt wurde. Wenn er sich danach nicht benehmen könne, würde er für immer verstoßen werden.

Erik fand das Urteil eine Schweinerei, aber was konnte er schon tun? Die Vorstellung, sich drei Jahre in den Lavahöhlen herumdrücken zu müssen, war ihm ein Graus.

Doch dann, inmitten all dieser finsteren Gedanken, erinnerte er sich plötzlich an etwas.

Nur wenige Wochen zuvor hatte Erik einen alten norwegischen Seemann namens Gunnbjörn davon erzählen hören, dass er in einen schrecklichen Sturm geraten und weit nach Westen abgetrieben worden war. Der alte Gunnbjörn meinte, im Dunst ein paar Inseln am westlichen Horizont gesehen zu haben.

Die meisten von Gunnbjörns Zuhörern hatten sich darüber lustig gemacht. Doch was, wenn der die Wahrheit gesagt hatte? Wäre es nicht besser, diese Inseln zu suchen, als sich drei Jahre lang zu verstecken und zu riskieren, jederzeit ein Messer zwischen die Rippen zu bekommen?

Erik fasste einen folgenreichen Entschluss. Er würde sich versteckt halten, während seine Freunde ein paar Zimmerleute aus der Gegend damit beauftragten, ihm ein Schiff zu bauen.

An einem grauen Morgen im Frühjahr 982 waren die Vorbereitungen abgeschlossen.

Vom Deck seines Schiffes aus warf Erik einen letzten Blick auf das Land, dem er den Rücken kehrte. Dann sah er seiner Besatzung in die Augen: eine Handvoll Diener und Sklaven, ein paar seiner engsten Freunde und natürlich Thjodhild, seine Frau, sowie ihr fast zwölfjähriger Sohn Leif.

Erik lächelte ihnen entschlossen zu. Es war an der Zeit.

Das Schiff glitt in die Bucht hinaus. Der Wind frischte auf und das rot-weiße Segel bauschte sich in der Brise.

Am Ufer hoben diejenigen seiner Freunde, die in Island blieben, die Hand zum Abschiedsgruß. Der junge Leif rief etwas über die Bucht, doch der Wind verschluckte seine Worte.

Ein paar Minuten lang konnten die Freunde am Ufer noch das Segel erkennen, ein farbiger Klecks vor dem grauen Himmel. Dann machten sie sich auf den Weg nach Hause.

■

Viele Monate zogen ins Land.

Manchmal fragten sich Eriks Freunde beim Bier, was wohl aus ihm geworden war. Hatte er die Inseln im Westen gefunden, von denen der alte Seemann gesprochen hatte? War er womöglich bis ans Ende der Welt gesegelt?

Oder war er in einen Sturm geraten, von den Wellen zerschmettert und vom Meer verschluckt oder von der Midgardschlange gefressen worden?

Ein Jahr verging, dann ein weiteres und schließlich ein drittes. Eriks Verbannung war vorüber. Er hätte zurückkommen können, doch es gab nicht das geringste Lebenszeichen von ihm. Tief in ihrem Innern wussten seine alten Freunde, dass sie ihn nie wiedersehen würden.

Doch eines Nachmittags, als Thorbjörn Vifilsson am Strand gerade sein Boot instand setzte, nahm er am Horizont einen dunklen Schemen wahr. Er kniff die Augen zusammen und plötzlich breitete sich auf seinem wettergegerbten Gesicht ein ungläubiges Grinsen aus.

Das war Erik!

In dieser Nacht erzählte ihnen Erik unter Lachen und Schulterklopfen die ganze unglaubliche Geschichte.

Tagelang war er mit seiner Besatzung nach Westen gesegelt. Das Wetter war günstig gewesen. Thor hatte zwar das übliche Unwetter geschickt, um sie auf Trab zu halten, doch ein Sturm war es nicht gewesen, und auch von Seemonstern oder Dämonen waren sie verschont geblieben.

Schließlich hatten sie Land erblickt. Die Felsen, die Gunnbjörn beschrieben hatte, waren es nicht gewesen, dafür eine Bucht, hinter der schneebedeckte Berge aufragten. Die Küstenlinie sei schier endlos gewesen, die Hänge mit wilden Blumen getupft, die tiefen Fjorde selbst im Sommer mit Eis bedeckt.

Erik schüttelte ungläubig den Kopf. Was für ein Land! Drei Sommer lang habe er jeden Winkel und jede Felsspalte erforscht, war an der Küste auf und ab gesegelt, habe den Inseln und Landzungen Namen gegeben.

Auf »Eriks Insel« habe er den ersten Winter verbracht und im Frühling Eriksfjord erkundet. Es gebe den Schneeberg und den Rabenfjord, Eriksholm und das Kap Farvel.

Es gebe dort Eschen und Erlen, Birken und Weiden. Natürliche Häfen für die Schiffe und Weideland für die Schafe. Die Jagdmöglichkeiten seien grenzenlos und sein Schiff sei voller Robbenfelle und Walrosszähne.

Erik lächelte triumphierend. Es gebe dort einfach alles – und das Beste daran: *Es sei noch niemand da!*

Damit hob er das Bierhorn an die Lippen und nahm einen großen Schluck. Seine Freunde tauschten vielsagende Blicke und grinsten sich an.

Sie alle dachten das Gleiche: Wenn Eriks neues Land wirklich so ein Paradies war, warum war er nicht dortgeblieben, sondern nach Island zurückgekehrt?

Doch sie sagten kein Wort. Weil sie alle wussten, dass man mit Erik besser keinen Streit begann.

Wie sich zeigte, war Erik immer noch derselbe Hitzkopf wie zuvor. Auch der Hass auf seine Feinde, die tobten, weil er wohlbehalten zurückgekehrt war, war nicht geringer geworden.

Nach wenigen Wochen machten Gerüchte die Runde, dass seine Widersacher etwas gegen ihn im Schilde führten. Die Anspannung wurde immer greifbarer, bis Erik eines Tages mehrere mit Knüppeln bewaffnete Männer über den Hügel auf sein Haus zukommen sah.

Der Kampf dauerte nur wenige Minuten. Und obwohl Erik mit Schrammen und Blutergüssen davonkam, war klar, dass er auf Island keine Zukunft mehr hatte. Bliebe er noch länger, wäre es nur eine Frage der Zeit, bis ihm jemand ein Messer in den Rücken rammte.

In diesem Frühjahr – es war das Jahr 986 – belud Erik sein Schiff für die Reise in den Westen. Doch dieses Mal war er entschlossen, alle seine Freunde mitzunehmen.

Island war jetzt seit über einem Jahrhundert besiedelt, und viele Familien waren unzufrieden, weil es so wenig bewohnbares Land gab. Sie wussten, dass sie niemals einen richtigen Bauernhof haben würden – es sei denn, sie könnten in einem anderen Land neu anfangen …

Da fingen plötzlich die Küste rauf und runter Gerüchte an, die Runde zu machen:

Erik der Rote hat ein neues Land entdeckt! Ein Land mit Bergen und Fjorden, Weiden und Beerensträuchern, wo die Blumen in der Sommersonne blühen und wo es genug Land gab, damit jede Familie ihren eigenen Hof haben konnte!

Wie dieses neue wunderbare Land den nun heiße, fragten die Leute ihn. »Grünland«, sagte er.

■

Es war ein kühler Frühlingsmorgen, als die Schiffe aus den Fjorden im Westen Islands herausglitten und mit geblähten Segeln Kurs auf den Atlantik nahmen.

Insgesamt fünfundzwanzig Schiffe, randvoll mit Menschen und deren Habe: Truhen und Koffer, Töpfe und Pfannen, Schafe, Vieh, sogar Sklaven – alles, was sie brauchten, um sich in dem fernen Land gut einzurichten.

Die ersten Tage verliefen reibungslos. Doch wie üblich auf dem Nordatlantik schlug das Wetter plötzlich um.

Als der Regen aus den riesigen Wolkenmassen auf sie niederprasselte und die kleinen Schiffe immer wieder von den Brechern überspült wurden, richteten viele von Eriks Freunden ihre Stimmen gen Himmel und flehten die Götter an, Gnade walten zu lassen. Doch es nutzte ihnen nichts.

Von den Schiffen, die sich voller Hoffnung auf den Weg gemacht hatten, wurden neun vom Sturm zerschmettert. Alle an Bord gingen mit ihnen unter, verschluckt von der tosenden See.

Erik der Rote aber überlebte. Er hatte stets Glück gehabt – und man sagt, dass sein Sohn Leif noch mehr Glück hatte und zu denjenigen gehörte, die immer auf die Füße fielen.

Sie waren bis auf die Knochen durchnässt, erschöpft und entmutigt. Aber sie waren am Leben.

Fast fünfhundert Kilometer segelten die Überlebenden in westliche Richtung, bis am Horizont etwas auftauchte, das wie eine schneebedeckte Bergkette aussah, die in der Sonne glänzte.

Das war Grünland, die größte Insel in ganz Midgard, zwanzigmal so groß wie Island. Nicht das Paradies, das Erik beschrieben hatte, doch eine riesige Fläche aus Schnee und Eis, die an der südwestlichen Küste teils von blassgrünem Weideland gesäumt wurde.

Ihr erstes Ziel war der Eriksfjord an der südlichen Spitze der Insel. Dort hatte sich Erik bereits einen Platz für seinen Bauernhof ausgesucht, während seine Freunde sich auf den umliegenden Landzungen niederließen. Dieses erste Zentrum der Besiedelung würde später den Namen Ostsiedlung bekommen.

Und während Erik sich an die Arbeit machte und Torf für seinen Hof stach, segelte eine kleine Gruppe weiter um das Kap herum und über sechshundert Kilometer die Küste entlang, bis sie die Fjorde erreichte, an denen die sogenannte Westsiedlung entstand.

Die Westsiedlung war kleiner als ihr Nachbar und die Lebensumstände schwieriger. Das Weideland war karger und die Sommer waren kürzer.

Doch im Laufe der Jahre gediehen beide Siedlungen – und das sprach sich herum. Bald gab es etwa fünfhundert Höfe im Osten und weitere hundert im Westen, auf denen insgesamt etwa viertausend Menschen lebten.

In vielerlei Hinsicht war das Leben auf Grünland dem auf Island ziemlich ähnlich. Auf den grasbewachsenen Hängen der Fjorde errichteten die Neuankömmlinge ihre Langhäuser aus Stein, Lehm und Torf. Sie hatten keinen König, gingen tagsüber fischen und hüteten ihre Tiere.

Ein, zwei Unterschiede gab es aber doch. Jeden Sommer bestiegen Erik und seine Kameraden ihre Schiffe, um entlang der Küste bis zum nördlichen Jagdgebiet zu gelangen. Am Ziel – einer riesigen Bucht voller Eisberge – angekommen, begannen sie damit, ihre Messer und Speere zu schärfen.

Sie hatten es vor allem auf Walrosse abgesehen, aus deren Haut sie Gürtel und Seile herstellten und deren Stoßzähne der Stolz jedes Jägers waren. Ein einzelner Elfenbeinzahn konnte dem Jäger zudem eine Menge Geld einbringen – Messer mit Elfenbeingriffen, Elfenbeinschmuck und selbst Schachfiguren aus Elfenbein waren enorm wertvoll.

Aber die Grünländer jagten alles, was sich bewegte. Wenn sie es schafften, einen Eisbären in die Enge zu treiben, ging es ihnen um sein schneeweißes Fell. Und wenn sie einen Narwal erbeuteten, konnten sie seinen charakteristischen langen Stoßzahn als Horn eines Einhorns verkaufen.

Manche Entdecker mögen noch weiter in den Norden vorgedrungen sein, bis zur Wildnis jenseits des Polarkreises. Doch hier waren die Risiken noch viel größer – Eisberge, Schneestürme, Eisbären –, sodass man Gefahr lief, niemals wiederzukommen.

Das Leben auf Grünland bestand jedoch nicht nur aus Mühsal und Elend. Erik und seine Kameraden waren während der mittelalterlichen Wärmeperiode hierhergekommen, als der Nordatlantik mehrere Grad wärmer war als heute. Wenn die Hügel im Sommer mit blauen und gelben Wildblumen getupft waren, muss Grünland wie ein Paradies ausgesehen haben.

Doch jedes Jahr brachten eiskalte Winde einen dunklen und quälend langen Winter. In den Fjorden wuchs das Eis, die Tage wurden kürzer, das Licht schwächer. Die Nordmänner drängten sich um ihre kleinen Feuerstellen, kauten auf ihrem Robbenfleisch herum und versuchten, ihren Kindern mit Liedern und Geschichten die Zeit zu vertreiben.

In solchen Momenten sahen sie bestimmt ihre großen Hallen in Norwegen, Schweden und Dänemark vor sich – das prasselnde Kaminfeuer, das gegrillte Fleisch, die Stimmen der Skalden, die ihre poetischen Erzählungen spannen, die von Bier und Gelächter geröteten Gesichter …

Und vielleicht hörten die Grünländer dann das unheimliche Heulen eines Tieres in der Nacht, zogen sich zitternd ihre Felle enger um die Schultern und rückten noch näher zusammen.

▪

In den isländischen Tälern gingen die Nachrichten von den neuen Siedlungen von Mund zu Mund und wurden dabei immer sonderbarer.

Es hieß, Grünland werde von Mördern und Geächteten regiert. Blut fließe viel und das Leben sei billig. Man sprach von tosenden Schneestürmen und eisigem Nebel, von geisterhaften Gestalten, die in der Dunkelheit lauerten. Falls das Grünland sei, brummten sie, dann wäre Erik der Rote da gut aufgehoben!

Doch ein Mann hörte genauer hin als die anderen. Der junge Bjarni, Sohn von Herjolf, war gerade aus Norwegen zurückgekehrt, wo er im Winter mit Holz und Fellen gehandelt hatte.

Zu seiner Überraschung war der Hof seines Vaters leer und verlassen. Erschöpft davon, seinem kargen Land Jahr für Jahr geringe Erträge abzuringen, hatte Herjolf sich Erik angeschlossen, in der Hoffnung auf ein neues Leben in Grünland.

Bjarni wollte ihm folgen. Er hatte allerdings das Problem, dass er keine Ahnung hatte, wo dieses Grünland lag. Selbst für einen Wikinger also ein waghalsiges Unterfangen, doch Bjarni war davon überzeugt, dass die Götter ihm den Weg weisen würden. Und als sich die Segel im Wind bauschten und die isländische Küste im Dunst verschwand, spürte er eine gespannte Freude auf das, was vor ihm lag.

Drei Tage lang segelte seine Besatzung in westliche Richtung.

Dann, nach Einbruch der Dunkelheit, setzte plötzlich Regen ein, der mit jeder Minute stärker wurde.

Der Nordwind pfiff die ganze Nacht, der Regen peitschte auf das Deck. Bjarnis Besatzung kämpfte darum, dem schäumenden Meer standzuhalten. Nebel und Gischt waren so dicht, dass sie kaum die Hand vor Augen sahen. Sie wussten weder, wo sie waren, noch, in welche Richtung sie segelten. Sie hatten sich auf dem Meer verirrt …

Nach vielen Stunden des Kampfes mit den tobenden Elementen hatten die Götter ein Einsehen. Der Dunst lichtete sich, der Regen wurde weniger … und dann sah Bjarni sie vor sich: eine schier endlose, bewaldete Küstenlinie vor einer sanften Hügellandschaft. Endlich!

Dann wurde er plötzlich nachdenklich. Das sah überhaupt nicht aus wie das Land, von dem sich die Leute auf Island erzählten. Wo waren die Fjorde? Wo waren die Gletscher, von denen er so viel gehört hatte?

Sie segelten weiter. Die Landschaft wurde flacher, doch gab es immer noch viel zu viele Bäume. Manche seiner Leute wollten an Land gehen, doch Bjarni schüttelte den Kopf. Das konnte nicht Grünland sein, sie mussten weitersegeln.

Nach vier weiteren Tagen auf See entdeckten sie den nächsten farbigen Fleck am nördlichen Horizont. Als Bjarni hohe Berge erblickte, funkelten seine Augen. Das musste es sein …

Bei Einbruch der Dunkelheit gingen sie an Land. Und als Bjarni durch das seichte Wasser watete, nahm ihn sogleich sein

Vater Herjolf in Empfang, ein breites Grinsen auf seinem wettergegerbten Gesicht.

Dieses eine Mal ging die Geschichte also gut aus! Vater und Sohn waren vereint, und als Herjolf starb, übernahm Bjarni seinen Hof auf Grünland. Bis heute trägt die Landzunge, an der sie sich trafen, Herjolfs Namen.

Manchmal, wenn er nachts wach lag, dachte Bjarni an das bewaldete Land, das er weit im Südwesten gesehen hatte. Wie war sein Name? Wer lebte dort? Welche Reichtümer mochten sich in den Wäldern verstecken?

Doch dann kehrten seine Gedanken zu seinen Herden, seinen Feldern und seinem Hof zurück. Seine Lider wurden schwer und seine Erinnerung an die Seereise begann zu schwinden.

■

Jahreszeiten vergingen, dann Jahre. Als Bjarni eines stürmischen und trostlosen Abends mit seinen Hunden nach Hause zurückkehrte, sah er dort einen Fremden, der auf ihn wartete.

Der Besucher war groß, hatte sandfarbenes Haar, ein einladendes Lächeln, einen festen Händedruck und kam gleich zur Sache. Sein Name sei Leif, sagte er, der Sohn von Erik dem Roten, und er werde auch Leif der Glückliche genannt.

Seit er von Bjarnis Geschichte gehört habe, träume er von diesem rätselhaften Land weit im Süden. Doch er brauche ein Schiff – und welches Schiff wäre besser geeignet als jenes, mit dem Bjarni selbst den Ozean überquert habe?

Bjarni öffnete den Mund, um ihn zu unterbrechen, doch der Besucher hob die Hand und blickte Bjarni mit ernster Miene an. Er habe mehr als genug Silber dabei, sagte er. Und ein Nein würde er nicht akzeptieren.

Denn Leif der Glückliche hatte es den Göttern geschworen: Er würde die Wahrheit über diesen unbekannten Kontinent herausbekommen – komme, was da wolle. Und niemand würde ihn aufhalten.

11

Die Rätsel von Vinland

Es war ein wunderschöner Spätfrühlingstag, als Leif Eriksson seine Reise ins Ungewisse antrat. Die grünen Hänge über dem Fjord waren von bunten Farbtupfern übersät. Der Himmel trug ein makellos-sorgloses Blau und die See war so glatt wie ein polierter Spiegel.

Als Bjarnis altes Schiff in die Bucht hinausglitt, warf Leif einen Blick zurück zum Hafen. Dort stand sein Vater, Erik der Rote, und hob die Hand zum Abschiedsgruß. Für einen Moment spüre Leif einen Anflug von Traurigkeit.

Obwohl er seit Jahren von diesem Moment geträumt hatte, war er immer davon ausgegangen, dass sie die Reise gemeinsam antreten würden. Vor ein paar Monaten hatte er seinen Vater wie geplant überredet, die Expedition anzuführen.

Doch seit Eriks Pferd gestrauchelt war, humpelte der alte Mann. »Die Götter wollen, dass ich an Ort und Stelle bleibe, statt nach neuen Ländern zu suchen«, hatte Erik gesagt. »Das ist das Ende meiner Geschichte. Das nächste Kapitel schreibst du.«

Während die Küste Grünlands verblasste, musterte Leif seine

Besatzung. Es waren insgesamt fünfunddreißig Männer, die meisten von ihnen erfahrene Seeleute. Nur ein, zwei jüngere, die sich ein Abenteuer erhofften, hatten sich daruntergemischt.

Dann war da der alte Freund seines Vaters, Tyrkir der Deutsche, der nie ganz seinen ausländischen Akzent verloren hatte. Er war ein fröhlicher kleiner Mann mit wulstiger Stirn und flackernden Augen, der viele Kunstfertigkeiten beherrschte. Tyrkir zwinkerte ihm verschmitzt zu und Leifs Bedenken schmolzen dahin wie Eis in der Sonne. Er wandte sein Gesicht dem Meer zu. Der Wind strich durch seine sandfarbenen Haare und erneut wurde er von Vorfreude auf seine Reise gepackt.

Mehrere Tage segelten sie nach Westen. Sie hatten genug frisches Wasser und getrockneten Fisch für eine lange Reise dabei, doch wenn Leif nachts zu den Sternen emporblickte, plagten ihn manchmal düstere Vorahnungen.

Hatte Bjarni ihnen die Wahrheit gesagt? Gab es etwas da draußen? Und wenn ja, würden sie es jemals finden?

Doch eines Tages stieß der scharfsichtige Tyrkir einen triumphalen Schrei aus. Leif rannte zu ihm – und da war sie: eine schwache graue Linie am westlichen Horizont.

Nachdem sie an Land gerudert waren, fanden sie eine kahle, steinige Ebene vor, über der sich riesige Gletscher erhoben. Trotz seiner Freude, auf Land gestoßen zu sein, wusste Leif, dass dies kein Ort zum Siedeln war. Niemand wollte in dieser Steinwüste leben.

Er taufte den Ort Helluland, »Steinplattenland«, ehe er seinen

Männern befahl, zum Schiff zurückzurudern. Und weiter ging die Reise, bis sie wieder auf Land stießen.

Hier war die Landschaft flach, mit hohen Bäumen, die lange weiße Strände säumten. Leif nannte sie Markland – »Waldland«.*

Die nächsten beiden Tage segelten sie in südliche Richtung. Die Wasservorräte gingen allmählich zur Neige, doch die Götter waren auf ihrer Seite, denn am nächsten Tag entdeckten sie eine Insel mit hohem, taufeuchtem Gras. Stundenlang, so schien es ihnen, lagen sie auf dem Boden und labten sich an der Feuchtigkeit. Nichts in ihren Leben hatte je so köstlich geschmeckt.

Als Leifs Schiff in die Meerenge zwischen Insel und Festland hineinglitt, erblickten sie die Mündung eines Flusses, der sich in einen See ergoss. Und sobald sie ihre Habe an Land gebracht hatten, nahmen sie ihr neues Land in Augenschein.

Vögel kreisten am Himmel, Eichhörnchen jagten sich in den Bäumen, und im See schwammen Lachse. Dieser Ort schien das Paradies zu sein und weit und breit war kein Mensch zu sehen.

In den nächsten Tagen bauten sie Hütten, fällten Bäume, sägten und hämmerten im Wald, horteten Nahrung und Wasser. Dann teilte Leif die Gruppe – die einen sollten die Siedlung bewachen, die anderen die Umgebung erkunden.

Wochen vergingen. Noch immer gab es kein Zeichen von

---

* Helluland war vermutlich die Baffininsel und Markland mit ziemlicher Sicherheit Neufundland. Beides gehört heute zu Kanada.

anderen Menschen. Doch als der Erkundungstrupp eines Nachmittags von seinen Wanderungen zurückkehrte, fuhr Leif der Schreck in die Glieder: Tyrkir war nicht dabei!

Als Leif aufsprang, brachten die anderen bereits ihre Entschuldigungen hervor. Tyrkir habe allein die Kuppe eines Hügels überquert und sei nicht mehr aufgetaucht, sosehr sie auch gerufen und nach ihm gesucht hatten.

An diesem Abend führte Leif mit der Fackel in der Hand einen Suchtrupp an. Sein Herz pochte wild. Er kannte Tyrkir, seit er ein kleiner Junge war. Der Deutsche war wie ein zweiter Vater für ihn. Ihn zu verlieren, war undenkbar …

Er hatte gerade den ersten Hügel überquert, als im Dunkeln eine Gestalt auf ihn zurannte und heftig winkte. Als das Licht der Fackel sein Gesicht erhellte, stieß Leif einen erleichterten Seufzer aus.

Es war Tyrkir, doch er schien sehr erregt zu sein und brabbelte ohne Unterlass auf Deutsch. Als er sich ein wenig beruhigt hatte, konnte Leif seinen Worten endlich Sinn entnehmen.

Nur ein kurzes Stück von hier, erklärte er, gleich im nächsten Tal, sei er auf etwas Unglaubliches gestoßen: Reihe um Reihe von Rebstöcken mit dicken, leuchtenden Trauben.

Ein paar der jüngeren Männer starrten ihn verständnislos an, doch Tyrkir konnte nicht aufhören zu grinsen.

Wenn hier Weintrauben wuchsen, dann konnte man hier schlichtweg alles anbauen. Dieser fruchtbare Garten musste von den Göttern gesegnet sein. Und wenn sie Trauben anbauten, würden sie bald den kostbarsten Nektar von allen trinken – Wein!

In diesem Moment entschied sich Leif, seiner neuen Heimat den Namen Vinland zu geben – Land des Weins.

■

Leif und seine Freunde blieben den ganzen Winter in Vinland, dem heutigen Kanada. Als der Frühling kam, segelten sie zurück nach Grünland und retteten auf dem Heimweg ein paar schiffbrüchige Seeleute.

Leif hatte sein Ziel erreicht und seinen Durst nach Abenteuern gestillt. Sein Vater Erik lag im Sterben und die Ostsiedlung brauchte einen neuen Anführer. Mit anderen Worten: Seine Tage auf See waren gezählt.

Doch die Abenteuer der Wikinger in Nordamerika waren noch nicht beendet. Leifs jüngerer Bruder Thorvald wollte es Leif unbedingt gleichtun. Nach dem Tod ihres Vaters fragte Thorvald seinen Bruder, ob er sein Schiff ausleihen dürfe, um eine eigene Expedition zu starten.

Zunächst ließ sich diese zweite Reise noch besser an als die erste. Thorvalds Besatzung fand schnell Leifs Camp mit seinen Hütten und Schuppen und verbrachte dort den ersten Winter beim Fischen. Im nächsten Jahr erkundeten sie die umliegenden Fjorde und Täler. Doch als sie um die bewaldeten Landzungen herumfuhren, machten sie eine seltsame Entdeckung.

Was war das? Ein Boot? Das konnte nicht sein. Und doch war

es ein Boot, mit Tierhaut überzogen, das in den Wellen schaukelte. Dann erblickten sie ein zweites und ein drittes.

In diesem Moment begriffen die Nordmänner, dass sie auf diesem riesigen Kontinent nicht allein waren. Es gab noch andere Menschen hier.

Was folgte, war eine Katastrophe. Auf Thorvalds Befehl hin versuchten seine Männer, die Boote mitsamt ihrer Besatzung unter ihre Kontrolle zu bringen. Doch die Fremden wehrten sich, und einer von ihnen entkam, indem er die Bergflanke am Fjord hinauflief. Ganz oben konnten Thorvalds Männer ein paar Zelte ausmachen.

In dieser Nacht hatten die Nordmänner alle denselben Traum. Eine Stimme warnte sie: »Wacht auf, wenn euch euer Leben lieb ist! Nehmt euer Schiff und verlasst dieses Land, so schnell ihr könnt!«

Doch als sie sich gegenseitig wach gerüttelt hatten und auf ihr Schiff zustolperten, war es bereits zu spät. Eine ganze Flotte von mit Tierhäuten überzogenen Booten hielt im Dunst bereits auf sie zu, die Männer darauf mit Pfeilen und Speeren bewaffnet.

An Bord seines Schiffs trieb Thorvald die Ruderer panisch zur Eile an. Würden sie es doch noch schaffen? Im nächsten Moment stieß er einen erstickten Schrei aus und fasste sich an die Brust, in der ein Pfeil steckte.

Thorvald blickte zum feindlichen Boot hinüber. Und als sein Blut die Planken durchtränkte, weiteten sich ungläubig seine

Augen. Denn dort stand sein Mörder und schwenkte triumphierend seinen Bogen. Ein Mann mit nur einem Bein!

Dann sah er nichts mehr.

■

Als Thorvalds Männer die Kunde von seinem Tod nach Grünland brachten, nickten viele Menschen wissend.

Die Welt, das wussten alle, war voller seltsamer und schrecklicher Kreaturen. Und wer sich bis an die Ränder von Midgard vorwagte, lief Gefahr, Riesen, Ogern, Trollen und sogar Einbeinigen zu begegnen.

Die Fremden, denen sie in Vinland begegnet waren, nannten die Nordmänner *Skraelinger.** Die Teilnehmer einer anderen Expedition berichteten, sie seien »gering an Größe, mit furchterregenden Gesichtern und zottigen Haaren. Ihre Augen sind groß und ihre Wangen breit.«

Mit großer Wahrscheinlichkeit werden das Männer aus Thule gewesen sein, und damit Vorfahren der heutigen Inuit. Im Laufe von Jahrhunderten waren sie Richtung Süden gezogen, ins heutige Kanada, um dort zu fischen und zu jagen.

Für die Menschen, die mit den Erzählungen über die Expeditionen aufgewachsen waren, war die Bedrohung durch die Skraelinger nur eine von vielen. Und so machte sich wenige

---

* Das Wort *Skraelinger* bedeutet vermutlich »Hautträger«, weil die so Bezeichneten Tierhäute und Felle trugen, um sich warm zu halten.

Jahre später die nächste Expedition auf den Weg in südwestliche Richtung. Diesmal wurde sie von einem reichen Abenteurer namens Thorfinn Karlsefni angeführt, der von seiner Frau Gudrid* begleitet wurde.

Auch Karlsefni und Gudrid bewohnten zunächst Leifs altes Camp. Sie fanden viel Fisch und Wild sowie das Fleisch und den Speck eines Wals vor, der an den Strand gespült worden war.

Zunächst gab es keine Spur von anderen Menschen. Doch im Sommer erblickten sie Gestalten zwischen den Bäumen, die Taschen voller Felle und Tierhäute bei sich hatten.

Erneut waren es Skraelinger, wie sich herausstellte, doch diesmal waren sie gekommen, um zu handeln. Durch Zeichensprache wurden sie sich einig, die Felle gegen Milch, Butter und Käse einzutauschen.

Was die Skraelinger jedoch vor allem wollten, waren Waffen – Schwerter, Messer und Äxte. Aber Karlsefni verbot seinen Männern, auch nur eine einzige Klinge herauszurücken. Es wäre Irrsinn, sagte er, Leuten, die sich jeden Moment gegen sie wenden konnten, Waffen in die Hand zu geben.

Später im Jahr, als der Wind von der See herblies, kehrten die Skraelinger zurück. Wieder wollten sie Waffen, und erneut weigerte sich Karlsefni, sie ihnen zu geben. Doch diesmal geschah etwas Merkwürdiges.

---

* Gudrid war zuvor mit Thorstein, einem weiteren von Leifs Brüdern, verheiratet gewesen, der jedoch der Pest zum Opfer fiel.

Während die Skraelinger mit ihrem Ehemann stritten, blieb Gudrid in ihrer Hütte und stillte ihren kleinen Sohn. Plötzlich sah sie einen Schatten in der Tür. Es war eine Frau, die in ein Tuch gehüllt war. Sie war sehr klein, hatte sehr helle Haut und die größten Augen, die Gudrid je gesehen hatte.

»Ich heiße Gudrid«, sagte Gudrid. »Und wie heißt du?«

»*Ich heiße Gudrid*«, wiederholte die Frau mit seltsam tiefer Stimme. Dann gab es draußen ein lautes Geräusch, gefolgt von metallischem Klirren und aufgeregten Stimmen, und im nächsten Moment war die Frau verschwunden.

Als Gudrid nach draußen trat, hatten die Skraelinger die Flucht ergriffen. Es stellte sich heraus, dass einer von ihnen die Waffen hatte stehlen wollen und von Karlsefnis Diener erstochen worden war.

Gudrid hat nie herausgefunden, wer diese Frau war oder warum sie ihren Namen mit dieser unwirklich tiefen Stimme wiederholt hatte. Mittlerweile hatten beide Seiten eine Heidenangst voreinander, und Karlsefni bestand darauf, den Fremden eine Falle zu stellen und sie in den Wäldern in einen Hinterhalt zu locken.

Sein Plan funktionierte ausgezeichnet. Als die Skraelinger angriffen, brach eine Gruppe von Nordmännern zwischen den Bäumen hervor. Mit ihren einfachen Speeren und Pfeilen, deren Spitzen aus Feuerstein bestanden, hatten die Skraelinger gegen die Schwerter und Äxte der Wikinger keine Chance.

Für Karlsefni und Gudrid hatte die Expedition schon lange

ihren Reiz verloren. Als der Winter vorüber war, beluden sie ihr Schiff mit Weinstöcken, Beeren und Tierhäuten. Dann lichteten sie den Anker und setzten das Segel. Sie würden nie wieder hierher zurückkehren.

■

Über Generationen hinweg gaben die Skalden Grünlands und Islands die Abenteuer von Leif, Thorvald, Karlsefni, Gudrid und all derer, die sie auf ihren Expeditionen begleitet hatten, weiter.

Am Anfang waren dies Erzählungen für lange Winterabende, wenn sich die Familien um die Feuerstellen scharten. Schließlich schrieben die Isländer sie in Form zweier Sagas nieder: der *Saga von den Grönländern* und der *Saga von Erik dem Roten*, die uns bis zum heutigen Tag erhalten geblieben sind.

Verwirrenderweise stimmen die Sagas in Einzelheiten nicht immer überein und manchmal widersprechen sie sich auch. Das meiste bis hierher Erzählte stammt aus der *Saga von den Grönländern*, aber welche Version die richtige ist, kann niemand mit Bestimmtheit sagen.

Jahrhundertelang haben sich Historiker hierüber den Kopf zerbrochen, und manche fragten sich auch, ob man überhaupt irgendetwas aus diesen Sagas glauben kann und ob die Wikinger überhaupt jemals in Nordamerika waren.

Doch dann gab es drei archäologische Entdeckungen, die unsere Sicht auf die beiden Vinland-Sagas vollkommen verändert haben. Die erste wurde 1930 in den Ruinen der Westsiedlung auf Grönland gemacht. Hier fanden Archäologen das Fragment einer Pfeilspitze, gefertigt aus einem Stein, den es nur in Nordamerika gibt.

Es war keine Wikinger-Pfeilspitze – ähnelte aber sehr denen der Ureinwohner Nordamerikas. Die Wikinger mussten sie aus Vinland mitgebracht haben – vielleicht als Souvenir oder als unfreiwilliges Andenken in der Wunde eines Siedlers.

Die zweite Entdeckung machte man im amerikanischen Bundesstaat Maine im Jahr 1957. In einer alten Siedlung der amerikanischen Ureinwohner fand ein Hobbyarchäologe eine norwegische Silbermünze aus dem elften Jahrhundert.

Wie mag sie dorthin gekommen sein? Hatte sich jemand einen Scherz erlaubt? Oder beweist der Fund, dass die Wikinger bis nach Maine gekommen sind und dort mit Silbermünzen Tauschhandel mit den Ureinwohnern betrieben haben?

Die spektakulärste Entdeckung machte man jedoch vier Jahre später auf der kanadischen Insel Neufundland. An der Nordspitze der Insel untersuchten zwei norwegische Archäologen einen Erdhügel außerhalb der Stadt L'Anse aux Meadows.

Zu ihrem Erstaunen entdeckten sie die Überreste einer Wikingersiedlung, die um das Jahr 1000 datierte. Sie fanden Häuser und Werkstätten, eine Schmiede sowie eine Bootswerft. Allerdings keine Ställe und auch keine Grabstätten.

Was bedeuten könnte, dass es sich hierbei nicht um eine permanente Siedlung handelte, sondern um einen Ort, an dem sich Seeleute mit Ausrüstungsgegenständen versorgten. Manche

Historiker vertreten sogar die These, dass sich hier das Camp von Leif Eriksson befand, das er auf seiner ersten Reise errichtet hat.

Was also ist damit geschehen? Einige der Gebäude schienen verbrannt zu sein. Wurden sie von den Skraelingern zerstört? Oder haben die Wikinger sie bei einem Abschiedsritual selbst in Brand gesetzt? Ein weiteres Rätsel.

Und warum sind die Wikinger nicht weiter bis ins Herz Nordamerikas vorgedrungen? Warum haben sie dort keine Kolonien gegründet, wie sie es anderswo getan haben?

Hätten sie es getan, wäre die Welt heute eine andere. Vielleicht würden US-Amerikaner und Kanadier dann heute eine abgewandelte Form des Altnordischen sprechen.

Die wahrscheinlichste Erklärung besteht darin, dass es einfach zu schwierig war. Nach Grünland oder gar Vinland zu segeln, war ein enorm gefährliches Unterfangen und der Nutzen hielt sich in Grenzen.

Vinland war zwar reich an Holz und Fellen, doch davon hatten die Wikinger in Skandinavien genug. Was sie vor allem brauchten, waren Silber und Sklaven – beides konnte ihnen Vinland nicht bieten.

■

Nachdem die Kolonisten in ihre Siedlungen auf Grünland zurückgekehrt waren, schlugen sie dort endgültig Wurzeln. Wie ihre Eltern zuvor betrieben sie ihre Höfe, jagten und fischten und gaben ihre Sitten und Gebräuche an die nächste Generation weiter.

Doch im Laufe der Zeit schwanden ihre Kontakte zur Außenwelt. Nur wenige unternahmen noch die Reise. Diejenigen, die zurückkehrten, berichteten von heulenden Schneestürmen, von Kälte, Hunger und ewiger Dunkelheit.

Jahrhunderte vergingen. Im Jahr 1721 segelte ein dänischer Missionar namens Hans Egede über den Atlantik, in der Hoffnung, die Grönländer zum protestantischen Glauben bekehren zu können. Doch als er die Ostsiedlung erreichte, erbleichte er vor Schreck.

Die Kolonie war verschwunden!

Wo einst Bauernhöfe und Kirchen standen, waren nur noch Ruinen. Was war geschehen? Waren die Grönländer der Pest zum Opfer gefallen? Oder waren sie von marodierenden Inuit, die ihre arktischen Jagdgründe verlassen hatten, abgeschlachtet worden?

Dieses Rätsel ist nie gelöst worden. Die wahrscheinlichste Erklärung besteht darin, dass – von den Grönländern anfangs unbemerkt – das sich verändernde Klima den Fortbestand der Kolonie nach und nach unmöglich machte.

Erik der Rote war während der mittelalterlichen Wärmeperiode hierhergekommen. Doch ab etwa 1250 kühlte sich die Region des Nordatlantiks immer mehr ab.

Die Winter wurden kälter, die Buchten und Fjorde waren mit Eis bedeckt, und auch die Stürme nahmen an Häufigkeit und Heftigkeit zu. Diese Verschlechterung des Klimas machte es den Versorgungsschiffen aus Island vielleicht irgendwann unmöglich, bis nach Grönland durchzukommen.

Das Leben dort war nie einfach gewesen und nie hatte es mehr als viertausend Siedler gegeben. Vielleicht haben sie ihr Ackerland auch über Gebühr beansprucht, sodass es sich nicht mehr richtig erholen konnte.

Und bei solch einer kleinen Population hätten bereits geringste Veränderungen drastische Auswirkungen gehabt. Als die Winter dann immer kälter wurden und die landwirtschaftlichen Erträge immer weiter zurückgingen, war das vermutlich der Anfang vom Ende.

Die Westsiedlung war die erste, die verschwand. Im Jahr 1341 segelte ein Priester von der Ostsiedlung aus dorthin, fand die Westsiedlung aber völlig verlassen vor.

Niemand weiß, wie lange die Ostsiedlung danach noch bestanden hat. Die letzte Aufzeichnung, die wir haben, trägt das Datum 16. September 1408. An diesem Sonntag heiratete ein Kapitän namens Thorstein Olafsson in der kleinen Kirche von Hvalsey eine Frau namens Sigrid Björnsdottir.

Nach wenigen Jahren zogen die beiden aber nach Island, wo Sigrids Familie Land besaß. Andere junge Paare haben womöglich das Gleiche getan.

Heute kann man immer noch die Ruinen der Kirche von Hvalsey besichtigen, wo sich Thorstein und Sigrid einst das Jawort gaben.

In beiden Siedlungen haben Archäologen Jagdgegenstände gefunden, Kleidung, Skelette, Werkzeuge und Schmuckstücke. Auch die blonde Haarlocke einer Frau war dabei, vielleicht ein Liebespfand, und ein kleines Holzpferd – das Geschenk für ein Kind, dessen Name längst vergessen ist.

Für ihre Besitzer waren all diese Dinge Alltagsgegenstände. Für uns sind sie die letzten Spuren einer versunkenen Welt – Puzzlestücke eines Rätsels, das vielleicht nie gelöst werden wird.

12

Tod auf der Wolga

Die Karawane verließ die Stadt in der Hochsommerhitze und machte sich auf Richtung Norden, hinein in die Wüste. Als der Trubel in den Gassen nur noch ein fernes Murmeln war, fragte sich Ahmad ibn Fadlan, ob er seine Familie wohl jemals wiedersehen würde.

Ibn Fadlan war ein kluger Mann, kultiviert und humorvoll. Er lebte und arbeitete in Bagdad, der Hauptstadt des riesigen arabischen Kalifats.

Mit über einer Million Einwohner war Bagdad in der islamischen Welt als Stadt des Friedens berühmt: ein Ort der Gelehrten und der Bildung, der Dichtung und Medizin, der Kanäle und Lustgärten. Für ibn Fadlan gab es keinen Ort auf Erden, der dem Paradies näherkam.

Doch als ihn der Kalif al-Muqtadir fragte, ob er eine Expedition ins Königreich der Wolgabulgaren anführen wolle, zögerte ibn Fadlan keine Sekunde. Ein neugieriger und aufgeschlossener Mann wie er konnte sich eine solche Gelegenheit nicht entgehen lassen.

Die Bulgaren, erklärte der Kalif, seien ein Nomadenvolk, das kürzlich zum Islam übergetreten sei. Sie hätten um Hilfe beim Bau einer Moschee und einer Festung gebeten und brauchten im Übrigen Unterweisung in der richtigen Art der Gottesverehrung.

Am 21. Juni 921 ritt er mit seinen Kameraden aus der Stadt heraus und hielt Kurs auf die weiten Steppen des heutigen Russland. Ihre Reise dauerte über ein Jahr, führte sie auf staubigen Wegen quer durch Persien sowie durch die Wüsten Zentralasiens. Überall machte er sich Notizen über Farben und Gerüche, die ausländischen Könige und deren furchtbares Essen.

Doch kaum hatten sie sich auf den Weg gemacht, kam es für ibn Fadlan zu einer Begegnung, die er sein ganzes Leben lang nicht vergessen würde.

Es war ein heißer Sommernachmittag, und die Wolga glitzerte im Sonnenlicht – ein blaues Band, das sich sanft durch grüne Wiesen schlängelte. Was ibn Fadlan dann sah, versetzte ihn in Erstaunen: dunkle, unscharfe Flecke auf dem Wasser, hie und da rot-weiß getupft.

Er rieb sich die Augen, doch er irrte sich nicht. Da waren Langschiffe auf der Wolga, stattlich und bedrohlich, mit im Wind geblähten Segeln.

Als Ibn Fadlan näher heranritt, sah er Zelte und Baracken am Flussufer. Rauchschwaden von Lagerfeuern hingen in der Luft. Er hörte Hammerschläge und kehliges Lachen.

Als sie das Lager erreichten, wurden sie von den Fremden

bereits erwartet. Ihre Mienen waren teilnahmslos, ihre Hände ruhten auf den Griffen ihrer Schwerter.

Ibn Fadlans Übersetzer ritt nach vorn und wechselte ein paar Worte mit den Fremden. Ibn Fadlan hörte nur hin und wieder einen Fetzen, den der Wind an sein Ohr trug. Die Sprache klang anders als jede, die er je gehört hatte.

Dann drehte sich der Übersetzer lächelnd zu ihm um. Sie wären hier willkommen, sagte er. Die Fremden seien Händler aus dem Norden, die Felle und Sklaven für den bulgarischen König dabeihätten. Sie freuten sich, den Arabern eine warme Mahlzeit und einen Platz zum Lagern anbieten zu können.

Dank seines Dolmetschers erfuhr ibn Fadlan mehr über diese Fremden. Sie nannten sich selbst *Rus*, das rudernde Volk, und kamen aus *Gardarike*, dem Reich der Städte. Doch ihre Väter, sagten sie, seien aus dem hohen Norden gekommen, wo ewiger Winter herrsche.

»Nie habe ich Menschen ansprechenderen Körperbaus gesehen, groß wie Palmen, mit rotblonden Haaren«, notierte ibn Fadlan. Er bemerkte, dass jeder Mann »von den Zehenspitzen bis zum Hals dunkelgrüne Linien« auf der Haut hatte. Außerdem trug jeder »eine Axt, ein Schwert und ein Messer«, als könnte jeden Moment ein Kampf ausbrechen.

Ihre Sklavenmädchen trugen Broschen aus Metall, an denen kleine Messer baumelten. »Die Frauen tragen Halsringe aus Gold und Silber«, fügte ibn Fadlan hinzu. »Ihr liebster Schmuck sind grüne Glasperlen, die sie um den Hals tragen.«

Für ibn Fadlan waren diese Menschen aus dem Norden enorm faszinierend. Doch als hochgebildeter Mann, der aus der reichsten Stadt der Welt kam, fand er viele ihrer Gebräuche gar schauerlich.

Es war ihm ein Graus, dass sie ihre Hände nicht wuschen, nachdem sie ihre Notdurft verrichtet hatten. Und er war sehr erschüttert darüber, dass alle von ihnen ein und dasselbe Gefäß, das ihnen eine Sklavin des Morgens reichte, dazu benutzten, »sich die Nase zu säubern, hineinzuspucken und sich das Gesicht und die Haare zu waschen«.

»Wahrlich«, schrieb er, »ich befinde mich hier unter den unreinlichsten Geschöpfen auf Gottes Erde.«

Was ihn jedoch sehr interessierte, war ihre Religion. Nahe ihrer Schiffe hatten sie hölzerne Statuen aufgestellt, die ihre Götter darstellten. Wenn sie Schwierigkeiten damit hatten, ihre Sklaven zu verkaufen, hinterließen sie dort in der Abenddämmerung Geschenke in Form besten Fleisches oder hängten Kuh- oder Schafsköpfe an nahe gelegene Holzpfähle.

Am Morgen seien sie dann jedes Mal hocherfreut gewesen, wenn ihre Opfergaben verschwunden waren. *Die Götter hätten ihre Gebete erhört!*, sagten sie dann stolz. Er selbst aber wisse natürlich, dass das Fleisch lediglich von wilden Hunden gefressen worden war.

■

Wenige Tage nach ihrer Ankunft wurde ibn Fadlan von einem

seiner Männer darüber informiert, dass ein Anführer der Wikinger in der Nacht gestorben sei. Ob er sich die Beerdigung anschauen wolle?

Ibn Fadlan sagte sofort Ja. Er war sicher, dass es ein denkwürdiges Erlebnis werden würde, und er täuschte sich nicht.

Das Begräbnis war ein zehntägiges ununterbrochenes Fest mit Musik, Gesang und Tanz. Vor allem registrierte ibn Fadlan missbilligend, dass fast alle sturzbetrunken waren.

Währenddessen zogen Sklaven das Schiff des Toten ans Ufer. Dort wurde es mit Tüchern und Bettvorhängen für seine Reise in die Unterwelt geschmückt.

Der gesamten Zeremonie stand eine alte Hexe vor – »dickleibig und unheimlich« –, die von den Nordmännern als »Engel des Todes« bezeichnet wurde. Sie trieb die Sklavenmädchen des Toten zusammen, die sich gehorsam um das Boot scharten.

Eines der Mädchen – ibn Fadlan konnte nicht mit Sicherheit sagen, ob freiwillig oder nicht – wurde zur »Braut des Toten« erklärt und mit einer Dienerschaft und edlen Kleidern ausgestattet. Sie stürzte sich in die Feierlichkeiten und trank und tanzte mit den Freunden des Verstorbenen.

Dann, am zehnten Tag, strebten die Feierlichkeiten ihrem Höhepunkt entgegen. Und obwohl er den Nordmännern bei ihren sehr ernsthaft betriebenen Vorbereitungen zugesehen hatte, wusste ibn Fadlan nicht, was nun folgen würde.

Das Schiff des Toten war jetzt von hohen Reisighaufen umgeben. Auf Deck hatten die Sklaven in einer eigens errichteten Hütte ein verziertes Bett aufgestellt. Darauf legten sie den Leichnam, der bereits deutliche Spuren der Verwesung zeigte, und umgaben ihn mit Speisen und Wein und allerlei Schmuckgegenständen.

Alle Bewohner des Lagers versammelten sich um das Schiff und stimmten einen Sprechgesang an. Ibn Fadlan wusste nicht wieso, aber ihm wurde plötzlich flau im Magen.

»Sie trugen einen Hund heran, den sie in zwei Teile hackten, die sie auf das Boot warfen«, schrieb er. »Dann hetzten sie zwei Pferde so lange herum, bis sie völlig erschöpft waren, zerteilten sie mit ihren Schwertern und warfen diese ebenfalls auf das Boot.

Sogleich brachten sie zwei Kühe, zerhackten auch sie und warfen die Teile aufs Boot. Schließlich töteten sie einen Hahn und eine Henne und warfen auch sie aufs Deck.«

Schließlich kam das Sklavenmädchen – die »Braut« des Toten. Sie küsste all dessen Freunde und ließ sich dann zu einem hölzernen Tor führen und in die Luft heben. Sodann rief sie etwas in ihrer Muttersprache:

»Ich sehe meinen Herrn im Paradiese sitzen, und es ist grün und wunderschön«, flüsterte ibn Fadlans Dolmetscher. *»Es sind Kinder bei ihm und er ruft mich. Lasst mich zu ihm gehen.«*

Während der Sprechgesang anschwoll, hoben die Männer das Mädchen ins Boot. Der Engel des Todes reichte ihr einen Becher mit Wein.

Der Sprechgesang wurde lauter und lauter. Die Nordmänner begannen, mit Stöcken auf ihre Schilde zu schlagen. Ibn Fadlan wurde allmählich übel.

Das Mädchen verschwand in der Holzhütte. Der Engel des Todes folgte ihr. In ihrer Hand sah ibn Fadlan einen gezackten Dolch.

Der Sprechgesang war jetzt so laut, dass er ibn Fadlan fast die Sinne raubte. Die Nordmänner hämmerten auf ihre Schilde, lauter und immer lauter. Dennoch glaubte er, einen Schrei zu vernehmen.

Dann kehrte der Engel des Todes zurück. Die Klinge ihres Messers war jetzt rot.

Ein nackter Mann bahnte sich seinen Weg durch die Menge, eine lodernde Fackel in der Hand. Er senkte sie auf den Reisighaufen und im nächsten Moment leckten die Flammen am Rumpf des Schiffes.

Von Osten blies eine kräftige Brise. Die Flammen schlugen immer höher. Ibn Fadlan spürte die Hitze auf seinem Gesicht.

Dann hörte er eine Stimme an seinem Ohr. Es war einer der tätowierten Nordmänner, der ein schauriges zahnloses Lächeln entblößte und etwas sagte, das der Dolmetscher so übersetzte.

»Ihr Araber seid Narren. Ihr vergrabt eure Freunde in der Erde, damit Würmer und Insekten sie auffressen. Aber wir verbrennen sie im Feuer, damit sie sofort ins Paradies kommen.«

Der Mann lachte so schallend, dass seine Schultern bebten. »Die Götter müssen unseren Freund lieben«, sagte er, »denn sie haben einen Wind geschickt, der ihn schnell mit sich forttragen wird.«

»Und tatsächlich«, schrieb ibn Fadlan später, »dauerte es nicht einmal eine Stunde, ehe das Schiff, das Mädchen und ihr Herr zu Asche geworden waren.«

■

Wie es ibn Fadlan weiter erging, bleibt ein Geheimnis. Er muss aber wohlbehalten nach Bagdad zurückgekehrt sein, denn er verfasste dort mehrere Berichte, die von Historikern Jahrhunderte später entdeckt wurden.

Seine Beschreibung des Begräbnisrituals gehört zu den spannendsten und anschaulichsten Darstellungen, die jemals über die Wikinger verfasst wurden – obwohl sich die Männer, die auf ihre Schilde hämmerten, niemals selbst als »Wikinger« bezeichnet haben. Sie nannten sich *Rus*.

Zu dieser Zeit, um die Mitte des zehnten Jahrhunderts, waren die Rus im Osten wohlbekannt. Andere arabische Reisende begegneten ihnen an den Ufern des Don und der Wolga und waren schockiert von ihrer Aggressivität und Grausamkeit.

»Sie sind ein beeindruckendes Volk, die Männer groß und sehr mutig«, heißt es in einem Bericht. »Niederlagen kennen sie nicht, denn keiner käme darauf, sich vom Feinde abzuwenden, ehe er nicht getötet hat oder getötet wurde.«

»Wenn sie einen Sohn bekamen«, schrieb ein anderer, »legten sie ein Schwert vor ihn hin und sprachen zu dem Baby: ›Ich werde dir nichts vererben. Alles, was du besitzen wirst, musst du dir mit diesem Schwert verdienen.‹«

Das Reich der Rus hatte sein Zentrum nach wie vor im Delta der Flüsse zwischen dem Ladogasee und dem Schwarzen Meer mit seinen Hauptstädten Kiew und Nowgorod. Und Sommer für Sommer segelten Expeditionen gen Süden zur großen Stadt Miklagard (oder Konstantinopel), um dort Felle und Sklaven zu verkaufen.

Und wenn man die ewigen Blutfehden der Wikinger bedenkt, ist es durchaus erstaunlich, dass immer noch dieselbe Dynastie das Sagen hatte – die Nachfahren von Rurik, dem großen Fürsten der Rus.

Rurik war 879 in seinem Bett gestorben. Da sein Sohn Igor damals noch ein kleiner Junge war, hatte der alte Abenteurer auf seinem Totenbett das Reich seinem Clansbruder Oleg anvertraut, der genauso hart und skrupellos war wie er.

Oleg hatte sofort damit begonnen, seine Herrschaft zu festigen. Eroberungszüge brachten reiche Beute und diese wiederum zog weitere Gefolgsleute an. In den ersten Jahren seiner Regentschaft nahm er die Städte Smolensk und Ljubetsch ein, ehe er gen Süden nach Kiew segelte.

Obwohl ihr Angriff auf Konstantinopel gescheitert war, verschanzten sich die Brüder Askold und Dir immer noch in Kiew. Oleg wusste, dass sie seine Herrschaft niemals anerkennen würden, deshalb tüftelte er einen teuflischen Plan aus.

Er wies seine Männer an, sich in ihren Schiffen zu verstecken, und entsandte einen Boten zu den Brüdern, um diese zu warnen, dass ein Fremder mit einer Nachricht von Oleg auf dem Weg nach Konstantinopel war.

Wie erwartet bissen Askold und Dir an und verließen sofort die Stadt, um den angeblichen Boten abzufangen.

Oleg erwartete sie am Fluss als scheinbarer Bote. Er ließ die Brüder so nahe herankommen, bis sie nicht mehr flüchten konnten, dann gab er seinen Männern das Signal zum Angriff.

Als die Männer von ihren Schiffen an Land stürmten und die Brüder umzingelten, waren diese starr vor Schreck. Dann teilten sich die Reihen der Krieger und der kleine Igor trat vor.

»Das«, sagte Oleg mit kalter Stimme, »ist der Sohn von Rurik. Dies ist unser großer Fürst. Ihr seid nichts. *Ihr seid tot.*«

Olegs Männer hoben ihre Waffen. Ehe Askold und Dir einen Laut über die Lippen brachten, gingen die Äxte auf sie nieder.

Nachdem er Kiew unter seine Kontrolle gebracht hatte, rekrutierte Oleg im Jahr 907* aus den umliegenden Stammesgebieten eine kolossale Armee und fuhr mit zweitausend Schiffen den Dnepr hinunter. Es war die größte Machtdemonstration der Wikinger, die die Welt je gesehen hatte.

Als die Stadtmauern von Konstantinopel in ihren Blick gerieten, war die Metropole bereits gewarnt worden. Man hatte dort bereits den Hafen geschlossen und die Verteidigung ver-

---

* Manche Historiker datieren dieses Ereignis auf das Jahr 904.

stärkt. Wie Askold und Dir vor ihm ließ Oleg seine Wut also an den Vorstädten aus.

»Die Wikinger führten den Krieg außerhalb der Stadt und mordeten viele Menschen«, schrieb ein Chronist. »Auch zerstörten sie viele Paläste und brannten zahlreiche Kirchen nieder. Von den Gefangenen, die sie machten, wurden manche geköpft, andere gefoltert, wieder andere erstochen oder ins Meer geworfen.«

Schließlich entschloss sich auch Kaiser Leo IV. dazu, seine Schatzkammern zu öffnen, und übergab den Wikingern mehrere Truhen, randvoll mit Silbermünzen. Nie zuvor hatte eine Wikingerexpedition einen so reichen Gewinn eingestrichen.

Doch auch mit Olegs Glück hatte es irgendwann ein Ende. Und wie sich herausstellen sollte, hielten die Nornen ein ganz besonderes Schicksal für ihn bereit.

Ein paar Jahre zuvor hatte ein Wahrsager ihn gewarnt, dass ihm einst sein Lieblingspferd zum Verhängnis werden würde. Daraufhin hatte Oleg angeordnet, dieses so weit wie möglich von ihm wegzubringen.

Fünf Jahre nach der Belagerung kam ihm plötzlich sein altes Pferd in den Sinn. Er fragte seinen Stallmeister, was aus ihm geworden sei, und dieser antwortete, dass es nicht mehr lebe.

Oleg brach in schallendes Gelächter aus. »So sind die Worte der Wahrsager nichts als Lügen!«, rief er. »Das Pferd ist tot – *doch ich bin noch am Leben!*«

Kurze Zeit später suchte er den Ort auf, an dem sein altes

Pferd begraben lag. Ein paar Knochen waren noch da sowie der Schädel des Tieres.

Oleg betrachtete die sterblichen Überreste. »Und das hier sollte mein Verderben sein?«, fragte er spöttisch und trat mit dem Fuß nach dem Schädel.

Die Schlange, die, unsanft geweckt, aus dem Innern des Schädels hervorgekrochen war, bemerkte er erst, als sie ihre Giftzähne in sein Bein schlug. Olegs Männer eilten sofort herbei, doch man ahnt, wie die Geschichte ausgehen wird.

Als an diesem Abend die Dunkelheit hereinbrach, tat Oleg seinen letzten zitternden Atemzug. Wieder einmal hatten die Nornen das letzte Wort gehabt.

■

Nun wurde Igor also zum Fürsten von Kiew. Inzwischen hatte auch er sich zu einem stolzen Krieger entwickelt – was auch notwendig war, um die kriegerischen Rus zu führen.

Er verwendete einen Großteil seiner Regentschaft darauf, seine Schatzkammer zu füllen, und wartete geduldig auf den richtigen Zeitpunkt, um Konstantinopel erneut anzugreifen. Im Sommer 941 war es so weit. Mit eintausend Schiffen und Hunderten slawischen Söldnern segelte Igor den Dnepr hinunter, den Kuppeln der Großen Stadt entgegen.

Diesmal hielt man dort jedoch eine Überraschung für ihn bereit. Als die Wikingerschiffe in Sichtweite kamen, reihten sich im Hafen fünfzehn ramponierte alte Schiffe nebeneinander auf.

Und als Igors Flotte in Reichweite war, eröffneten sie das Feuer – buchstäblich.

Igor und seinen Männern muss dieser Moment wie eine Szene aus *Ragnarök* vorgekommen sein, der großen Schlacht am Ende der Welt. Eben waren ihre Boote noch der Metropole entgegengeglitten, jetzt regnete Feuer vom Himmel, und die ganze Welt schien in Flammen zu stehen.

Inmitten des Infernos schrie Igor den Kapitänen seine Befehle zu, aber es war zu spät. Die Verteidiger hatten bereits wieder diese langen Metallrohre auf die Wikingerschiffe gerichtet und bereiteten die nächste Salve vor.

FEUER!

Wieder schossen Flammen über das Wasser, wieder fingen Schiffe und Segel Feuer. Als von der Angriffsflotte bereits nicht mehr viel übrig war, schallten immer noch die Schreie der Sterbenden durch das Hafenbecken. Männer sprangen in voller Rüstung ins Wasser, weil sie lieber ertrinken als bei lebendigem Leibe verbrennen wollten.

Woraus genau diese »Griechisches Feuer« genannte Brandmunition bestand, war ein wohlgehütetes Geheimnis, das seit Jahrhunderten verloren ist. Es muss sich aller Wahrscheinlichkeit nach um eine ölhaltige brennbare Flüssigkeit gehandelt haben, die sogar auf dem Wasser weiterbrannte.

Mit nur einer Handvoll Schiffe kehrte Igor nach Kiew zurück. Sein Traum von der Eroberung Konstantinopels lag in Trümmern. Zum ersten Mal waren die Wikinger auf einen Gegner gestoßen, der zu reich, zu fortschrittlich und zu gut organisiert für sie war und dem sie nicht das Geringste entgegenzusetzen hatten.

Igor war nicht nur gedemütigt worden, sondern er raste vor Wut. Monatelang brütete er in seinem Kiewer Palast vor sich hin, wie er der Welt zeigen konnte, dass er immer noch ein mächtiger Herrscher und Kriegsheld war.

Dann, ein Jahr nach der Rückkehr aus Konstantinopel, hatte er eine Idee.

Gleich jenseits der Grenzen seines Reichs, in den Wäldern des heutigen Russlands, lebte der Stamm der Drewljanen. Als Igor noch ein Junge gewesen war, hatten sie den Wikingern regelmäßig Tribut gezahlt, doch in den letzten Jahren war dieser Geldstrom nahezu versiegt.

Die Drewljanen, so dachte er grimmig, hatten schon lange keine Wikingerwaffen mehr zu spüren bekommen. Sie würden eine leichte Beute sein, und es war höchste Zeit, ihnen eine Lektion zu erteilen!

In diesem Sommer brach er mit seinen Huscarls in die Wälder auf. Zunächst verlief alles nach Plan. Als sie die größte Stadt der Drewljanen erreichten, weigerten sich ein, zwei ihrer Anführer, zu zahlen, und wurden von Igors Männern sofort niedergemetzelt. Daraufhin bekam er seinen Tribut und machte sich mit seinen Kriegern auf den Rückweg.

Doch auf halbem Weg nach Kiew hielt Igor plötzlich sein Pferd an. Er habe es sich anders überlegt, sagte er. Was man ihm gegeben habe, sei nicht genug.

Also ritt er zurück in die Stadt der Drewljanen, diesmal nur von einer kleinen Leibgarde begleitet. Die Drewljanen waren doch allesamt Feiglinge, dachte Igor mit höhnischem Grinsen. Sie hatten ihm nichts entgegenzusetzen.

In der Stadt hatte es sich bereits herumgesprochen, dass Igor umgekehrt war. Manche Drewljanen wollten fliehen, andere wollten ihm kampflos sämtliches Geld überlassen.

Dann erhob sich plötzlich einer der Älteren während der Ratsversammlung. Seine Stimme hallte durch den Saal: »Wenn ein Wolf in die Schafherde einbricht, wird er ein Schaf nach dem anderen anfallen, bis die ganze Herde tot ist. Wenn wir ihn jetzt nicht töten, wird er uns alle vernichten.«

Eine Stunde später ritt Igor in die Stadt ein.

Sie schien vollkommen verlassen zu sein. In den Häusern der Drewljanen regte sich nichts. Selbst die Vögel schienen verstummt zu sein.

Igor hob eine Hand, woraufhin seine Leibgarde anhielt. Er sah verwirrt aus und wollte gerade etwas sagen, als die Drewljanen aus ihren Verstecken hervorsprangen und angriffen.

Der Fürst wurde von seinem Pferd gezerrt, während von allen Seiten auf ihn eingeschlagen wurde. Er hörte, wie seine Gefolgsleute um Gnade schrien – dann herrschte mit einem Mal Totenstille.

Plötzlich spürte er, wie Seile um seine Fußgelenke geschlungen wurden, und bekam es zum ersten Mal wirklich mit der Angst zu tun.

Die Drewljanen hatten zwei hohe Birkenstämme so weit nach unten gebogen, dass ihre Wipfel fast den Boden berührten. Dann fesselten sie eines seiner Beine an die linke Birke, das andere an die rechte. Igor brüllte vor Wut. Doch es waren seine letzten Worte. Im nächsten Moment ließen die Drewljanen die beiden Stämme los, die sofort nach oben schnellten und sich aufrichteten – und Igors Körper in zwei Teile rissen.

■

Als sich die Nachricht von Igors Tod in Kiew verbreitete, herrschte große Betroffenheit. Seit dreißig Jahren hatte er über das Reich der Städte geherrscht. Er war ein blutrünstiger und Ehrfurcht gebietender Mann gewesen – genau die Art von Herrscher, den seine Krieger verlangten.

Was würde jetzt geschehen? Sein Sohn Swjatoslaw war noch ein kleines Kind, das gerade erst laufen gelernt hatte. Wie sollte er die kriegerischen Stämme Kiews befehligen?

Im großen Sitzungssaal waren die Beratungen zu Igors Nachfolge gerade dabei, in gewaltsamen Tumult umzuschlagen. Einige von Igors Getreuen hatten bereits die Hände an ihren Schwertern. Ihnen schien ein Bürgerkrieg unvermeidlich – und wenn das so war, dann schlug man besser als Erster zu, ehe die Rivalen viel Zeit zum Nachdenken hatten …

Doch plötzlich vernahm man – trotz des Getöses – eine Stimme. Sie war sanft, kühl und glockenhell. »Ich werde die Krieger der Rus anführen«, verkündete sie.

Die Männer verstummten. Einer nach dem anderen wandte sich um.

In der Tür zum großen Sitzungssaal stand Igors Witwe Olga, nicht einmal achtzehn Jahre alt, aber voller Anmut und Schönheit. Ihr Blick war ernst und entschlossen.

»Ich werde die Führung übernehmen«, erklärte sie, »bis mein Sohn alt genug ist.«

13

Die Warägergarde

Als Olgas Stimme verstummt war, herrschte vollkommene Stille im Saal, alle waren wie erstarrt. Olga bewegte sich nicht vom Fleck. Ihre Miene verriet nicht den geringsten Zweifel. Gelassen und selbstbewusst ruhte ihr Blick auf Igors Kämpfern.

Sveinald, der oberste Hauptmann, war der Erste, der sich bewegte. Schweigend senkte er sich auf eins seiner Knie, dann folgte Asmund, und plötzlich knieten sämtliche Krieger vor der neuen Fürstin von Kiew.

An diesem Abend gab es in den Tavernen viel Stirnrunzeln und Kopfschütteln. Eine Frau, kaum mehr als ein Mädchen, sollte die Kämpfer der Rus anführen?

Allerdings hatten die meisten von ihnen schon irgendwann einmal zusammen mit Schildmaiden gekämpft. Und unter den Göttern von Asgard gab es kaum respekteinflößendere als Freyja, die Göttin des Krieges.

Glücklicherweise gaben die Nornen Olga fast unmittelbar Gelegenheit, ihren Mut unter Beweis zu stellen. Nur wenige Tage nach Igors Tod kamen drewljanische Boten nach Kiew.

Es sei an der Zeit, das Kriegsbeil zu begraben, sagten sie. Ihr Anführer habe von Olgas Schönheit gehört und schlage vor, sie zu heiraten und ihre Kräfte zu vereinen.

Olga versprach lächelnd, darüber nachzudenken. Dann wies sie ihre Männer an, einen langen Graben auszuheben und die Drewljanen lebendig zu begraben.

Die Drewljanen insgesamt hatten aber offensichtlich noch nicht ganz begriffen, mit wem man es zu tun hatte. Denn schon bald kam eine zweite Delegation, um zu sehen, was aus der ersten geworden war. Diesmal bot ihnen Olga nach der langen Reise ein Bad an. Nachdem die Drewljanen im Badehaus verschwunden waren, ließ sie die Türen verriegeln und das Badehaus, aus dem es kein Entkommen gab, in Brand setzen.

Als im Herbst die Blätter zu fallen begannen, führte sie die Krieger der Rus durch die Wälder der Hauptstadt den Drewljanen entgegen. Verzweifelte Boten versicherten ihr, dass man jegliche Tributforderungen akzeptieren würde, egal welcher Höhe. Erneut zeigte ihr blasses Gesicht ein Lächeln.

»Ich beabsichtige nicht, einen hohen Tribut zu erheben, wie es mein Mann getan hat«, sagte sie leichthin. »Ich möchte nur ein kleines Geschenk von euch. Gebt mir drei Tauben und drei Spatzen aus jedem Haus.«

Verwirrt, aber erleichtert kehrten die drewljanischen Boten bald mit den Vögeln zurück. Lächelnd versprach Olga, dass sie und ihre Männer am nächsten Morgen verschwunden sein würden.

Als am Abend die Dämmerung hereinbrach, wurde in der drewljanischen Hauptstadt ausgelassen gefeiert. Doch auf der anderen Seite des hölzernen Palisadenrings um die Stadt sah man geschäftiges Treiben.

Olga hatte ihren Männern befohlen, kleine Schwefelbröckchen an den Beinen jedes Vogels zu befestigen. Dann zündeten sie den Schwefel an und ließen die Vögel zurück nach Hause fliegen.

Der Plan war so grausam wie erfolgreich. Die Vögel flogen sofort zu ihren Nestern, woraufhin »die Taubenschläge und Ställe, die Vordächer und Heuböden sofort in Brand gerieten«, wie ein Chronist schrieb. »Es gab nicht ein Haus, das nicht von den Flammen verzehrt wurde, und es war unmöglich, die Brände zu löschen, weil alle gleichzeitig ausbrachen.«

Als die Drewljanen um ihr Leben rannten, warteten die Rus mit gezogenen Schwertern auf sie. Doch Olga rief ihren Männern zu, Frauen und Kinder zu verschonen. Die würden auf den Sklavenmärkten in Konstantinopel einen hohen Preis einbringen!

Danach hat niemand je wieder an ihr gezweifelt.

▪

Doch Olga brachte nicht nur den Tod – sie war eine sehr fähige Regentin, die im Reich der Städte zahlreiche Städte, Märkte und Handelsposten gründete.

Und da war noch etwas anderes. So unglaublich es auch scheint, aus Olga von Kiew wurde gar eine Heilige.

Zehn Jahre nach dem Mord an ihrem Ehemann stattete die Fürstin von Kiew der Stadt Konstantinopel einen bemerkenswert freundlichen Besuch ab. Der byzantinische Kaiser Konstantin VII. war von ihrem Geist und ihrer Schönheit so angetan, dass er charmant bemerkte, sie würde eine würdige Kaiserin abgeben.

Olga lachte. Sie komme keinesfalls als Ehefrau für ihn infrage, erwiderte sie, weil sie dazu erzogen sei, die Götter von Asgard zu verehren, nicht den einen Gott des Christentums.

Daraufhin bot ihr der Kaiser an, sie mit seinen eigenen Händen zu taufen. Olga erklärte sich einverstanden und beugte ihr Haupt. »So wurde sie zur ersten der Rus, die Einlass in das Reich Gottes fand«, wie ein Mönch schrieb. »Sie schien so hell wie der Mond bei Nacht und strahlte unter den Heiden wie eine Perle im Schlamm.«

Die heilige Olga regierte Kiew bis 962, als ihr Sohn Swjatoslaw alt genug wurde, um die Regierungsgeschäfte zu übernehmen.* Anders als seine Mutter blieb er den alten Göttern treu, wie auch die meisten seiner Krieger.

Swjatoslaw war der erste Angehörige der Rurik-Dynastie, der einen slawischen Namen hatte. Doch er war altnordischer Abstammung und sah durch und durch wie ein Wikinger aus.

Einem byzantinischen Beobachter zufolge hatte der Fürst breite Schultern und einen Stiernacken und war insgesamt »von

---

* Olga starb 969. Vermutlich war sie damals Anfang vierzig. In Russland und der Ukraine gilt sie als die Schutzheilige der Witwen.

wütender und wilder Erscheinung«. Er hatte einen langen Schnurrbart und einen vollständig rasierten Schädel, »abgesehen von einer einzelnen Haarsträhne, die ihm als Zeichen seiner edlen Abstammung an der Seite herunterhing«. Und in »einem Ohr trug er einen goldenen Ohrring, der mit zwei Perlen und einem roten Edelstein verziert war«.

Für die Byzantiner war es schockierend, dass er sein eigenes Boot ruderte, auf einer Pferdedecke schlief und wie jeder andere Wikinger gegrillte Fleischfetzen aß. Die Rus hingegen erwarteten genau das, denn auch ein Fürst war nur ein Mann.

Wie nicht anders zu erwarten, war Olgas Sohn ein Mann der Tat. Sobald er den Thron bestiegen hatte, begann er, eine Armee zusammenzuziehen. Seinen Nachbarn ließ er eine deutliche Warnung zukommen: Entweder ihr zahlt den Rus einen Tribut oder ihr werdet von unseren Stiefeln zertrampelt.

Sein erstes Ziel war das Reich der Chasaren, eines teilsesshaften Reitervolks, das an den Ufern des Kaspischen Meeres lebte.* Seine Männer fielen wie Höllenhunde über ihre Stadt Atil her und richteten ein Blutbad an.

Als die Rus fertig waren, gab es kein Leben mehr in der

---

* Die Chasaren sind eine faszinierende historische Erscheinung. Ursprünglich im nördlichen Kaukasus beheimatet, sprachen sie eine Frühform des Türkischen. Doch während ihre Nachbarn zum Christentum oder zum Islam konvertierten, nahmen sie den jüdischen Glauben an, eine seltene Wahl in jener Zeit. Leider wissen wir nur wenig von ihnen.

völlig zerstörten Stadt – keine Menschen, keine Tiere, keine Mauern, keine Häuser, nichts als eine karge Einöde. »Von der einstigen Stadt«, so ein Reisender, »war keine Traube, keine Rosine übrig geblieben.«

Danach wandte sich Swjatoslaw dem Königreich Bulgarien zu, das den mittleren Balkan dominierte.* Auch hier ließen seine Krieger keinen Stein auf dem anderen, verwüsteten die Städte und ermordeten die Bevölkerung.

Wie so viele Kriegsfürsten ließ sich auch Swjatoslaw von seinem eigenen Ehrgeiz mitreißen. Zu Beginn der 970er-Jahre rückte er erneut gegen Konstantinopel vor, doch diesen Kampf konnte er auf lange Sicht nicht gewinnen.

Im Spätsommer 971 traf er den Kaiser auf einer Donauinsel. Mehrere Bootsladungen Schmuck und Edelmetall wechselten den Besitzer und Swjatoslaw blies den Angriff ab.

Doch wie schon sein Vater Igor war Swjatoslaw zu selbstsicher geworden. Um nach Kiew zurückzukehren, musste er die Stromschnellen des Dnepr überwinden. Seine Huscarls drängten ihn, einen Umweg zu Pferd in Kauf zu nehmen, da die Wälder am Ufer voller Petschenegen seien.

Swjatoslaws Augen blitzten vor Verachtung. Er sei der Fürst

* Verwirrenderweise gab es damals zwei Bulgarien. Das erste, das ibn Fadlan besucht hatte, lag an der Wolga in Mittelrussland. Dieses zweite Bulgarien jedoch lag auf dem nördlichen Balkan und war der Vorläufer des heutigen Bulgarien.

der Rus! Von den Petschenegen habe er nichts zu befürchten! Er werde das Boot nehmen, wie es auch seine Vorväter stets getan hatten!

So kam es, wie es kommen musste. Als die Petschenegen zwischen den Bäumen hervorbrachen, blieb Swjatoslaw nicht einmal Zeit, sein Schwert zu ziehen, bevor die Angreifer ihn überwältigt hatten. Dann färbten sich ihre Klingen rot …

Als alles vorbei war, schlug der Anführer der Petschenegen dem toten Swjatoslaw den Kopf ab und befahl einem seiner Männer, diesen mit geschmolzenem Gold zu füllen und es erkalten zu lassen.

Noch viele Jahre war Swjatoslaws mit Gold ausgegossener Schädel der Lieblingstrinkbecher des Petschenegen-Anführers. Wann immer sich hoher Besuch ankündigte, ließ er sich »den Fürsten« bringen. Und wenn er ihn an die Lippen setzte, lächelte er in Erinnerung an seinen überheblichen Feind.

■

Nach Swjatoslaws Tod versank sein Reich in blutigen Querelen, weil seine Söhne sich um die Nachfolge stritten. Nach vielen Kämpfen und Intrigen gewann schließlich Wolodymyr*, Swjatoslaws jüngster Sohn, die Oberhand.

Selbst nach Wikingermaßstäben war Wolodymyr extrem

---

* Das ist die ukrainische Version seines Namens, die es so heute noch gibt. Die russische Version, die man in vielen alten Büchern findet, lautet Wladimir.

skrupellos. Während des Bürgerkriegs floh er nach Norwegen, wo er eine Armee aus den brutalsten Kämpfern des Nordens zusammenstellte. Dann segelte er zurück, nahm Kiew ein und krönte sich selbst zu Wolodymyr dem Großen.

In den nächsten fünfunddreißig Jahren, von 980 bis 1015, regierte er mit eiserner Hand. Bis dahin war die Kiewer Rus, wie das Gebiet später genannt wurde, in gewisser Weise ein Piratenreich gewesen, doch nun wurde sie mehr und mehr zu einem eigenen Land, das sich von den Birkenwäldern am Ladogasee bis zu den Stränden des Schwarzen Meeres erstreckte.

Als Zeichen seiner großen Ambitionen entschied Wolodymyr, dass seine Untertanen eine neue Religion brauchten. Auf ihren Raubzügen im Osten hatten sich viele Rus den Waldgöttern ihrer slawischen Nachbarn zugewandt. Statt Thor verehrten sie nun beispielsweise einen Donnergott namens Perun, der keinen Hammer, sondern eine Axt besaß.

Wolodymyr hatte sich das jedoch anders vorgestellt. Im Jahr 987 schickte er Delegationen zu den Muslimen an der Wolga, zu den jüdischen Chasaren sowie zu den Christen in Deutschland und Konstantinopel, die ihm von den Eigenheiten der verschiedenen Religionen berichten sollten.

Die Entscheidung fiel ihm daraufhin nicht schwer.

Der Islam kam für Wolodymyr nicht infrage, weil er weiterhin Schweinefleisch essen und Bier trinken wollte. Außerdem berichteten seine Abgesandten, dass die Wolgamuslime einen »üblen Geruch« hätten. Auch dem Judentum stand er skeptisch gegenüber, weil die Juden aus dem Heiligen Land vertrieben worden seien, was, wie er fand, zeige, dass Gott ihnen böse sei.

Blieben also noch die beiden rivalisierenden Gruppen des Christentums – die Katholiken im Westen, die dem Papst folgten, sowie die Orthodoxen im Osten, die dem Kaiser in Konstantinopel treu ergeben waren.

An der katholischen Kirche in Deutschland sei »nichts Glanzvolles«, wussten Wolodymyrs Boten zu berichten. In Konstantinopel hingegen gebe es die Hagia Sophia, die Kirche der heiligen Weisheit, mit ihren schwindelerregend hohen Kuppeln und goldenen Mosaiken.

»Wir wussten nicht, ob wir im Himmel oder auf Erden waren«, erzählte einer von ihnen. »Denn nirgends auf der Erde findet sich eine derartige Pracht, die schlicht mit Worten nicht zu beschreiben ist. Wir wissen nur, dass Gott dort unter den Gläubigen weilt, deren Zeremonien eindrucksvoller sind als die anderer Völker. Solch eine Schönheit werden wir nie vergessen!«

Danach konnte es nur einen Gewinner geben. Im folgenden Jahr reiste Wolodymyr ans Schwarze Meer, wo das Reich der Rus an das Byzantinische Reich grenzte. Hier, auf der Halbinsel Krim, wurde er im orthodoxen Glauben getauft – wie bereits seine Großmutter Olga.

Nachdem er sich zum Christentum bekannt hatte, verlangte Wolodymyr der Große im Gegenzug eine Belohnung. Kaiser Basileios II. versprach ihm eine Ehefrau – seine jüngere Schwester Anna.

Anna war entsetzt. Aufgewachsen im Kaiserpalast hätte sie sich nicht träumen lassen, dass das Schicksal sie einst dazu verurteilen würde, einen widerwärtigen Wikinger zu heiraten. Doch in einer Zeit, in der viele Prinzessinnen als diplomatische Handelsware dienten, konnte sie nichts dagegen tun.

Nach Kiew zurückgekehrt, ließ Wolodymyr die Statuen der alten Götter in den Fluss werfen. Dann wurde jeder Einwohner der Stadt – »ob reich oder arm, Bettler oder Sklave« – dazu aufgefordert, sich am Ufer des Dnepr einzufinden, um den neuen Glauben zu empfangen.

Als der nächste Morgen graute, drängten sich die Menschen zu beiden Ufern des Flusses. Wolodymyr ließ sie ins seichte Wasser waten, wo Annas Priester sie erwarteten. Diese segneten ihre neuen Schäfchen und erhoben ihre Stimmen in Liedern und Gebeten gen Himmel.

Nachdem dies erledigt war, floss das Bier in Strömen.

▪

Für die Wikinger im Osten war Wolodymyrs Entscheidung zugunsten der orthodoxen Kirche ein historischer Wendepunkt.

Von nun an wurde die Kiewer Rus mit jedem Jahr etwas orthodoxer und der Einfluss der Wikingerkultur schwächte sich ab. Langsam, aber sicher gerieten die nordischen Götter in Vergessenheit. Vergoldete Abbildungen der Jungfrau Maria ersetzten die Bildnisse von Odin, Balder, Freyja und Frey.

Immer mehr junge Wikinger suchten ihr Glück in der prachtvollen Großen Stadt. Viele traten in den Dienst des byzantinischen Kaisers und fochten unter dem Banner des Nachfolgers des Römischen Kaisers.

Im Rahmen der Hochzeitsarrangements hatte Wolodymyr sechstausend Söldner nach Konstantinopel geschickt, wo sie die kaiserliche Garde bildeten. Als Sold bekam jeder von ihnen vierzig Goldstücke im Jahr – ein stattliches Einkommen nach damaligem Maßstab, das weitere Interessenten aus Dänemark, Schweden und Norwegen anzog.

Weil die Wikinger einen Eid auf den Kaiser ablegten, wurden sie von den Menschen in Konstantinopel auch als »Eid-Ableger« bezeichnet. Und weil »Eid« auf Altnordisch »var« heißt, wurde die Garde des byzantinischen Kaisers als Warägergarde bekannt.

Wer zur Warägergarde gehörte, war somit ein Mitglied der ruhmreichsten militärischen Bruderschaft der Welt. Ein byzantinischer Fürst schrieb viele Jahre später, dass die Warägergarde »ihre Treue zum Kaiser durch heilige Gelöbnisse und altehrwürdige Traditionen« zum Ausdruck gebracht hätte, »die von den Vätern an die Söhne weitergegeben wurden«.

Für die Einwohner von Konstantinopel gab es kein aufregenderes Spektakel als den Anblick dieser »axtschwingenden Barbaren«, die mit narbigen, tätowierten Gesichtern und finsteren Mienen neben dem Kaiser hermarschierten. Sie trugen eine farbenprächtige Kombination aus Wikingerrüstung und byzantinischer Uniform – lange leuchtende Tuniken, Pumphosen und

Lederstiefel. Die Scheiden ihrer Schwerter waren mit goldenen Kriegsfalken verziert. Vor allem waren sie aber für ihre gewaltigen, mit eisernen Klingen versehenen Streitäxte bekannt, die so schwer waren, dass selbst ein Gardist sie nur mit beiden Händen schwingen konnte.

Im Laufe der Jahre kämpften die Waräger in nahezu jedem Teil der mediterranen Welt. In Gebieten, die heute zu Italien, Griechenland und der Türkei, zu Syrien, Israel, Armenien und Georgien gehören, fochten sie für den Kaiser auf See und an Land.

In den Tavernen erzählten sich die Leute fasziniert von ihren grausamen Kampfmethoden, ihrem Blutdurst und ihrer berserkerhaften Wut. Außerdem hieß es, dass die Waräger ihre Hemden zerrissen und sich stattdessen Wolfs- und Bärenpelze überzogen, bevor sie sich, brüllend wie wilde Tiere, in die Schlacht warfen.

Diejenigen, die überlebten, wurden später reich entlohnt. Nach zehnjährigem Dienst in der kaiserlichen Armee konnte ein ehemaliges Mitglied der Warägergarde – egal, ob er in der Wüste gegen Araber gekämpft oder vielleicht nur im kaiserlichen Palast Wache geschoben hatte – als reicher Mann nach Norwegen oder Schweden zurückkehren.

In ganz Europa haben sie ihre Spuren hinterlassen. In einem Wald außerhalb von Stockholm erinnert ein Runenstein an eine Frau namens Fastve. Er wurde von ihrem Sohn Ragnvald aufgestellt, und die Inschrift endet folgendermaßen:

Ragnvald hat diese Runen eingeritzt. Er war in
Griechenland, er war Kapitän der Garde.

In Griechenland selbst hinterließen Waräger eine Inschrift auf einem Marmorlöwen, der in Piräus, dem Hafen von Athen stand.* Niemand weiß genau, was sie bedeutet, doch eine der möglichen Übersetzungen beginnt folgendermaßen:

Sie stachen ihn nieder inmitten seiner Truppe.
Am Hafen aber hinterließen die Männer Runen in Erinnerung
an Horsi, einen tapferen Krieger. Die Schweden übergeben
dies dem Löwen. Er folgte einem Weg guter Ratschläge,
Gold gewann er auf seinen Reisen.

Die spannendste Spur führt uns jedoch nach Konstantinopel selbst, beziehungsweise nach Istanbul, wie die Stadt heute heißt.

Wer dort die Hagia Sophia besucht und den zweiten Stock der Galerie erklimmt, kann an deren marmorner Brüstung immer noch eine Inschrift sehen, die vor sehr langer Zeit hinterlassen wurde. Sie ist nicht mehr sehr gut erhalten, lautet mit großer Wahrscheinlichkeit aber folgendermaßen:

Halfdan hat diese Runen eingeritzt.

---

* Er wurde später von den Venezianern gestohlen und steht noch heute in Venedig.

Halfdan muss ein Mitglied der Warägergarde gewesen sein und seinen Namen hinterlassen haben, während der Kaiser sein Gebet sprach. Er hätte sich bestimmt nicht vorstellen können, dass über tausend Jahre später Besucher aus der ganzen Welt seine Einkerbungen studieren und sich Gedanken über den Mann machen würden, der sie hinterlassen hat.

■

Vereinzelte Wikinger stießen noch weiter vor, bis jenseits der Grenzen des Byzantinischen Reichs, in Regionen von solcher Hitze, dass ihre helle Haut sehr gelitten haben muss.

Im Jahr 912 kam eine Expedition bis nach Aserbaidschan, das zwischen dem Kaspischen Meer und dem Kaukasus liegt. »Die Rus vergossen Flüsse von Blut, nahmen Frauen und Kinder als ihren Besitz, überfielen, zerstörten und brannten alles nieder«, schrieb ein arabischer Chronist. »Die Leute an den Küsten waren in Aufruhr, denn nie zuvor waren sie von einem Feind angegriffen worden, der über das Meer gekommen war.«

Manche drangen womöglich bis zum arabischen Kalifat vor, das sie *Serkland* nannten, das Land der Sarazenen. Ein arabischer Geograf notierte, dass Kaufleute der Rus bis nach Bagdad gelangten, wo man mit Fellen und hellhäutigen Sklaven die höchsten Preise der Welt erzielte. Die Wikinger hatten slawische Dolmetscher dabei, um mit den Arabern kommunizieren zu können, und kehrten mit Truhen voller *Dirhams*, den dortigen Silbermünzen, nach Hause zurück.

Zur Zeit von Olga und Swjatoslaw fanden unzählige Silbermünzen ihren Weg in den hohen Norden. Auf der schwedischen Insel Gotland haben Archäologen sage und schreibe 168.000 Silbermünzen ausgegraben, darunter solche aus Bagdad, Nordafrika, Iran und sogar Afghanistan.

In der skandinavischen Provinz stießen Archäologen auf Halsketten, die aus Dirhams bestanden, was einen hohen gesellschaftlichen Status angezeigt haben muss. Andere arabische Münzen, chinesische Seide und arabische Ringe mit der Inschrift »Für Allah« wurden nahe der schwedischen Hauptstadt Stockholm gefunden.

Es verwundert nicht, dass so viele junge Männer in den Osten reisten. Wer es bis nach Serkland und zurück schaffte, hatte danach vermutlich genug Geld, um seiner Familie eine sichere Existenz zu bieten.

Doch nicht jeder schaffte es lebend zurück.

Eine viel später aufgeschriebene isländische Saga erzählt von Yngvar dem Weitgereisten. Als Sohn eines schwedischen Kriegsfürsten segelte er vermutlich zuerst nach Nowgorod, ehe er seine Reise auf der Wolga fortsetzte.

Gemeinsam mit seinem Sohn Svein kämpfte er gegen einen menschenfressenden Riesen, an dessen Gürtel tote Männer hingen; gegen einen Stamm von Zyklopen; gegen einen Mann mit dem Schnabel eines Vogels und sogar gegen einen riesigen Drachen, der einen Haufen Gold bewachte, das »so heiß« war, »als wäre es gerade erst aus dem Feuer gekommen«.

Am Ende fiel Yngvar einer Krankheit zum Opfer, nachdem er infolge eines Einbruchs in ein Spukhaus verflucht worden war. Sein Sohn Svein verschwand irgendwo auf der Wolga und wurde nie mehr gesehen.

Für uns klingt das wie ein *sehr* seltsames Märchen, aber war es das wirklich?

Man hat, verteilt über ganz Schweden, mehrere Runensteine gefunden, deren Inschriften alle ein ähnliches Thema haben – ein Mann wechselnden Namens reist mit einem Mann namens Ingvar nach Osten und kehrt nicht mehr zurück:

Bergvid und Helga haben diesen Stein aufgestellt in Erinnerung an Ulf, ihren Sohn. Er fand den Tod mit Ingvar. Gott sei Ulfs Seele gnädig.

Thjalfi und Holmlaug haben all diese Steine in Erinnerung an Banki aufgestellt, ihren Sohn, der sein eigenes Schiff hatte und mit Ingvars Männern gen Osten gefahren ist. Gott sei Bankis Geist gnädig.

Könnte es sein, dass die *Yngvars saga* eine Expedition beschreibt, die tatsächlich stattgefunden hat? Sind der Yngvar der Saga und der Ingvar der Runeninschriften dieselbe Person? Ausgeschlossen ist das nicht …

Für Ingvar selbst gibt es keinen Stein, für seinen Bruder jedoch schon.

Tola hat diesen Stein aufgestellt in Erinnerung an ihren Sohn Harald, Ingvars Bruder.

Sie reisten tapfer, weit für Gold, und im Osten fütterten sie den Adler.

Sie starben im Süden, in Serkland.

Wie, wo und warum genau sie starben, werden wir aber nie in Erfahrung bringen.

TEIL VIER

DAS ENDE DER ZEIT

14

Der König im Norden

Über den Straßen von Jorvik war die Dunkelheit hereingebrochen. Es war ein bitterkalter Abend und der Wind heulte um die Mauern der Stadt.

Während der Regen prasselte, eilten die letzten tapferen Seelen, die sich mit Umhängen und Kapuzen gegen das Unwetter zu schützen versuchten, durch die Pfützen nach Hause. Aus den Tavernen drangen die letzten Lieder, dann war alles still.

In einem großen Saal saßen zwölf Männer um einen langen Eichentisch. Sie kannten sich, waren zusammen ergraut, aber Freunde waren sie nicht.

Sie waren die mächtigsten Männer in Northumbria. Ihr Reich erstreckte sich von Küste zu Küste, von West bis Ost. Jahrelang hatten sie gegeneinander gekämpft, doch jetzt hatten sie ihre Schwerter beim Türwächter abgegeben. Sie hatten sich getroffen, um miteinander zu reden.

Manche waren im herkömmlichen angelsächsischen Stil gekleidet, andere trugen die Stiefel und Armreife der Dänen und hatten ihre Köpfe nach Wikingerart geschoren. Einigen hingen

Halsketten mit Kreuzen um den Hals, bei den meisten war es Thors Hammer.

Waren sie Dänen oder Angelsachsen? In diesen Tagen des ausgehenden Jahres 947 wusste das keiner so genau zu sagen. Sie waren Söhne Northumbrias, das war alles.

Northumbria war ein altes Land – stolz auf seine Heiligen und Gelehrten. Doch seit dem Erscheinen der Söhne Ragnars war alles ein einziges Durcheinander.

Jahr um Jahr hatten rivalisierende Herrschaftsanwärter – zwei verschiedene Guthfriths, zwei Sihtrics, ein Ragnall, ein Ragnald, zwei Olafs und ein Knut – um die Vorherrschaft gekämpft. Die Könige von York – damals noch »Jorvik« – kamen und gingen wie die Jahreszeiten.

Noch dazu war Northumbria inzwischen Teil des größeren Königreichs England geworden, das vom Hause Wessex regiert wurde. Northumbria hatte zwar immer noch einen eigenen König, viel zu sagen hatte er aber nicht.

Die Männer in dem großen Saal wussten, dass es nur eine Frage der Zeit war, bis die Lords von Wessex Northumbrias Unabhängigkeit für immer zunichtemachten und die Macht vollends an sich rissen. Und jedem einzelnen von ihnen – ganz egal, ob er sich zum christlichen Kreuz oder zu Thors Hammer bekannte – war die Vorstellung zuwider, sich dem Süden bedingungslos unterordnen zu müssen.

Sie waren also heute hier zusammengekommen, um ihren Streit beizulegen und einen neuen König zu wählen, einen, der von allen respektiert wurde – einen Soldaten mit der Autorität eines großen Feldherrn.

Als die Kerzen heruntergebrannt waren und der Wind um die Dachsparren pfiff, einigten sie sich auf einen Kandidaten. Er war ein Außenseiter, ein Ausländer: ein harter, unerbittlicher Mann mit dunkler und blutiger Vergangenheit.

Doch vielleicht, wie einer von ihnen rundheraus bemerkte, war es genau das, was die Menschen im Norden brauchten. Einen Kämpfer, einen Killer – einen Mann wie Erik Blutaxt.

▪

Die ersten Jahre von Erik Blutaxt liegen im Dunkeln. Doch vermutlich, so steht es in den isländischen Sagas, war er der Sohn eines anderen gefürchteten Kriegsfürsten – Harald Schönhaar.

Als erster der Seekönige, die ganz Norwegen regierten, hatte Harald mindestens sieben Frauen und mehr Kinder, als er zählen konnte. Doch Erik, an der Schwelle zum zehnten Jahrhundert geboren, wurde »am meisten geliebt und verehrt«.

Als Erik zwölf Jahre alt war, erlegte ihm sein Vater eine Prüfung auf. Harald rief ihn zu sich und sagte ihm, er solle zum Hafen hinuntergehen. Dort würde er zwölf Langschiffe vorfinden, mit voller Besatzung und bereit zum Ablegen.

»Was immer du mit ihnen tust, ist deine Sache«, fuhr Harald fort. »Doch in acht Jahren musst du hier in diesem Saal vor mir stehen und mir von deinen Taten berichten – dann werde ich entscheiden, ob du ein würdiger Nachfolger bist.«

Erik stach also in See, um seinen Mut zu beweisen. Zuerst segelte er in östliche Richtung, hinein in die Ostsee. Dann wandte er sich nach Süden und fiel in Dänemark, den Niederlanden und im heutigen Deutschland ein.

Danach hielt er Kurs auf Irland und Schottland und metzelte die dortige Bevölkerung erbarmungslos nieder. Im achten Jahr seiner endlosen Reise segelte er den frostigen Wäldern Finnlands entgegen – dem wilden und schrecklichen Land der Trolle und Oger, Hexen und Riesen.

Hier, in den tief verschneiten Wäldern, lernte Erik Blutaxt seine spätere Frau kennen.

Der Legende zufolge waren es Mitglieder seiner Besatzung, die ihr zuerst begegneten. Während sie die Wälder erkundeten, stießen sie auf eine baufällige Hütte. Darin saß eine wunderschöne junge Frau mit rabenschwarzem Haar und seltsam glühenden Augen.

Ihr Name, sagte sie, sei Gunnhild. In Norwegen geboren, sei sie nach Finnland gekommen, um von zwei einzigartigen Magiern die dunklen Künste zu erlernen.

»So groß ist ihre Kunst«, fuhr sie fort, »dass sie wie Hunde Spuren in der gefrorenen Erde aufspüren und so schnell auf Skiern fahren, dass kein Mann sie einholen kann. Wenn sie zornig sind, wendet sich die Erde selbst mit Schrecken von ihnen ab, und jedes lebende Wesen fällt auf der Stelle tot um. Sie dürfen euch also nicht sehen. Ich will euch hier in der Hütte verstecken, und wir werden versuchen, sie zu töten.«

Eriks Männer erklärten sich einverstanden und versteckten sich unter einem Berg von Tierhäuten und Fellen. Als die Nacht hereinbrach, kehrten die Magier zurück, und Gunnhild sagte nichts von ihren Besuchern.

Nachdem die Magier eingeschlafen waren, kroch sie aus dem Bett, band zwei Robbenfelle um ihre Köpfe und gab Eriks Leuten ein Zeichen. Sie wagten kaum zu atmen, zogen ihre Schwerter, und als Gunnhild ihnen zunickte, schlugen sie den Magiern die Köpfe ab.

In diesem Moment, heißt es in den Sagas, riss ein Donnerschlag die Wolken auseinander. Ein Blitz fuhr herab, der Himmel öffnete sich, und die Erde selbst bebte vor Zorn.

Der Sturm wütete die ganze Nacht. Doch als der Morgen graute, war der Himmel klar. Eriks Leute begaben sich zum Hafen – begleitet wurden sie von einer grazilen und anmutigen jungen Frau, deren Gesicht von einer Kapuze verdeckt wurde.

Als Gunnhild das Deck betrat und ihre Kapuze zurückschlug, klappte Erik vor Erstaunen und Bewunderung die Kinnlade herunter. Er wusste sofort, dass sie seine Braut sein würde.

Und es waren auf den Tag genau acht Jahre vergangen, als Erik Blutaxt in den Palast seines Vaters schlenderte. Neben ihm eine Gestalt mit schwarzem Umhang, von deren Augen ein geradezu unwirkliches Leuchten ausging …

■

Als Harald Schönhaar die Umrisse seines Sohnes in der Tür

erblickte, breitete sich auf seinem zerfurchten Gesicht ein Grinsen aus. Für den alten König war Eriks pünktliche Rückkehr der Beweis, dass sein Sohn ein würdiger Nachfolger war.

Eriks Brüder hingegen waren nicht begeistert. Erzürnt darüber, ihn unversehrt wiederzusehen, setzten sie unverzüglich Gerüchte über sein wahres Wesen in die Welt.

Erik, flüsterten sie, *ist ein Berserker und Mörder, an dessen Händen Blut klebt. Es lüstet ihn nach der Schlacht und er liebt den Tod. Er verfüttert Fleisch an die Wölfe und färbt die Schnäbel der Raben rot rot rot …*

Auch für Gunnhild hatten sie nichts als Hass übrig.

Sie beschwört die Toten, zischten sie, *und wechselt die Gestalt. Sie ist falsch. Sie ist grausam.*

Als Erik von den Gerüchten erfuhr, wusste er, dass seine Brüder ihm den Thron niemals kampflos überlassen würden. Und als sich das Leben seines Vaters dem Ende näherte, schärfte er seine Axt.

Eriks erstes Opfer war sein Bruder Björn, den er niederstreckte, während er mit seinen Männern trank. Dann war sein Bruder Halfdan an der Reihe: Gunnhild hatte eine Hexe bestochen, ihm einen Todestrank einzuflößen.

Als Harald Schönhaar um das Jahr 934 starb, begehrten zwei weitere Brüder, Olaf und Sigrod, gegen Erik auf. Erneut reagierte dieser mit skrupelloser Entschlossenheit, führte eine ganze Armee ins östliche Norwegen und tränkte die Felder mit dem Blut seiner Brüder.

Seiner Meinung nach hatten ihm die Brüder keine andere Wahl gelassen. Viele Norweger sahen dies allerdings anders. *Einen* Bruder zu töten, so meinten sie, mag zwar grausam, aber unter Umständen notwendig gewesen sein. Aber gleich alle vier? Das gehe entschieden zu weit.

Im Laufe der Jahre verstärkten sich die Gerüchte. Die Leute nannten Erik »bösartig, unnahbar und verschlossen« und sagten, Gunnhild sei »eine Lügnerin und Hexe, grausam und unzivilisiert«.

Dann verbreitete sich in den norwegischen Dörfern plötzlich eine sensationelle Nachricht. Eriks jüngster Bruder, Haakon der Gute, war mit Hunderten angelsächsischen Söldnern aus dem Exil zurückgekehrt. Viele der besten Kämpfer liefen zu Haakon über, entschlossen, die Herrschaft des Brudermörders und seiner Hexenkönigin zu beenden.

Da Erik wusste, dass er gegen so viele kaum eine Chance hatte, befand er, dass kämpfen sich nicht lohne. Er begab sich zusammen mit Gunnhild an die Küste und von dort ins Exil auf den Orkney-Inseln nördlich von Schottland.

Dort schien er seine verbleibenden Tage als Piratenkapitän verbringen zu wollen. In den Wintern harrte er geduldig mit seiner Frau und seinen Gefolgsleuten aus, im Sommer überfielen sie Klöster in Schottland, Irland und Nordengland.

Doch im Herbst 947, als man es sich gerade bei einem wohligen Feuer gemütlich machen wollte, erschien ein Bote aus York. Die Menschen in Northumbria brauchten einen König.

Das Schicksal schien doch noch ein Einsehen zu haben mit Erik, dem Brudermörder, der Blutaxt aus dem Norden.

■

Es war einer der letzten Tage des Jahres 947 – ein grauer, wolkenverhangener Morgen –, als Erik und Gunnhild in York einritten. Noch nie hatten sie eine so große Stadt gesehen. Die steinernen Kirchen und gedrungenen Häuschen entlang der Straßen schienen sich gegenseitig den Platz streitig zu machen.

Nur wenige Städte in Britannien konnten auf so eine stolze Geschichte zurückblicken. Die Römer hatten York einst gegründet und Eboracum genannt, und auch zu Eriks Zeit fanden sich noch Zeugnisse des vergangenen Ruhms: vereinzelte Ruinen aus Stein und Marmor, abgebrochene Säulen, Überreste von Ziegelmauern.

Für die Angelsachsen hieß die Stadt Eoforwic, woraus die Dänen Jorvik machten. Die altnordischen Straßennamen sind bis auf den heutigen Tag erhalten geblieben: Wer die Micklegate (die Hauptstraße) oder die Coppergate (die Straße der Krugmacher) entlangschlendert, folgt den Fußspuren der Wikinger.

Erik und Gunnhild, denen die Weite des Nordens vertraut war, staunten vor allem darüber, wie voll es überall war. York mit seinen engen Gassen, in denen sich zehntausend Menschen drängten, war die Heimat von Dänen und Angelsachsen, Schotten und Iren; von Schmieden und Zimmerern, Glasbläsern und Ledermachern, Händlern, Reisenden, Seeleuten und Sklaven.*

Krankheiten waren allgegenwärtig. In den Gassen spielten halb nackte Kinder neben den sich türmenden faulenden Abfällen. Regelmäßig starben Menschen, weil sie dreckiges Wasser tranken und verdorbenes Essen aßen. Wer in der Stadt aufwuchs, konnte sich glücklich schätzen, wenn er seinen vierzigsten Geburtstag erlebte.

Doch der Handel hatte York reich gemacht. Kaufleute streiften über die Märkte, in der Hoffnung, Bernstein aus dem Baltikum zu ergattern, Edelsteine aus Miklagard, vielleicht sogar Seide aus dem fernen Serkland.

Zu Beginn des zehnten Jahrhunderts vergrub eine unbekannte Person auf einem Feld nahe Harrogate, gut dreißig Kilometer von York entfernt, einen gigantischen Schatz. Als die Metalldetektoren ihn tausend Jahre später aufspürten, fand man in einer aufwendig dekorierten Silberschale Hunderte von Münzen und Schmuckgegenständen.

Die Schale war fränkischer Herkunft und aus einer Kirche des Fränkischen Reichs gestohlen worden. Einige Münzen trugen englische, andere dänische Inschriften. Eine Münze war ein

* Von York wissen wir mehr als von fast jeder anderen Wikingerstadt, weil Archäologen an der Coppergate eine Siedlung freigelegt haben. Sie fanden Kämme, Seidenstoffe, Schuhe und sogar fossile menschliche Exkremente – einen sogenannten Koprolithen.

Dirham und stammte aus Samarkand, dem heutigen Usbekistan, das über sechstausend Kilometer von der Fundstelle entfernt ist.

Der Dirham muss seinen Weg über die Flüsse der Rus und die Ostsee gefunden haben. Ebenso wie eine Broschennadel, die anderen gleicht, die man bei Gnjosdowo im Osten Russlands gefunden hat. Das Fragment eines silbernen Halsreifs stammt vermutlich aus der Nähe des Urals.

Für die Menschen im zehnten Jahrhundert waren solche Schätze nichts Außergewöhnliches. Ihre Welt war ein regelrechtes Spinnennetz aus Handelsrouten und Seestraßen, die der ständigen Jagd nach Silber dienten.

Für die Kaufleute aus York führte die wichtigste Route nach Westen bis zur Irischen See. Von der Küste aus waren es nur zwei oder drei Tagesreisen bis nach Black Pool – auf Irisch *Dubh Linn* oder Dublin.

Ein Jahrhundert zuvor hatten die Wikinger Dublin zu ihrem irischen Stützpunkt gemacht und dort einen von Mauern umgebenen Hafen gebaut, in dem sie ihre Langschiffe reparieren konnten. Allmählich wurde daraus ein Handelsposten, eine Festung und eine Stadt – wie es schon bei den Kolonien im Osten, im Reich der Rus, gewesen war.

Zur Zeit von Erik Blutaxt galt Dublin als eine der rausten und gefährlichsten Städte der nördlichen Welt. An den Kais lagen die Langschiffe der Wikinger, an den Ufern reihten sich aufgespießte Köpfe aneinander – grausige Trophäen, die sie von ihren Beutezügen mitgebracht hatten.

Vor allem aber war Dublin berühmt für seinen Sklavenmarkt – dem mit Abstand geschäftigsten in Midgard, auf dem Woche für Woche Hunderte, wenn nicht Tausende Frauen und Kinder gekauft und verkauft wurden. Hier wie an vielen anderen Orten gehörte der Sklavenmarkt zur natürlichen Ordnung der Dinge und war so normal wie Schnee im Winter oder ein Sturm auf dem Meer.

Viele Sklaven waren irischer Herkunft, aber im Angebot waren auch Angelsachsen, Slawen und Franken, die man auf Eroberungszügen gefangen genommen oder während einer Expedition gekauft hatte. Mit jungen, gesunden Sklaven erzielte man die höchsten Preise und am wertvollsten waren schöne junge Frauen und starke junge Männer.

Oft verschlug es sie – fernab ihrer Heimat – bis nach Konstantinopel oder Bagdad oder noch weiter in den Osten. Sie müssen komplett unter Schock gestanden haben und völlig verzweifelt gewesen sein.

Leider haben wir nichts, das Auskunft über ihre Gedanken und Gefühle geben könnte. Ihre Stimmen sind verstummt.

■

Für die Einwohner von York und Dublin war die Irische See ein natürlicher Verkehrsknotenpunkt. Die Schiffe der Kaufleute pendelten permanent hin und her und kreuzten die Wege von Söldnern und Plünderungstrupps.

Eines unterschied die Wikinger in Dublin jedoch von ihren

Kollegen in Northumbria: In Irland haben die Wikinger nie ein eigenes Reich gegründet – ganz einfach deshalb, weil das nicht nötig war.

Anders als das angelsächsische England war Irland in mindestens hundert verschiedene Herrschaftsgebiete aufgeteilt. Die meisten dieser kleinen Fürstentümer und Königreiche waren schwach und bekämpften sich gegenseitig, sodass sie für die Eindringlinge aus dem Norden keine ernsthafte Gefahr darstellten.

Für die Wikinger war es nicht sehr verlockend, einen langen und kräftezehrenden Kampf im irischen Hochmoor zu führen. Da saßen sie lieber hinter den Mauern von Dublin und zählten das Silber, das sie auf den Sklavenmärkten einnahmen.

Jenseits des Meeres sah die Situation jedoch anders aus. Im Westen des Frankenreichs – dem heutigen Frankreich – waren die Wikingerflotten im späten neunten Jahrhundert immer tiefer ins Landesinnere vorgedrungen, hatten Städte, Dörfer, Klöster und Märkte überfallen, geplündert und gebrandschatzt.

In den letzten Wochen des Jahres 885 hatten die Nordmänner sogar einen zweiten Angriff auf Paris begonnen. Diesmal waren es Zehntausende Krieger, die die Seine blockierten und die Stadt mit Katapulten, Belagerungsmaschinen und Rammböcken attackierten.

Als nach fast einem Jahr beide Seiten von Krankheiten geschwächt waren, zahlte der ostfränkische König Karl der Dicke den Wikingern siebzig Pfund Silber für ihren Abzug. Doch inzwischen wusste fast jeder, dass sich die Wikinger durch solche finanziellen Beschwichtigungsversuche nur ermutigt fühlten, das nächste Mal noch mehr zu fordern.

Von den Anführern, die für die Belagerung von Paris verantwortlich waren, stach einer besonders heraus. Seine Krieger nannten ihn Ganger-Hrolf (Hrolf der Geher), doch die Franken nannten ihn Rollo.

Wie Erik Blutaxt stammte Rollo wahrscheinlich aus Norwegen. Er war so groß und schwer, dass kein Pferd ihn tragen konnte, weshalb er »der Geher« genannt wurde.

Die Belagerung von Paris war eine seiner ersten Expeditionen gewesen und hatte seinen Hunger nach Silber noch verstärkt. Schon bald wurden seine Langschiffe – als Vorboten der Verwüstung, die auf ihre Sichtung folgen würde – im gesamten fränkischen Reich zu einem gefürchteten Anblick.

In seiner Verzweiflung traf der König der Westfranken, Karl der Einfältige, eine folgenreiche Entscheidung. Erschöpft von seinen Versuchen, die Wikinger ein für alle Mal zu vertreiben, bot er Rollo eine eigene Kolonie an der nordwestlichen Küste sowie die Hand seiner Tochter Gisela an.

Es gab zwei Bedingungen: Zum einen musste Rollo zum Christentum konvertieren, zum anderen musste er dem fränkischen König einen Treueeid schwören und versprechen, die Mündung der Seine gegen Eindringlinge zu verteidigen.

Rollo fiel die Entscheidung nicht schwer. Die einzige Schwierigkeit tauchte auf, als er im Herbst 911 mit Karl in Saint-Clair-sur-Epte zusammentraf, um den Handel zu besiegeln.

Als Teil der Zeremonie wurde von Rollo erwartet, den Fuß des Königs zu küssen – für einen stolzen Wikinger kam so etwas aber natürlich überhaupt nicht infrage. »Ich werde mein Knie niemals beugen!«, rief er, »und keines Mannes Fuß küssen!«

Schließlich befahl er einem seiner Leibwächter, an seiner Stelle Karls Fuß zu küssen. Der Krieger packte den Fuß des Königs, riss ihn nach oben und pflanzte einen Riesenschmatzer darauf – was den armen Karl aus dem Gleichgewicht brachte und hintenüberfallen ließ.

Nach diesem wenig vielversprechenden Beginn bewährte sich die Abmachung erstaunlich gut. Rollo machte Rouen zu seiner Hauptstadt und erhielt schließlich noch weiteres Land als Lehen hinzu. Als er gegen 933 an Altersschwäche starb, war er zu einem der mächtigsten Wikingerfürsten in Midgard geworden.

Nach seinem Tod ging Rollos Kolonie auf seinen Sohn Wilhelm Langschwert, danach auf seinen Enkel Richard Ohnefurcht über, die sich Herzöge der Normandie nannten. Und obwohl sie fränkische Namen sowie einheimische Sitten und Gebräuche annahmen und in fränkischen Kirchen beteten, waren Rollos Nachkommen stolz auf ihre Wikinger-Wurzeln.

Für ihre Nachbarn waren sie immer noch Nordmänner oder Normannen, die den Kampfgeist ihrer Vorfahren pflegten. In den kommenden Jahren sollten ihre Armeen quer über den europäischen Kontinent ziehen, Sizilien erobern und das normannische Fürstentum Antiochia in Syrien gründen.

Noch heute kann man Rollos prächtige Grabstelle in der Kathedrale von Rouen besichtigen. Doch sein bedeutendster Nachfahre war ein Ur-Ur-Ur-Urenkel, der im Herbst 1066 von der Normandie aus in See stach, um den englischen Thron für sich zu beanspruchen.

Sein Name war Wilhelm – Wilhelm der Eroberer …

■

Für Erik Blutaxt hingegen würde man nie ein ehrenvolles Grabmal errichten.

Nur ein Jahr nachdem er und Gunnhild nach York gekommen waren, überbrachte ein Bote die Nachricht, dass der englische König Eadred* mit seiner Armee gen Norden zog, um Northumbria daran zu erinnern, dass es immer noch Teil eines größeren Königreichs war.

Ein klügerer Herrscher hätte sich vielleicht mit seinem stärkeren Nachbarn geeinigt. Doch Erik kannte nur den Kampf und das Schwert.

Als der König sein Kriegsgeschrei anstimmte, tauschten die führenden Männer von Northumbria besorgte Blicke. Zwar hatten sie wenig Lust, sich dem Hause Wessex unterzuordnen, doch noch weniger wollten sie einen langen und erbitterten Krieg führen, der von ihren Häusern und Höfen vermutlich nicht viel übrig lassen würde.

---

* Eadred war der jüngere Bruder Aethelstans und ein Enkel von Alfred dem Großen.

So brachen diese Männer eines kühlen und freudlosen Morgens zum König auf, um ihm mitzuteilen, dass er sich zum Teufel scheren solle. Sie würden ihn im Kampf gegen das mächtige Wessex nicht länger unterstützen.

Danach verschwinden Erik und Gunnhild erst einmal für einige Jahre aus den Geschichtsbüchern – mehr als vage Hinweise auf einen möglichen Aufenthaltsort findet man nicht mehr.

Doch dann kam es zu einer überraschenden Wendung. Eadreds Statthalter in York, ein Däne namens Olaf, war noch unbeliebter als Erik. Also warf man Olaf 952 kurzerhand raus und bekundete, man wolle Erik Blutaxt zurückhaben.

Diesmal dauerte Eriks Herrschaft ein klein wenig länger. Zwei Jahre lang hielten er und Gunnhild in York Hof und versuchten, dem permanenten Druck aus dem Süden standzuhalten.

Doch die Sache ging schief. Erik war zu jähzornig und gewalttätig und lag ständig mit dem Bischof von Northumbria im Clinch. Außerdem machten Gerüchte über die dunklen Künste seiner Frau die Runde, auch wenn ihre Freunde das als Lügen abtaten.

In den letzten Tagen des Jahres 954, als die Raben am grauen Himmel kreisten, unternahm Erik Blutaxt seine letzte Reise. Einmal mehr war er auf der Flucht, diesmal quer durch das Moor, und der Grund dafür war der jüngste Aufstand in Northumbria.

Doch diesmal schien ihn das Glück verlassen zu haben. Müde von den endlosen Rückschlägen waren ihm nur wenige Soldaten gefolgt – und Gunnhild saß mit ihren Kindern in York in der Falle.

Eriks Kleider waren schmutzig und durchnässt, seine Glieder kalt und schwer. Er hatte Gunnhild versprochen, in Schottland und Irland eine Armee auf die Beine zu stellen, doch er hatte keine Schiffe. Und als er jetzt seine Gefährten musterte – Maccus, Ragnald, Haeric und ihre Leute –, mieden alle seinen Blick.

Es hatte gerade zu schneien begonnen, als sie am dritten Abend ihrer Flucht Stainmore erreichten – einen hohen, unwegsamen Pass zwischen Yorkshire und Cumbria.

Als Erik seine Kameraden anwies, ein Lager aufzuschlagen, herrschte eine lange bedrückende Stille. Der Schneefall war dichter geworden. Aaskrähen kreisten hoch über ihren Köpfen.

Maccus und Ragnald ließen sich von ihren Pferden gleiten. Ihre Gesichter waren bleich, ihre Blicke leer. Sie hielten Schwerter in den Händen und sprachen kein Wort.

Erik versuchte gar nicht erst, um Gnade zu flehen. Er griff nach seiner bewährten Streitaxt, doch er wusste, dass auch die ihm diesmal nicht helfen würde.

Es war schnell vorbei. Seine Mörder stiegen wieder auf ihre Pferde, Eriks verdrehter Leichnam blieb zurück und begann, den kargen Boden rot zu färben.

■

Doch die Geschichte von Erik Blutaxt war noch nicht ganz zu Ende.

Nachdem sich Gunnhild auf die Orkney-Inseln hatte retten können, bezahlte sie einen Skalden dafür, ein Gedicht über die Heldentaten ihres Mannes zu schreiben. Ein Fragment davon ist erhalten geblieben. Es beschreibt den Moment, als Erik in Walhall einzieht.

In dem Gedicht werden Odins Freunde von einem mächtigen Lärm geweckt, »als würden tausend Männer oder ein mächtiges Heer« auf die Hallen von Asgard zuhalten. Odin erklärt, dass der Donner die Ankunft »von König Erik anzeige, der sein blutiges Schwert in viele Länder getragen hat«.

»Wenn er so mutig war«, fragt ein Anwesender, »warum hast du ihm dann den Sieg geraubt und ihn nach Walhall gebracht?«

»Weil niemand sagen kann«, antwortet Odin grimmig, »wann der graue Wolf den Sitz der Götter angreifen wird.«

15

Der Jüngste Tag

Spätsommer 975, Erntezeit. Wolkenloser Himmel und strahlender Sonnenschein. Englands Männer und Frauen arbeiteten in den Feldern – Sicheln und Sensen in der Hand –, um ihre wohlverdiente Ernte einzubringen.

Später konnte niemand mehr sagen, wer ihn zuerst gesehen hatte. Doch einer nach dem anderen ließ seine Arbeit liegen, schützte seine Augen vor der Sonne und starrte ungläubig in den Himmel.

Ein Feuerball schoss über den Himmel!
Ein Komet!

Für die Männer und Frauen, die unwillkürlich den Atem anhielten, konnte eine solche Erscheinung nur eines bedeuten: Ein Omen. Ein Zeichen von Gott – Vorbote eines Sturmes, der bald losbrechen würde.

Auch der Zeitpunkt konnte kein Zufall sein. Erst vor wenigen Wochen war ihr geliebter König Edgar der Friedfertige gestorben und nur dreißig Jahre alt geworden.* Sein ältester Sohn Eduard war erst dreizehn.

Was mochte die Zukunft für die Menschen in England bereithalten? Welch schreckliches Unglück mochten ihre Sünden heraufbeschworen haben?

Der Tod des Königs und das Erscheinen des Kometen waren umso verstörender, weil niemand mit ihnen gerechnet hatte. Viele Menschen betrachteten Edgars Regentschaft als Goldenes Zeitalter des Friedens und der Ordnung, in dem Dänen und Angelsachsen in friedlicher Koexistenz miteinander lebten.

Die Erinnerung an die alten Blutfehden verblasste immer mehr. In Northumbria und East Anglia bezahlten alle Einwohner mit denselben Münzen und folgten denselben Gesetzen. Selbst die Bedrohung durch die Wikinger schien endgültig der Vergangenheit anzugehören.

Vom Hause Wessex vereint, war England ein reiches Land geworden. Da seine Bewohner keine dänischen Überfälle mehr fürchten mussten, gründeten sie neue Ortschaften, bauten Kirchen, Bauernhöfe und Wassermühlen.

Sie bauten mehr Getreide an und hielten mehr Schafe. Auf der anderen Seite des Ärmelkanals verkauften sie ganze Schiffsladungen Wolle. Im Gegenzug gelangten riesige Mengen Silber

* Edgar war der Neffe von König Eadred, den wir im letzten Kapitel kennengelernt haben.

nach England, die zu Millionen und Abermillionen kleiner Münzen gehämmert wurden.

All dies wurde von einem Heer von Finanzbeamten und Steuereintreibern kontrolliert, die dem König Rechenschaft abzulegen hatten. Kein anderer Regent im nördlichen Europa hatte ein derart ausgeklügeltes Verwaltungssystem.

Doch all das konnte nun zum Problem werden. Ein reiches Land mit einem Jungen als König stellte ein verlockendes Angriffsziel für Invasoren dar. Noch dazu galt der kleine Eduard als launisch, hitzköpfig, arrogant und grausam …

Der Komet leuchtete achtzig Tage lang. Dann verschwand er ebenso unerwartet, wie er gekommen war.

Drei Jahre vergingen. Das Gefühl drohenden Unheils – einer kommenden Katastrophe – hing nach wie vor über dem Land wie eine dunkle Wolke …

Dann kam plötzlich eine neue Schreckensnachricht vom Königshof. König Eduard war ermordet worden. Seine eigenen Gefolgsleute hatten ihn vom Pferd gezogen und erstochen.

Die Krone ging daraufhin auf seinen jüngeren Bruder Aethelred über, der ebenfalls noch ein Teenager war. Sein Name bedeutet »gut beraten« und er schien den Menschen ein stattlicher, gar anmutiger junger Mann.

Doch nicht alle sahen das so. In den Tavernen ging das Gerücht, der neue König habe als Baby während der Taufe sein Geschäft verrichtet – vor allen Bischöfen, was nur ein schlechtes Omen sein konnte.

Hinzu kam ein anderes schlechtes Vorzeichen. Kurz nach Ostern erblickten mehrere Bauern eine blutrote Wolke am Himmel, die aussah, als stehe sie in Flammen. »Um Mitternacht, im Schein des Mondes, war sie am deutlichsten zu erkennen«, heißt es in der *Angelsächsischen Chronik,* »doch am Morgen verblasste sie wieder.«

Was hatte das zu bedeuten? Die Antwort lag auf der Hand.

Es war das Jahr 978. *Neunhundertachtundsiebzig Jahre*, raunte man bedeutungsschwer, seit der Herr geboren wurde. Und was hatte Johannes in der Bibel geschrieben? Dass der Teufel nach tausend Jahren aus der Hölle hervorkommen und mit Feuer und Schwert der Welt ein Ende bereiten würde …

Monate vergingen. Aus Sommer wurde Winter, aus Winter wieder Sommer. Das gefürchtete Jahr 1000 kam immer näher.

Dann kehrten die Wikinger – die Söhne des Teufels – nach England zurück.

■

Die ersten Angriffe kamen zu Beginn der 980er-Jahre, und zwar nach dem alten Muster: schwarze Umrisse am Horizont, gebauschte rot-weiße Segel, Krieger, die den Strand hinaufstürmten und es auf Gold und Sklaven abgesehen hatten.

Dennoch hatte sich etwas geändert, wenn auch nur wenige damals das so wahrnahmen. Einfach gesagt: *Dänemark* hatte sich verändert.

Als das Zeitalter der Wikinger heraufdämmerte, waren es nur

ein paar Bandenchefs gewesen, die sich gegenseitig bekriegten. Jetzt – nach zwei Jahrhunderten des Handels, der Entdeckungen und Eroberungen – hatten sich die Länder des Nordens ihren europäischen Nachbarn angeglichen.

In Dänemark hatten die Herrscher damit begonnen, Münzen zu prägen und Festungen und Brücken zu bauen, genau wie andere Könige das auch taten. Dann folgte 960 ein junger Mann namens Harald Blauzahn als König auf seinen Vater Gorm und wollte sein Land auf Biegen und Brechen modernisieren.

Fast dreißig Jahre lang schien Harald Blauzahn der mächtigste Wikingerkönig zu sein, den die Welt je gesehen hatte. Er schmiedete Allianzen und überzog die gesamte nordische Welt mit Kriegen. Er ließ eine Kette von ringförmigen Festungen errichten, mit tiefen Gräben und dicken Mauern.

Vor allem brachte er die Dänen dazu, den christlichen Glauben anzunehmen, der von Rom und Byzanz aus in die Welt getragen wurde. Er baute Kirchen, ernannte Bischöfe und konvertierte – als erster dänischer König überhaupt – selbst zum Christentum.

Haralds bekanntestes Monument steht in seiner alten Hauptstadt Jelling. Es ist ein großer Runenstein, den er im Gedenken an seine Eltern Gorm und Thyra aufgestellt hat. Die Inschrift prahlt damit, dass Harald »ganz Dänemark und Norwegen unterwarf und die Dänen zu Christen machte«.

Mit seinem großen Christusrelief unterscheidet sich dieser Runenstein von jenen der altmodischen Wikinger-Piraten. Es ist der Runenstein eines stolzen und mächtigen christlichen Königs.

Harald Blauzahn spielt in der Geschichte seines Landes zwar eine herausragende Rolle, vielen Dänen waren die Veränderungen, die er anstieß, jedoch verhasst. Und als er im Laufe der Zeit sein Interesse an Kämpfen und Beutezügen verlor, wurde aus ihrer Unzufriedenheit eine offene Rebellion.

Angeführt wurde die Rebellion von seinem Sohn Sven, einem erfahrenen Krieger.

Wer Sven einmal begegnet war, der vergaß ihn nicht mehr so schnell. Auch wegen seines ungewöhnlichen Schnurrbarts, der zu beiden Seiten seines Mundes herunterhing. Seine Freunde nannten ihn daher »Sven Gabelbart«.

Als sich immer mehr Soldaten Sven anschlossen, floh Harald über die Ostsee. In der Hoffnung auf einen Waffenstillstand erklärte sich Harald schließlich bereit, seinen Sohn auf einer entlegenen Insel zu treffen und Verhandlungen aufzunehmen.

Während einer Verhandlungspause verspürte Harald ein Bedürfnis und bat darum, kurz hinter einen Busch verschwinden zu dürfen. Sven willigte ein, dann gab er einem seiner Soldaten ein Zeichen. Der legte sich einen Pfeil zurecht, spannte den Bogen, zielte mit ruhigem Auge – und ...

So starb Harald Blauzahn eines ziemlich unwürdigen Todes, und die Bühne war frei für Sven Gabelbart, einen der furchterregendsten Herrscher in der Geschichte der Wikinger.

Sven war entschlossen, den Fehler seines Vaters nicht zu wiederholen. Nur ein endloser Krieg, glaube er, würde dazu führen, dass sich die Dänen hinter ihm versammelten. Nur Eroberungen und Plünderungen würden ihnen das Silber bescheren, nach dem sie verlangten, und seine eigene Stellung als König festigen.

Und als er die Landkarte studierte, stand sein Ziel rasch fest. Ein reiches und friedliches Land, das gar nicht wusste, wohin mit all seinem Silber. Ein Land, dessen König noch nie ein Schwert in der Schlacht geschwungen hatte. Ein Land, das ohnehin auf das Jüngste Gericht wartete.

England.

■

Svens Wölfe fielen im Sommer 991 über die englische Küste her. Von neunzig Drachenschiffen aus stürmten sie an Land und stachen und hieben sich ihren Weg durch die Straßen von Folkestone.

Als sie auf ihre Schiffe zurückkehrten, hatten sie reiche Beute gemacht, hatten aber noch lange nicht genug. Als Nächstes griffen sie Sandwich an, danach den Flusshafen von Ipswich.

Doch als sie danach die Stadt Maldon erreichten, wurden sie dort bereits von den Engländern erwartet. Soldaten aus Essex hatten sich am Strand postiert. Angeführt wurden sie vom erfahrenen Ealdorman Byrhtnoth, einem riesigen, wettergegerbten Mann, der fast zwei Meter groß war.

Byrhtnoth hatte sein Schlachtfeld gut gewählt. Es war eine sumpfige Ebene, die vom Meerwasser völlig aufgeweicht war.

Eine Landschaft mit tiefem Himmel und endlosem Horizont, über der nur das Schreien der Seemöwen zu hören war.

Was dann passierte, hält eines der eindrucksvollsten englischen Gedichte fest, die aus dieser Zeit noch erhalten sind: *Die Schlacht von Maldon.*

Die Engländer reihten sich mit ihren Schilden und Schwertern im Marschland auf. Die Dänen wiederum drängten sich auf einer kleinen Insel an der Mündung des Flusses Blackwater zusammen. Beide Seiten trennten nur wenige Hundert Meter.

Als alles bereit war, trat einer von Svens Männern vor und rief über das Wasser, dass es für einen »Speer-Regen« keinen Anlass gebe. Falls Byrhtnoth ihnen Gold und Silber aushändige, würden die Dänen an Bord ihrer Schiffe gehen und wieder verschwinden.

Als Antwort reckte der Ealdorman herausfordernd seinen Speer in die Höhe. Das Einzige, was sie für die Dänen hätten, schrie er, seien die Spitzen ihrer Speere und die Klingen ihrer Schwerter! »Sag deinen Leuten, dass hier ein guter Earl mit seinen Kriegern steht, um sein Heimatland zu verteidigen. Ihr Heiden werdet in der Schlacht sterben!«

Doch wie sollte die Schlacht überhaupt stattfinden? Der einzige Pfad über den Blackwater war ein schmaler Damm. Falls die Dänen versuchten, ihn zu nutzen, liefen sie den Engländern – einer nach dem anderen – ins offene Messer.

Doch Byrhtnoth war ein Mann von Ehre. Es sei nur fair, beschloss er, die Dänen unversehrt über den Damm kommen zu lassen. Danach würde Gott entscheiden, wer als Sieger aus der Schlacht hervorginge.

So überquerten die Wölfe also unbehelligt den Fluss, ihre Schlachtgesänge auf den Lippen, ihre Schwerter bereit zum Kampf:

Dann tobte der Kampf,
Ruhm in der Schlacht, die Zeit war reif
für die Männer, dem Untergang geweiht.
Schreie schossen empor, die Raben kreisten,
Adler, gierig auf Beute; die Erde in Aufruhr.
Von ihren Händen schleuderten sie Speere,
geschliffene Pfeile flogen,
Bogen waren geschäftig, Schilde fingen Speerspitzen auf,
erbitterter Schlachten-Sturm, die Krieger fielen,
auf beiden Seiten lagen tot die jungen Männer.

Byrhtnoth führte seine Männer in vorderster Front, sein glänzendes Schwert mit Blutflecken übersät. Drei Dänen fielen ihm selbst zum Opfer. Doch der vierte wehrte seinen Angriff ab und stieß dem Ealdorman sein Schwert tief in die Brust.

Byrhtnoth ging in die Knie. Die Dänen umringten ihn, um die Sache zu Ende zu bringen – damit war der englische Widerstand gebrochen.

Die letzten Worte des Gedichts, als die Schlacht bereits verloren ist, gehören Byrhtwold, dem Diener Byrhtnoths. Obwohl seine Kameraden fliehen, ist er entschlossen, bei seinem Herrn zu bleiben:

Der Geist soll schärfer sein, das Herz kühner,
der Mut größer, wenn unsere Stärke schwindet.
Hier liegt unser Führer erschlagen,
ein guter Mann auf Erden. Ewig wird er trauern,
er, der vom Felde floh.
Alt bin ich, werde nicht flüchten,
neben meinem Herrn will ich liegen,
den ich so innig liebte.

▪

Die Niederlage in der Schlacht von Maldon war für die Engländer ein vernichtender Schlag. Seit den Tagen Alfreds des Großen hatten sie geglaubt, die Invasoren mit Gottes Hilfe ins Meer zurücktreiben zu können.

Doch mit Byrhtnoths Tod und dem Blackwater voller angelsächsischer Leichen schien ihre Allmacht gebrochen zu sein. Und als Aethelred seinen Königsrat, den *Witan*, einberief, blickte er in sorgenvolle Mienen.

Es bleibe ihnen kein anderer Ausweg mehr, als sich von den Dänen freizukaufen, sagte er mit ernster Stimme.

Die Nachricht verbreitete sich im ganzen Land. Aethelred brauchte Silbermünzen im Wert von zehntausend Pfund, um sie Svens Huscarls zu überlassen.

Dies war das berüchtigte *Danegeld*, das ein bleibendes Symbol englischer Schwäche werden sollte.

Das mag ein bisschen ungerecht sein, weil die Katastrophe von Maldon dem König allerhöchstwahrscheinlich keine andere Wahl ließ. Doch noch Jahrhunderte später erinnerte man sich in England mit größter Scham an diesen Moment, in dem sich die Vorfahren geweigert hatten zu kämpfen und dem Feind stattdessen lieber ihr Geld gaben.

Der große Schriftsteller Rudyard Kipling schrieb vor dem Ersten Weltkrieg, das große Problem mit dem Danegeld habe darin bestanden, »dass man die Dänen nie wieder loswurde«, nachdem man sich erst mal darauf eingelassen hatte. Und weiter schrieb er:

Wir zahlen niemals irgendjemandem Dane-Geld,
egal, wie wenig es sei, denn das Ende des Spiels
sind Unterdrückung und Schande,
und die Nation, die zahlt, ist verloren!

Kipling hatte vollkommen recht. Ein ums andere Mal kehrten Svens Langschiffe zurück, um die Süd- und Ostküste zu verwüsten. Und jedes Mal händigten ihnen Aethelreds gedemütigte Untertanen Tausende Silbermünzen aus, in der verzweifelten Hoffnung, die Dänen würden diesmal endgültig verschwinden.

Inzwischen wurde Sven Gabelbart von vielen als Teufel in Menschengestalt angesehen. Ein englischer Mönch schrieb, dass der dänische König stets mit drei Gefährten unterwegs sei: »Einer, der plündert. Einer, der brandschatzt. Und einer, der tötet.«

In seiner Verzweiflung versuchte es Aethelred mit einer neuen Taktik. Er wollte Svens Soldaten mit Nahrungsmitteln, Land und der gigantischen Summe von 22.000 Pfund bestechen, damit diese die Seiten wechselten. Sie sollten sich als Söldner in seinen Dienst stellen und ihre Schiffe dazu nutzen, die englische Küste vor ihrem ehemaligen Herrn zu schützen.

Doch auch das führte zu einem Fiasko. Nach knapp drei Jahren waren es die Söldner leid, auf Almosen zu warten, und beschlossen, sich einfach das zu nehmen, was ihnen gefiel.

Sie verließen ihre Lager und zogen auf eigene Faust mordend und plündernd durch das Land. Wenn Aethelreds Leute sie aufzuhalten versuchten, wurden sie an Ort und Stelle in Stücke gehauen.

England weinte. Mit jedem Monat kamen Berichte über neue Gräueltaten. Ganze Dörfer wurden dem Erdboden gleichgemacht, Bauernhäuser geplündert und verwüstet, Klöster gestürmt und in Brand gesteckt.

Jetzt gab es keinen Zweifel mehr, sagten die Priester. Gott bestrafe die Engländer für ihre Sünden. Und mit jeder Woche, die verging, rückte das Ende der tausendjährigen Gefangenschaft des Teufels näher, und mit diesem Tod und Verderben.

Die Tage vergingen, die Uhr tickte unerbittlich weiter: 997 war schnell 998. Dann 999 und … 1000.

»Über tausend Jahre sind vergangen, seit Jesus Christus unter uns weilte«, schrieb Wulfstan, der Erzbischof von York. »Satan hat seine Fesseln gesprengt und die Zeit des Antichristen ist gekommen.«

In diesem Moment, als sein Herz von Angst und Zorn vergiftet war, traf Aethelred eine folgenschwere Entscheidung. Zitternd vor Wut rief er seinen Rat zusammen und erklärte, er sei es leid, den Heiden zu gestatten, das Land zu verwüsten. Schließlich sei er der Nachkomme Alfreds des Großen, nicht irgendeines jämmerlichen Schwächlings!

Es sei höchste Zeit, dass die Dänen ihren Blutzoll entrichteten. Er habe einen Plan ersonnen, der Englands Schicksal für alle Zeit in neue Bahnen lenken und die Frauen und Kinder des Feindes vor Entsetzen aufschreien lassen würde.

Aethelred beugte sich auf seinem großen hölzernen Thronstuhl vor. Ein kaltblütiges Lächeln huschte über sein Gesicht.

Man solle höchstheimlich jede einzelne Gemeinde in England in Kenntnis setzen. Es sei an der Zeit, dass jeder Engländer sein Schwert schärfe und sich bereitmache für den Tag der Abrechnung – den Gedenktag des heiligen Brictius.

Und man solle den Leuten sagen, dass – wenn der Tag denn da sei – sie keine Gnade zeigen dürften.

■

Oxford. Morgengrauen. Der dreizehnte Tag des Novembers 1002. Der Gedenktag des heiligen Brictius.

Wie in den meisten englischen Städten lebten dänische Siedler seit Jahrzehnten einträchtig mit ihren angelsächsischen Nachbarn zusammen. Doch als eine bleiche Sonne über den strohgedeckten Dächern aufging, lag plötzlich eine unheilvolle Stimmung in der Luft – die Ahnung einer schwelenden Gefahr.

In den Tavernen hatten seit Tagen seltsame Gerüchte die Runde gemacht. Es wurde von Komplotten und Aufständen geflüstert. Und in der Nacht vor dem Feiertag hatten manche Leute Männer mit angespannten Gesichtern beobachtet, die sich im Dunkeln etwas zugeraunt hatten.

Waren es Angelsachsen oder Dänen? Da war sich niemand ganz sicher.

Ein Hahn krähte. Als wollten sie antworten, begannen die Kirchenglocken zu läuten. *Die Kirchenglocken.* Sie waren das Zeichen.

Die Mörder brachen ohne Vorwarnung die Türen der dänischen Häuser auf, zückten brüllend ihre Messer, zerrten die Männer auf die Straßen und schnitten ihnen die Kehlen durch. Dann kehrten sie in die Häuser zurück, wo sich die Frauen schluchzend vor Angst zusammenkauerten.

Aethelreds Befehl ließ nicht den geringsten Zweifel daran, was zu tun war. »Die Dänen«, schrieb er später, »hatten sich wie Unkraut unter den Weizen gemischt und mussten daher ihrer überaus gerechten Vernichtung anheimfallen.«

In ganz England bot sich dasselbe Bild: brüllende Horden, berstende Türen, schluchzende Kinder und Ströme von Blut …

Viele der Leichen wurden in Massengräber geworfen. Jahrhunderte später entdeckten Archäologen in Ridgeway Hill in der Grafschaft Dorset eine Grube mit den Skeletten von vierundfünfzig jungen Männern skandinavischer Herkunft. Alle waren geköpft worden.

Auch in Oxford fanden Archäologen ein Grab mit den Gebeinen von fünfunddreißig jungen Männern. Auch sie waren von hinten geköpft worden, während sie am Rand der Grube gekniet hatten.

Ebenfalls in Oxford hat sich folgendes grauenvolle Geschehen zugetragen: Als sie die Schreie ihrer Landsleute hörten, waren Hunderte verzweifelte Männer, Frauen und Kinder in die St-Frideswide's-Kirche geflohen, um dort Schutz vor den Angreifern zu suchen.

Den Dänen war es gelungen, die verriegelte Tür zu öffnen und sich im Kirchenraum zu verbarrikadieren. Dort drängten sie sich zitternd zusammen und flehten Gott um Gnade an.

Doch nur wenig später hörten sie den wilden Mob gegen das Kirchenportal hämmern. Weitere Schläge folgten, dann herrschte plötzlich eine unheilschwangere Stille.

In der Kirche sprach niemand ein Wort. Dann sahen sie, wie sich die ersten Rauchschwaden unter der schweren Holztür hindurchschlängelten.

Ihre Verfolger hatten offenbar beschlossen, sie auszuräuchern. Die Dänen saßen in der Falle. Wenn sie die Türen öffneten, waren sie sofort tot. So drängten sie sich starr vor Entsetzen aneinander und drückten ihre Kinder an sich.

Die Hitze wurde zunehmend unerträglicher, während die Flammen an den rußgeschwärzten Steinwänden züngelten. Die Kirche war voller Rauch. Man konnte kaum noch atmen …

Wie so oft im Zeitalter der Wikinger sind all ihre Namen vergessen.

■

Das Massaker am St Brice's Day war eines der grausamsten Ereignisse in der englischen Geschichte. Und Aethelred hatte sich verkalkuliert.

Denn es gab viel zu viele Einwohner mit dänischen Wurzeln, um sie alle abschlachten zu können. Selbst in London, wo der Mob stundenlang durch die Straßen zog, entkamen einzelne Leute. Sie suchten Zuflucht in Kellern, verbargen sich hinter Wandbehängen und unter Decken oder wurden von barmherzigen Freunden oder Nachbarn versteckt.

Als sich die Dunkelheit über die Themse senkte, legte ein Schiff von einer alten hölzernen Mole ab. An Bord drückten sich einige in Umhänge gehüllte junge Dänen aneinander, denen es gelungen war, den gezückten Messern zu entkommen.

Tagelang segelten sie nach Osten, vom Sturm gebeutelt und völlig durchnässt. Trauer und Entsetzen standen ihnen ins Gesicht geschrieben. Erst als sie die Dünen der dänischen Küste erblickten, atmeten sie erleichtert auf.

Als sie in der großen Halle des Königs standen und stotternd ihre furchtbare Geschichte erzählten, sagte Sven kein Wort. Doch in seinen kalten blauen Augen stand der Tod.

Am nächsten Morgen gab er seine Anweisungen. Alle Männer mussten sich bereithalten. Als der Frühling kam, segelte der König nach Westen.

Sven Gabelbart würde seine Rache bekommen. Und diesmal würde es kein Entrinnen geben.

16

Der Herr der Wellen

Die nächsten sieben Jahre waren ein Fest für die Aaskrähen über den englischen Feldern.

Sven Gabelbarts Vergeltung war schlimmer, als es sich seine Feinde hätten vorstellen können. Er begann im Südwesten, plünderte und mordete in den Grafschaften Devon und Wiltshire. Dann segelte er nach East Anglia und machte Norwich und Thetford dem Erdboden gleich.

Von den dänischen Angriffen verwüstet, begann England zu hungern. »Das war das Jahr des großen Hungers«, schrieb ein Mönch 1005, »das härteste, das jedem Mann in Erinnerung war.«

Im folgenden Jahr war Wessex an der Reihe. Dorf für Dorf brannten die Dänen eine Spur der Verwüstung durch Alfreds altes Kernland. Die glimmenden Überreste der niedergebrannten Dörfer waren nachts weithin zu sehen.

Aethelred war schon lange geflohen und verkroch sich mit seinen Beratern im entlegenen Nebelloch Shropshire. Von dort aus versuchte er erneut, sich mit Geld freizukaufen.

Diesmal versprach er Sven die schwindelerregende Summe

von 36.000 Pfund Silber, was acht Millionen Silbermünzen entspricht, sowie ganze Wagenladungen mit Verpflegung.

Sven akzeptierte. Dabei hatte der dänische König seine Eroberungspläne längst nicht aufgegeben – im Gegenteil. Er nutzte lediglich die Gelegenheit, um seine Truppen ausruhen zu lassen und ihre Vorräte aufzufüllen, ehe der Krieg in die nächste Phase eintreten würde.

Im Sommer 1009 kehrten die Wikinger zurück. Diesmal schickte Sven eine gigantische Flotte unter Führung seines gefürchteten Oberbefehlshabers Thorkell des Hohen. An Bord befanden sich Tausende bis an die Zähne bewaffnete Dänen, die nur eines im Sinn hatten.

Kent fiel in wenigen Wochen. Dann wandte sich Thorkell nach Westen und drang tief in die alten Grafschaften Sussex, Hampshire und Berkshire vor, wo er kaum einen Stein auf dem anderen ließ.

Zu diesem Zeitpunkt waren Recht und Ordnung im südlichen England vollkommen zusammengebrochen. Für viele Menschen war der Anblick der rauchenden Ruinen ihrer niedergebrannten Dörfer gleichbedeutend mit dem Ende aller Tage.

In seiner Verzweiflung wandte sich Aethelred gen Himmel. Im Spätsommer gab er bekannt, dass das Michaelsfest am 29. September ein Tag des nationalen Gebets sein sollte. Alle Einwohner des Landes sollten Jesus Christus an diesem Tag »um Hilfe bitten, unseren Feinden zu widerstehen«.

Drei Tage lang sollten die Menschen fasten und sich ausschließlich von Kräutern, Brot und Wasser ernähren. Am Michaelstag selbst zogen dann alle barfuß zur Kirche ihrer Gemeinde, angeführt von singenden Mönchen, die Reliquien in Händen hielten.

Für Aethelred und seine Untertanen war dies ein Tag tiefster spiritueller Hingabe. Auch Sklaven mussten daran teilnehmen, und die, die sich weigerten, wurden ausgepeitscht. Viele Menschen brachen in Tränen aus, während sie gemeinsam um Erlösung beteten.

Doch Jesus Christus schien seine Ohren verschlossen zu haben.

Über den Feldern Englands wütete immer noch der Sturm. Thorkells Männer hatten London abgeriegelt und Oxford niedergebrannt. Dann massakrierten sie die englische Armee bei Ringmere Heath und töteten »viele gute Thane und Männer in unbekannter Zahl«, wie die *Angelsächsische Chronik* zu berichten weiß.

»Danach«, so die *Chronik* weiter, »nahmen sie Besitz von East Anglia, wo sie drei Monate lang plünderten und brandschatzten, ehe sie ihren Weg in die Moore fortsetzten, um dort Menschen und Vieh zu schlachten … Anschließend wandten sie sich westwärts nach Oxfordshire und von dort nach Buckinghamshire, wo sie wie üblich alles niederbrannten, ehe sie weiterzogen.«

Im Herbst 1011 stand Thorkells Armee vor den Toren von Canterbury. Die Wiege des Christentums in England, berühmt für seine wunderschöne Abtei und die prächtige Kathedrale mit all ihren Schätzen und Reliquien, das »Juwel von Kent«, konnten sich die Wikinger natürlich nicht entgehen lassen.

Die Belagerung dauerte genau drei Wochen. Am Morgen des Michaelstags öffneten die Männer von Canterbury ihre Stadttore, woraufhin die Wikinger in die Stadt stürmten.

Was dann geschah, liest sich wie ein Bericht aus den letzten Tagen der Menschheit. »Einige wurden mit dem Schwert niedergemetzelt, andere von den Flammen vernichtet«, schrieb ein Chronist.

»Viele wurden von den Mauern gestürzt, während andere getötet wurden, indem man sie an den Geschlechtsteilen aufhängte. Die Frauen wurden an den Haaren durch die Straßen der Stadt geschleift und dann zu Tode gebracht, indem man sie in die Flammen warf. Kinder wurden ihren Müttern von der Brust gerissen, wenn sie nicht von Speeren aufgespießt oder unter den Rädern der Karren zermalmt wurden.«

»Es bot sich ein grausiger Anblick«, schrieb ein anderer. »Die alte und wunderschöne Stadt war vollständig zu Asche geworden. Die Toten türmten sich in den Gassen, der Boden und der Fluss waren dunkel vom Blut …«

Aelfheah, der Erzbischof von Canterbury, wurde von Kämpfern davongeschleift und in der Mitte des Wikingerlagers in einen Käfig gesperrt. Thorkell musterte seinen Fang und bemerkte grinsend, dass Aethelred für den heiligen Mann sicher ein hübsches Sümmchen springen lassen würde.

Thorkell hatte recht. Aethelred erklärte sich einverstanden, die schwindelerregende Summe von 48.000 Pfund Silber herauszurücken – das höchste Danegeld, das je gezahlt worden war. Ganz so wie geplant lief es allerdings nicht.

Am Ostersonntag 1012 rollten die mit Silber beladenen Wagen ins dänische Lager. Doch zur allgemeinen Verwunderung weigerte sich Erzbischof Aelfheah zu gehen. Er würde lieber in diesem Käfig sterben, sagte er trotzig, als sich durch christliche Münzen freikaufen zu lassen.

Thorkell sah den alten Mann hasserfüllt an. Nun gut, sagte er kühl. Vielleicht wolle er an ihrem abendlichen Fest teilnehmen.

Als es sich die Dänen an diesem Abend mit gestohlenem Wein so richtig gut gehen ließen, lag der alte Mann in Ketten zu Thorkells Füßen. Immer wieder trat ihn jemand unter großem Gelächter in die Seite oder spuckte ihn an.

Als Höhepunkt des Unterhaltungsprogramms hatte sich Thorkell etwas Besonderes ausgedacht. Während seine Männer sich um ihn scharten, zerrte er Aelfheah in die Mitte des Raumes. Dort malträtierten ihn Thorkells Huscarls prustend vor Lachen mit Essensresten, Knochen und Tierschädeln, und sogar mit abgetrennten Ochsenköpfen.

Während der Wein in Strömen floss und die Stimmung immer ausgelassener wurde, lief dem alten Mann das Blut aus mehreren Wunden. Thorkell erhob sich schwankend, um dem Treiben Einhalt zu gebieten.

Im selben Moment hob ein groß gewachsener Krieger namens

Thrum seine Axt. Und ehe Thorkell ihn aufhalten konnte, nahm Thrum Maß – und rammte dem Erzbischof die Axt in den Kopf.

■

Eine unheilvolle Stille breitete sich aus. Nur das stete Tropfen des Blutes, das aus dem zerschmetterten Schädel des Erzbischofs floss, war zu hören.

Auch die Dänen, die Odin immer noch treu waren, wussten genau, wie gefährlich es war, einen Mann Gottes zu töten. Und Thrum selbst war ein Christ! Was um aller Götter willen hatte er sich nur dabei gedacht?

Am nächsten Morgen schlugen Thorkells Krieger den Leichnam des Erzbischofs vorsichtig in eine Decke ein. Man brachte ihn nach London und legte ihn in der St Paul's Cathedral ab, damit er bestattet werden konnte. Die Hoffnung war, dass diese Sünde damit vergeben war.

Dieses Ereignis hatte einen wackligen Waffenstillstand zur Folge. Manche fragten sich, ob Thorkells Männer wegen des Mordes am Erzbischof ein schlechtes Gewissen hatten. Es ist jedoch wahrscheinlicher, dass sie des Kämpfens müde waren und lieber ihren Anteil an der Kriegsbeute verprassen wollten.

Sven Gabelbart war jedoch noch lange nicht fertig. Er wusste, dass Thorkells Angriffe dafür gesorgt hatten, dass England nur noch wenige Soldaten und Waffen und nicht mehr viel Silber besaß. Außerdem berichteten seine Informanten, dass viele Engländer den Krieg und ihren König leid wären und sich nach

Frieden sehnten – selbst wenn das bedeutete, einen Deal mit dem dänischen König einzugehen.

Im Winter 1012 landeten Svens Mittelsmänner in Northumbria. In aller Stille nahmen sie Kontakt zu den führenden Familien auf und bereiteten den Boden für eine vollständige dänische Invasion.

In Dänemark stellte Sven eilig eine neue Armee zusammen. In ganz Europa sprach es sich herum, dass der König von Dänemark »für den Feldzug Soldaten sucht, die nach Reichtum gieren«.

Im nächsten Sommer waren die Vorbereitungen abgeschlossen. Als Sven sein mächtiges Drachenschiff bestieg, flatterten über ihm große Fahnen im Wind – die Fahnen eines Eroberers, der seinen Anspruch geltend machte.

Neben ihm stand sein Sohn und Erbe. Er war erst vierzehn Jahre alt, aber schon ein stattlicher junger Mann mit wachem Blick, dessen dichte blonde Haare in der Brise wehten. Sein Name war Knut.

An einem strahlenden Morgen im Hochsommer liefen sie in den Hafen von Gainsborough ein. Als Knut seinen Blick über die grünen Felder schweifen ließ, sah er, dass das Ufer von winkenden und jubelnden Menschen gesäumt war.

Die Leute meines Vaters scheinen ihre Sache gut gemacht zu haben, dachte er zufrieden.

Als Svens Krieger am Abend feierten, reihten sich die Thane aus dem Norden des Landes auf, um ihrem neuen Herrn ihre

Aufwartung zu machen. Sven neigte huldvoll sein Haupt – ein christlicher König, wie er im Buche steht.

Er würde ihnen Gesetze und Gerechtigkeit geben, sagte er. Vor allem aber würde er ihnen *Frieden* geben.

Um diese neue Ordnung zu festigen, fuhr der dänische König fort, würde sein Sohn Knut die junge Aelfgifu, Tochter des ehemaligen Ealdorman von Northumbria, zur Frau nehmen. »Dies soll ein sichtbares Zeichen sein« – seine Stimme hob sich – »für die erneuerte Freundschaft zwischen Northumbria und Dänemark!«

Wir können nur mutmaßen, was das junge Paar von diesem Plan hielt. Doch als Schachfiguren in einem größeren Spiel wussten sie, dass ihnen keine Wahl blieb.

Wenige Tage nach der Hochzeit befehligte Knut in Gainsborough die Flotte und Sven gab seinen Truppen den Marschbefehl. Schon bald hörte man dänische Stiefel die Watling Street – die alte Römerstraße an der Grenze zu Mercia – hinuntermarschieren.

Eigentlich hatte Sven erwartet, auf heftigen Widerstand zu stoßen. Doch als er in den Süden vordrang, öffnete ihm eine Stadt nach der anderen ihre Pforten: Oxford, Winchester, Wallingford, Bath. Während sich Aethelred in London hinter hohen Mauern versteckte, lag sein hilfloses Land vor den Eindringlingen am Boden.

Als sie sich London näherten, befahl Sven, eine Belagerung vorzubereiten. Doch schon im nächsten Moment stürmten ihm seine Späher auf der staubigen Straße entgegen und brachten sensationelle Nachrichten mit.

Aethelred habe heimlich ein Schiff bestiegen und fahre mit den Resten seines Thronschatzes die Themse hinunter. Sein Ziel sei die Normandie, die Heimat seiner Frau Emma, wo man bereits sein Exil vorbereite.

Es war also vorbei. Die Straßen von London standen ihnen offen und die Bevölkerung kniete bereits vor ihrem neuen Herrn. Sven Gabelbart ritt als Eroberer in die Stadt ein – der erste Däne, der die englische Krone beanspruchte.

Nachdem er in den Palast seines alten Rivalen eingezogen war, machte sich Sven sogleich ans Regieren. Jede Grafschaft wurde informiert, dass nach der Wintersonnenwende in York der Witan – die Ratsversammlung geistlicher und weltlicher Würdenträger – zusammentreten sollte. Dort würde der dänische König die Pläne für sein neues Reich bekannt geben.

Während die Landschaft mit glitzerndem Frost überzogen war, stiegen überall im Land Männer auf ihre Pferde, um die lange Reise nach York anzutreten.

Dann griffen die Nornen, die drei Weberinnen am Fuße des Weltenbaums, zu ihren Scheren, und wieder einmal änderte sich alles …

■

Es war Februar 1014, und Sven hatte gerade das Lager seines Sohnes in Gainsborough verlassen, als es passierte.

Auf der Straße nach York hatte er eben noch auf seinem Pferd gesessen. Jetzt lag er am Boden, umringt von seinen Männern. Ihre Gesichter waren aschfahl vor Entsetzen.

Niemand hat je herausgefunden, was ihn ereilt hatte. Einige meinten, Gott persönlich habe ihn gefällt, doch womöglich war es ein Schlaganfall.

Manche Chronisten behaupten, er habe im Sterben nach seinem Sohn gerufen. Mag sein. Unter den dänischen Truppen jedenfalls gab es keinen Zweifel daran, wer sein Nachfolger werden sollte. Knut war sein rechtmäßiger Erbe und musste seines Vaters Platz als König von England einnehmen.

Vielen Jugendlichen wäre angesichts einer solchen Herausforderung ganz anders geworden. Nicht so Knut. Mit seinen fünfzehn Jahren war er fest entschlossen, seinem gabelbärtigen Vater ein würdiger Nachfolger zu sein.

Doch die Nachbeben waren noch nicht vorüber. Während die dänischen Befehlshaber vor ihrem neuen Herrn knieten, verbreiteten galoppierende Reiter im ganzen Land die Nachricht, dass der allmächtige Gott Sven abberufen habe.

In York hielt Erzbischof Wulfstan vor den dort versammelten angelsächsischen Thanen eine wütende Rede, die als »Predigt des Wolfs an die Engländer« bekannt wurde. Er erinnerte seine Zuhörer daran, dass sie am Ende der Zeiten lebten, in einer Ära des »Stehlens und Mordens, der Plagen und Seuchen, des Hungers, der Brände und des Blutvergießens«.

Der »größte Verrat«, fuhr er fort, sei es für ein Land, seinen gottgegebenen Herrscher zu vertreiben. Doch Svens Tod gebe ihnen die Chance, innezuhalten und sich ihres wahren Königs – Aethelred, Sohn des Edgar – zu erinnern.

Solches oder Ähnliches gab Wulfstan schon seit Jahren von sich. Dieses Mal hörte man ihm allerdings zu.

In den nächsten Tagen segelten Boten in die Normandie, um dem König im Exil ein Gesuch zu überbringen. Die Ratsversammlung habe ihre Meinung geändert. Kein Herrscher sei den Angelsachsen lieber als ihr angestammter König, sofern er denn gerechter regiere als zuvor.

Im soundsovielten Akt dieses verworrenen Dramas segelte Aethelred also mit seinen Söhnen Edmund und Eduard nach England zurück. Dort erwartete sie der Oberbefehlshaber von Aethelreds Söldnertruppen vor Ort, Thorkell der Hohe.

Thorkell der Hohe? Ja! Dass Thorkell, ohne mit der Wimper zu zucken, die Seiten gewechselt hatte, scheint uns schier unglaublich. Doch für die Menschen im Zeitalter der Wikinger funktionierte die Welt eben so. Soldaten und Kommandanten kämpften für Geld und im brutalen Ränkespiel der Politik gab es wenig Raum für Loyalität.

In Gainsborough fühlte sich Knut komplett überrumpelt. Nie im Leben hätte er mit einer Rückkehr Aethelreds gerechnet. Und als Thorkell seine Söldnertruppen Richtung Norden in Marsch setzte, musste er klein beigeben.

Er rief seine Hauptmänner zu sich und räumte ein, dass sie zahlenmäßig weit unterlegen seien. Es bleibe ihnen nur eine

Chance, sagte er mit heiserer Stimme, nämlich sich den Fluss entlang zurückzuziehen und die Heimreise nach Dänemark anzutreten. Sie würden wiederkommen, doch zunächst mussten sie ihre Truppe verstärken und ihre Vorräte auffüllen.

Für den jungen König war dies ein äußerst heikler Moment. Doch zu seiner Erleichterung erklärten seine Hauptmänner, ihm weiter die Treue halten zu wollen.

Verzweifelt gegen die Uhr ankämpfend, beluden Knuts Männer ihre Schiffe. In ihrer Hast blieb ihnen nicht einmal die Zeit, den einbalsamierten Leichnam von Sven Gabelbart mitzunehmen, um ihn in der Heimat zu bestatten. Es müsse andere Wege geben, sagte Knut mit belegter Stimme, um seinen Vater zu ehren.

Doch ehe seine Schiffe von der englischen Küste ablegten, wollte Knut Aethelred noch eine Botschaft zukommen lassen. Knuts Vater hatte Söhne wichtiger angelsächsischer Familien als Geiseln genommen, um deren Unterstützung zu erzwingen.

Nun ließ Knut sie in den Dünen aufreihen. Mit grausamer Kaltblütigkeit gingen seine Soldaten ans Werk und hackten ihnen Hände, Ohren und Nasen ab.

Das solle allen, die es wagten, sich ihm zu widersetzen, eine Warnung sein, erklärte der junge König. Er würde nichts vergessen und nichts vergeben. Und eines Tages würde er zurückkehren …

■

In den nächsten zwölf Monaten wartete Knut auf den richtigen Augenblick. Wie schon sein Vater sandte er Boten in jeden Winkel des Nordens, um Seeleute und Krieger, Schiffbauer und Zimmerer anzuwerben.

An der dänischen Küste zog er seine Armee zusammen. Und unablässig überbrachten Boten die neusten Nachrichten aus England, wo Aethelred sich mit seinen Verbündeten entzweit hatte.

Spätere Chronisten beschrieben Aethelred als grausam, töricht und gierig und verliehen ihm den Beinamen »der Unberatene«*.

Dieses Urteil mag ein wenig hart klingen. Doch zweifellos hatte er ein besonderes Talent dafür, sich mit seinen Freunden und seiner Familie anzulegen.

Im späten Frühjahr 1015 berichteten Knuts Informanten, dass Aethelred sich eine blutige Fehde mit seinem ältesten Sohn Edmund, genannt »Eisenseite«, liefere. Als er das hörte, schlug der dänische König triumphierend mit der Faust auf den Tisch. »Das«, sagte er zu seinen Hauptmännern, »ist unsere Chance.«

Wenige Wochen später landeten Knuts Schiffe an der englischen Küste – eine riesige Armada aus Kriegsschiffen und Versorgungsschiffen. »An den Seiten der Langschiffe«, heißt es in

* Heute wird er meistens als Aethelred der Unfertige bezeichnet, als wäre er oft von den Ereignissen überrascht worden. Aber das ist nicht ganz richtig. Aethelred war gut informiert, er traf nur einfach furchtbare Entscheidungen.

einem Bericht, »waren so viele Arten von Schilden zu sehen, dass man hätte glauben können, hier seien Truppen aus aller Herren Länder versammelt. Am Bug glänzte es golden und Silber blitzte im Sonnenlicht.«

Was folgte, war selbst nach Wikingermaßstäben äußerst konfus. Es gab vier Armeen, die alle um die Vorherrschaft rangen. Befehligt wurden sie von Knut, Thorkell dem Hohen, Edmund Eisenseite und Eadric Streona, einem angelsächsischen Ealdorman.

Monatelang zogen die rivalisierenden Truppen durch England, plünderten Ortschaften und brannten Dörfer nieder. Niemand wusste genau, wer auf welcher Seite kämpfte, geschweige denn wer die Oberhand gewinnen würde. Aethelred war in London geblieben und inzwischen schwer erkrankt.

Als das Jahr 1015 dem Jahr 1016 wich, neigte sich die Waage allmählich zugunsten Knuts. Thorkell war der Erste, Eadric der Zweite, der zu ihm überlief. Dann kamen Neuigkeiten aus London. Aethelred war tot. Sein Sohn Edmund Eisenseite, der äußerst mutig, aber erst Anfang zwanzig war, saß nun auf dem englischen Thron.

In diesem Sommer lieferten sich Knut und Edmund auf den Feldern von Wessex eine Schlacht nach der anderen. Als im Herbst die Blätter fielen, kam es vor den Toren von Assandun in Essex zum endgültigen Showdown.

Vier Stunden lang kämpften die beiden Schildmauern erbittert um die Vorherrschaft. Männer rutschten aus und schrien in

Panik, Speere und Schwerter hieben aufeinander ein, blutgetränkte Stiefel versanken im Matsch. Am späten Nachmittag war alles immer noch völlig unklar. Doch bei Anbruch der Dämmerung zeigte die englische Verteidigungslinie erste Lücken, und als es schließlich dunkel war, hatten Knuts Soldaten ihre Stellung gehalten.

Man war jedoch auf beiden Seiten am Ende seiner Kräfte. Edmund war gegen Ende des Kampfes schwer verwundet worden und konnte sich kaum noch auf den Beinen halten.

So trafen sich die beiden jungen Könige ein paar Wochen später an einem Flussufer in Gloucestershire und einigten sich darauf, das Reich unter sich aufzuteilen. Edmund würde das England südlich der Themse behalten, inklusive London, während Knut den Großteil von Mercia, East Anglia und Northumbria übernahm.

Und das hätte es gewesen sein können, hätten die Nornen nicht erneut zu ihren Scheren gegriffen.

In der Nacht auf den 30. November sprengte ein berittener Bote in Knuts Lager. Und als er keuchend seine Nachricht verkündete, brandete Jubel auf.

Edmund Eisenseite war tot. Manche raunten sich zu, er sei vergiftet worden, doch vermutlich hatten sich seine Wunden nach der Schlacht entzündet.

Wie auch immer, der Krieg war endgültig vorbei. Die Angelsachsen waren geschlagen. Die Götter hatten gesprochen. Knut hatte gewonnen.

Knut wurde zu Beginn des Jahres 1017 gekrönt. Er war erst achtzehn Jahre alt, doch in keinem Moment ließ Englands neuer König auch nur die geringste Unsicherheit erkennen.

Er wollte sich die Zustimmung der Engländer von Anfang an sichern, indem er Aethelreds Witwe, die großartige Emma von der Normandie, heiratete. Sie willigte ein, obwohl sie Knut einen Eid schwören ließ, dass nur *ihre* Söhne einen Anspruch auf den Thron hatten. Wenige Monate später fand die Hochzeit statt.*

Indem er Emma heiratete, sicherte sich Knut die Unterstützung zweier Gruppen: die ihrer Freunde in England und die ihrer Angehörigen in der Normandie. Es ging schließlich um Politik, nicht um Liebe; und es funktionierte.

Eine reich verzierte angelsächsische Handschrift, die in der British Library ausgestellt ist, zeigt Knut und Emma, die eine Hand auf ein großes Kreuz legen. Genauso wollte Knut von den Leuten gesehen werden: nicht als blutrünstiger Wikinger, sondern als perfekter englischer König, der ein Schwert in der einen und ein Kreuz in der anderen Hand hält, während ihm ein Engel die Krone aufsetzt.

---

* Knut war bereits mit Aelfgifu verheiratet. Doch zu der damaligen Zeit war es für einen König nichts Ungewöhnliches, eine Frau zu verstoßen, um sich eine andere zu nehmen, falls dies politisch von Nutzen war. Heinrich VIII. wäre begeistert gewesen.

Natürlich war das nicht die ganze Geschichte. Wie sein Vater und Großvater konnte auch Knut brutal und skrupellos sein. Seine Regierungszeit ist gesäumt von den Leichen derer, die er des Komplotts gegen ihn bezichtigte – sowohl Thorkell als auch Eadric endeten mit einem Messer im Rücken.

Viele Engländer murrten, dass sie jetzt von einem dreckigen Dänen regiert wurden. Erzbischof Wulfstan schrieb eine weitere Wutrede, in der er beklagte, dass England in der Hand von Heiden und »Priestermördern« sei. Ein anderer erboste sich darüber, dass viele die Sitten und Gebräuche der Dänen kopierten und sich in Wikingermanier die Hinterköpfe schoren.

Doch Knut sorgte tatsächlich für Ruhe und Frieden. Er teilte das Königreich in die vier *earldoms* (Grafschaften) Northumbria, Mercia, East Anglia und Wessex auf und setzte jeweils eigene Jarls – *Earls* – ein, die diesen vorstehen würden.

Nicht alle seine Verbündeten waren Dänen. Der neue Earl von Wessex war ein junger Engländer namens Godwin, dessen Söhne Harold und Toste in der Geschichte ihres Landes eine bedeutende Rolle spielen sollten.

Knut arbeitete hart daran, seine Untertanen von sich zu überzeugen und ihre Herzen zu gewinnen. Er besuchte das Grab von Edmund Eisenseite und hinterließ dort zu Ehren seines alten Rivalen einen purpurfarbenen Umhang. Er sorgte sogar dafür, dass Erzbischof Aelfheah, der ja vor Jahren von Thorkells Männern ermordet worden war, ein diesmal tatsächlich ehrenvolles Begräbnis bekam.

Seine Macht wuchs immer weiter und gegen Ende der 1020er-Jahre war Knut mehr als nur ein König. Er herrschte über ein riesiges Nordsee-Imperium, das England, Dänemark, Norwegen, die Orkney-Inseln, Südschweden sowie Teile Irlands und Schottlands umfasste.

Viele Könige hatten von solch einer Machtfülle geträumt, doch nur Knut der Große erreichte sie. Nicht verwunderlich, dass ein norwegischer Historiker ihn als »beeindruckendsten Wikinger von allen« bezeichnete.

Im Jahr 1027 wurde er in Anerkennung seines Ruhms nach Rom eingeladen, wo ihn der Papst als großen christlichen Monarchen willkommen hieß. Und vielleicht wird Knut in stillen Momenten darüber nachgedacht haben, wie weit es sein Volk seit den ersten Wikingerbeutezügen gebracht hatte.

Dass er besonders überheblich gewesen sein soll, beruht aber auf einem Missverständnis. Angeblich hatte Knut seinen Thron auf dem Gipfel seiner Macht am Strand aufstellen lassen und von diesem aus gebieterisch über das Meer geblickt.

»Als Herrscher über dieses Königreich«, rief er den Wellen zu, »befehle ich euch, meinen Strand nicht zu überfluten. Und wagt es bloß nicht, mir die Füße nass zu machen!«

Natürlich kümmerte sich das Wasser nicht um seine Worte, sondern kam langsam näher und näher, bis es seine Füße umspülte.

Der König sprang auf. »Last alle Männer wissen«, sagte er zu seinen Huscarls, »wie schwach und nutzlos die Macht eines

Königs ist – kein Mensch verdient diesen Namen, nur der allmächtige Gott.«

Der letzte Teil dieser Geschichte wird oft vergessen. Knut wusste natürlich genau, dass die Wellen nicht seinem Willen gehorchten. Doch wollte er seine Ratgeber daran erinnern, wer in Wahrheit die Geschicke der Menschen lenkte.

Wir werden nie erfahren, ob sich die Geschichte so zugetragen hat. Doch ein schöner Gedanke ist es schon.

TEIL FÜNF

DER LETZTE WIKINGER

17

Der Junge von den Fjorden

Um das Jahr 1015 herum, als Knut seine Finger nach der englischen Krone ausstreckte, wurde an den Fjorden Norwegens ein Junge geboren.

Sein Name war Harald und die Geschichte erinnert sich an ihn als den letzten Wikinger. Sein Leben war so abenteuerlich, dass kein Autor gewagt hätte, es sich so auszudenken. Es führte ihn von den Wäldern des Nordens bis zu den Toren von Kiew, vom kaiserlichen Palast in Konstantinopel bis zur heiligen Stadt Jerusalem … dann zurück in den Norden und über das Meer nach England zum letzten entscheidenden Showdown …

Am Anfang seiner Geschichte ist Harald ein ganz normaler Junge aus der Provinz Viken in der Nähe der heutigen Hauptstadt Oslo. Sein Vater Sigurd war ein reicher, hart arbeitender und sehr ernsthafter Bauer. In den Sagas wird er als »einer der weisesten Männer in Norwegen« bezeichnet, »friedfertig und der Gewalt nicht zugetan«.

Harald Sigurdsson wuchs wie jeder andere Junge auf. Im Sommer spielte er draußen und schwamm in den Seen. In kalten

Winternächten wärmte er sich am Feuer und lauschte den Skalden. Er war ein kräftiger, ungestümer Junge, der Lieder und Abenteuergeschichten liebte und oft davon träumte, es den Helden der Vergangenheit gleichzutun.

Doch während Harald an den Bächen und auf den Wiesen spielte, die zum Hof seines Vaters gehörten, veränderte sich die Welt allmählich. Die Zeit, in der die Menschen des Nordens vor Odin, Thor und Freyja knieten, in der Krieger mit ihren Langschiffen in fast jeden Winkel der Erde vordrangen, in der junge Männer mit Axt und Schwert Königreiche eroberten, ging unwiderruflich zu Ende.

Mit jedem Jahr, das verging, passten sich die Dänen, Norweger und Schweden immer mehr ihren christlichen Nachbarn an. Auf verschiedenste Art kopierten sie die Franken und Angelsachsen: was sie aßen, was für Kleider sie trugen, wie sie ihre Toten bestatteten.

Kaufleute, Söldner und Missionare brachten neue Ideen ins Land. Und an Orten wie Sigtuna in Schweden und Roskilde in Dänemark entstanden die ersten richtigen skandinavischen Städte – mit Märkten, Läden und vor allem Kirchen.

In diesen kleinen Holzkirchen vollzog sich der Wandel am stärksten. Immer mehr Menschen lösten sich von den Sitten ihrer Vorväter und nahmen den christlichen Glauben an.

Königen und Fürsten erlaubte das Bekenntnis zum christlichen Glauben, Bündnisse mit anderen europäischen Reichen zu schmieden. Die reichsten und mächtigsten Imperien wie das

Westfränkische oder das Byzantinische Reich waren durch und durch *christlich*. Wer konvertierte, zeigte, dass er dazugehörte, dass er wichtig und modern war.

Die Wikinger hatten jedoch eine recht eigenwillige Sicht auf Jesus. Sie sahen in ihm nicht den leidenden Märtyrer – für sie war er ein stolzer, ruhmreicher König, der im Himmel regierte wie ein mächtiger Kriegsfürst.

Was bei den Häuptlingen im hohen Norden natürlich gut ankam. Denn wenn es die Menschen gewohnt waren, einem allmächtigen Gott zu gehorchen, waren sie auch eher geneigt, einem allmächtigen König zu folgen.

In Norwegen wurde den Menschen keine Wahl gelassen. Die Botschaft war eindeutig: konvertiert oder sterbt.

Als ein Mann namens Raud der Starke sich weigerte, den neuen Glauben anzunehmen, drückten ihm die königlichen Wachen mit einem glühenden Schürhaken eine lebendige Schlange den Hals hinunter. Ein anderer Mann, Eyvind Kinnrifi, wurde an einen Holztisch gefesselt, bevor man ein Gefäß mit glühenden Kohlen auf seine Brust stellte.

Schließlich brach sein Bauch auf wie ein platzender Luftballon. Kein Wunder, dass danach nur noch wenige wagten, sich dem neuen Glauben zu widersetzen.

Dass Jesus diese Methoden gutgeheißen hätte, darf bezweifelt werden, doch sie erfüllten ihren Zweck.

»Wir müssen den alten Glauben der Nornen meiden«, schrieb ein Skalde. »Alle Menschen weisen nun Odins Sippe zurück, und auch ich bin gezwungen, den alten Göttern zu entsagen und zu Christus zu beten.«

Haralds Eltern, Sigurd und Asta, ließen sich nicht lange bitten und erzogen ihre Kinder im christlichen Glauben. Doch die alten Traditionen waren damit nicht vollständig verschwunden. Viele feierten zur Sommer- und Wintersonnenwende ihre alten Feste oder trugen kleine Hämmer unter ihren Hemden.

Und auch wenn der junge Harald ein Kreuz um den Hals trug und jeden Sonntag in der Kirche seine Gebete murmelte, war er doch durch und durch ein Kind des Nordens.

Wenn er nachts wach lag, sah er nicht Christus im Himmel im Kreise der Heiligen. Er sah Odin am Weltenbaum hängen, Thor seine Kriegsgesänge brüllen und die Walküren tote Krieger von den Schlachtfeldern auflesen.

Er sah sich selbst auf einem Langschiff, das über die Wellen jagte. Er sah eine riesige Armee, die eine ferne Stadt eroberte. Er sah einen mächtigen König und eine Ehrfurcht gebietende Königin, ein goldenes Tor und eine riesige Schlange.

Und wenn er in den Schlaf hinüberglitt, sah er hin und wieder einen großen blonden König auf einem Schlachtfeld stehen, flankiert von seiner Leibgarde, während die Rabenfahne stolz im Wind flatterte. Dann stieg der König aufs Pferd, stieß einen Schlachtruf aus und preschte dem Feind entgegen – in Erwartung von Ruhm oder Tod …

Und plötzlich wusste Harald ganz genau, dass er dieser König war.

■

Als Harald noch sehr jung war, kam eines Tages sein Halbbruder Olaf zu Besuch.*

Olaf war Mitte zwanzig und kräftig gebaut, was ihm den Beinamen »der Dicke« eintrug. Obwohl er zum Christentum übergetreten war, hatte er einen Großteil seines Lebens als Söldner gedient und an der Seite von Thorkell dem Hohen in England gekämpft.

Nachdem der Sieg errungen war, war Olaf als reicher und berühmter Mann, der eine eigene Truppe besaß, nach Norwegen zurückgekehrt. Nun hatte er es auf den Königsthron abgesehen und setzte dabei auf die Unterstützung seines Stiefvaters Sigurd.

Natürlich sagte Sigurd sie ihm zu, und als die beiden auf ihr Bündnis anstießen, rief Asta ihre anderen Söhne herbei, damit sie ihren Erstgeborenen kennenlernten.

Zunächst stellte sie die beiden älteren Brüder Guthorm und Halfdan vor. Olaf nahm die beiden auf den Schoß und schnitt so schreckliche Grimassen, dass ihnen angst und bange wurde.

Dann ließ sie Harald vortreten. Olaf versuchte dasselbe bei ihm, doch Harald saß ruhig auf seinem Schoss und blickte ihn unbeeindruckt an.

---

* Olaf war der Sohn von Asta und ihrem ersten Mann, einem weiteren Harald, der von seiner Ziehschwester Sigrid der Stolzen bei lebendigem Leib verbrannt wurde. (Wie üblich ist es eine absurd verworrene Geschichte!)

Olaf wuschelte ihm anerkennend durch die Haare, worauf Harald mit aller Kraft an dessen Schnurrbart zog.

Olaf brach in Gelächter aus. »Hey, Brüderchen, du wirst mal ein richtiger Kämpfer!«

Als Olaf und seine Mutter am nächsten Tag einen Spaziergang machten, sahen sie die Jungen am Fluss spielen. Guthorm und Halfdan hatten kleine Ställe gebaut und taten so, als wären diese voller Tiere.

Harald jedoch ließ kleine Holzstücke im Wasser treiben. Das wären seine Kriegsschiffe, erklärte er stolz. Olaf lachte. »Der Tag wird kommen, Bruder, an dem du deine eigenen Schiffe befehligst.«

Dann fragte er alle Jungen, was sie im Leben am meisten wollten. »Felder!«, antwortete Guthorm. »Kühe!«, rief Halfdan.

Olaf lächelte. »Genau wie euer Vater«, sagte er. »Ihr werdet mal großartige Bauern sein.«

Dann wandte er sich an Harald. »Und du?«

»Huscarls«, sagte Harald. »So viele Huscarls, dass sie auf einem einzigen Fest alle Kühe von Halfdan aufessen!«

Olaf warf Asta einen vielsagenden Blick zu. »Tja, Mutter, ich glaube, du ziehst hier einen König groß.«

■

Harald entwickelte sich zu einem großen, breitschultrigen Jungen mit langen blonden Haaren, wie sie im Norden so weit verbreitet sind. Schon jetzt überragte er fast jeden anderen Mann in ihrer Gegend und sah bereits von Kopf bis Fuß wie ein Krieger aus.

Als Sigurd starb, hinterließ er den Hof Haralds älteren Brüdern. Doch Harald hatte ohnehin andere Ambitionen.

Sein Halbbruder Olaf hatte sich den norwegischen Thron gesichert und Harald hatte viele Geschichten von seinem prunkvollen Festsaal und seinen verschwenderischen Festen gehört. Von seiner Großzügigkeit gegenüber seinen Unterstützern und von seiner Härte seinen Feinden gegenüber.

Für Harald war Olaf genau so, wie ein König sein sollte. Es war besser, so dachte er, gefürchtet zu werden als geliebt, und er träumte davon, eines Tages als treuer Huscarl an der Seite seines Halbbruders zu kämpfen.

Doch im Frühjahr 1028, als Harald etwa zwölf Jahre alt war, kamen erschreckende Nachrichten aus dem Westen. Knut forderte den norwegischen Königsthron und näherte sich bereits mit fünfzig Kriegsschiffen.

Knuts Agenten hatten schon Unsummen an Gold und Silber ausgegeben, um die Fürsten der Gegend auf seine Seite zu ziehen. »Jedem Mann, der sein Freund sein wollte«, heißt es in den Sagas, »wurden die Hände mit Münzen gefüllt.«

Knut musste also nicht einen Tropfen Blut vergießen. Sein Geld gewann den Krieg für ihn.

Olaf floh über die Berge nach Schweden, ein gejagter Mann, der nur ein paar Freunde und Leibwächter besaß, die ihn begleiteten. Gerüchten zufolge hatte er sich von Schweden aus nach Osten eingeschifft, um Zuflucht in Nowgorod oder Kiew zu finden.

Zwei Jahre vergingen. Harald fragte sich die ganze Zeit, wie es seinem Bruder im Exil erging und ob er ihn wohl jemals wiedersehen würde.

Als er Guthorm und Halfdan an einem trüben Frühlingstag beim Schafehüten half, sah er plötzlich einen Mann, der ihnen auf dem langen Weg vom See her entgegeneilte. Und noch während der Mann keuchend seine Botschaft überbrachte, breitete sich auf Haralds Gesicht ein Lächeln aus.

Olaf gehe es gut und er sei auf dem Weg nach Hause!

Nachdem er zwei Jahre lang an der Seite von Jaroslaw, dem Großfürsten der Rus, geblieben war, habe er in den Städten des Ostens eine große Zahl von Söldnern rekrutiert und segele nun mit seinem Schiff der schwedischen Küste entgegen.

Doch seinen Halbbruder habe er nie vergessen. Und nun, fuhr der Bote fort, brauche er dessen Hilfe.

Das war der Ruf, auf den Harald all die Jahre so sehnsüchtig gewartet hatte.

In aller Frühe, als der Tau noch die Wiesen von Viken bedeckte, ritt er bereits nach Osten. Sein Herz pochte wild vor Aufregung.

Vor ihm lagen die Wälder des skandinavischen Hochlands. Vor ihm lagen Schweden und sein Bruder. Vor ihm lagen Schicksal, Abenteuer, Kampf und Ruhm …

■

Es war fast Mittsommer, als Harald aus den Wäldern kam und die Zelte seines Bruders sah, die sich über das Tal verteilten.

Als Olaf ihn erblickte, breitete sich ein kolossales Grinsen auf seinem Gesicht aus. Er drückte seinen Bruder fest an sich und zerzauste liebevoll seine blonden Haare, wie er es auch getan hatte, als Harald noch klein war.

An diesem Abend erläuterte ihm Olaf seine Pläne bei einem Horn Bier. Aus dem Land der Rus hatte er vierhundert Soldaten mitgebracht, während seine Freunde noch Hunderte mehr rekrutiert hatten.

Viele davon seien Gauner und Banditen, sagte Olaf lachend, doch wenn sie auf ihre Helme und Schilder weiße Kreuze malten, würden sich ihnen bestimmt weitere Christen anschließen. Und auch Jesus Christus selbst gäbe ihnen bestimmt seinen Segen.

Harald nickte stumm. Er war sich da nicht so sicher, doch er war erst fünfzehn Jahre alt, und es kam ihm nicht zu, seinem Bruder zu widersprechen.

Wenige Tage später stiegen sie bei Sonnenaufgang auf ihre Pferde, um die lange Reise durch die Berge anzutreten. Bis zu den norwegischen Fjorden mussten sie mehrere Hundert Kilometer hinter sich bringen. Doch Olaf meinte, das sei es wert, wenn sie einst in den Palästen ihrer Feinde feiern würden!

Wochenlang ritten sie Richtung Westen, der schwedischen Hügellandschaft entgegen. Dann durchqueren sie dichte Kiefern- und Fichtenwälder und hielten sich auf dem Weg in die

Berge an den Ufern der Flüsse. Wann immer sie an einem Dorf vorbeikamen, sprach Olaf mit den Einheimischen und versprach ihnen reiche Beute und ewigen Ruhm, falls sie sich seiner Armee anschlossen.

Manche taten das auch. Doch die meisten winkten ab und wandten sich wieder ihrer Arbeit zu.

Der Pfad wurde immer breiter und schließlich sahen sie weites Land durch die Bäume schimmern. Sie ritten nun bergab, hinein in die norwegischen Täler.

Es war der Juli 1030 und außergewöhnlich heiß. Harald spürte, wie ihm der Schweiß hinunterlief. Dann erblicke er vor sich plötzlich mehrere Reiter, die auf sie zuhielten. Die Kundschafter seines Bruders!

Sie berichteten, dass sie bei einem Bauernhof in Stiklestad am Ende des Tals bewaffnete Männer gesehen hätten. Viele von ihnen, berichteten sie atemlos, hätten wie normale Bauern ausgesehen, doch gab es auch welche in Kettenhemden und andere auf Pferden.

Olaf warf seinem Bruder einen entschlossenen Blick zu und nickte grimmig. Jetzt war es also soweit.

■

Im Bauernhof am anderen Ende des Tals hielten die norwegischen Hauptmänner Kriegsrat. Ihre Späher hatten Olaf beobachtet, seit er Schweden verlassen hatte, und waren seitdem – wie Geister in den Bäumen – jedem seiner Schritte gefolgt.

Einst hatten die norwegischen Stammesoberhäupter Olaf verehrt. Er kannte ihre Namen auswendig: von Kalf Arnason bis zu Thorstein dem Schiffbauer.

Doch jetzt waren sie Knuts Männer, und das Letzte, was sie wollten, war ein langer und blutiger Bürgerkrieg. Wenn sie Olaf bei Stiklestad stoppen konnten, da waren sie sich einig, dann war alles vorbei, und sie konnten wieder auf ihre Höfe zurückkehren.

Als ein weiterer Mann aus dem Schatten trat, lief es den anderen Männern, die um den Eichentisch saßen, kalt den Rücken herunter.

Tore Hund war eine Furcht einflößende Gestalt: ein heidnischer Kriegsfürst, der ganz von der Magie des hohen Nordens durchdrungen war. Um die Schultern trug er einen finnischen Umhang, der aus Rentierfellen gemacht war – »mit so viel Magie, dass keine Waffe sie zu durchdringen vermochte«.

Tore bleckte die Zähne, die er zu spitzen Keilen geschliffen hatte, und ließ seinen Blick durch den Raum schweifen. Er selbst würde Olafs Leben beenden, zischte er. Und *das hier* – er hob seinen Speer, der schwarz war wie die Nacht und eine messerscharfe Spitze hatte – sei die Waffe, die das Blut seines Feindes trinken würde.

Für einen Moment sagte niemand ein Wort. Dann hämmerte Kalf Arnason seine Faust auf den Tisch. »Verschont niemanden!«, schrie er. »Denn sie schonen euch auch nicht!«

Jubel dröhnte durch das Haus. Wenige Minuten später formierten sich die Norweger zu einer Linie und rückten in Richtung Tal vor.

■

Nur ein paar Hundert Meter entfernt sprach Olaf ebenfalls zu seinen Kriegern.

»Sie mögen mehr Männer haben«, rief er heiser, »doch das Schicksal entscheidet über den Sieg, nicht die Zahl der Kämpfer. Ich schwöre, dass ich keinen Schritt zurückweichen werde. Ich werde triumphieren oder sterben!«

Jetzt streckten seine Leibwächter sein persönliches Banner in die Luft, die Seeschlange. Darunter bildeten Olafs erfahrenste Krieger einen Keil, die ideale Formation, um den Schildwall des Feindes zu durchbrechen.

Neben ihm standen seine engsten Gefährten: sein Thane Thord Folason, sein Marschall Björn der Bär sowie sein lieber Freund, der junge Rognvald Brusason, bekannt für sein seidiges blondes Haar. Doch als Harald sich ihnen anschließen wollte, hob Olaf seine Hand.

»Nein«, sagte er. »Du bist noch zu jung.«

Haralds Miene verdunkelte sich. »Ich bin nicht zu jung, um zu kämpfen«, erwiderte er trotzig. »Und wenn ich zu schwach bin, mein Schwert zu schwingen, dann könnt ihr meine Hand ja am Griff festbinden.«

Für einen Moment dachte Olaf schweigend nach – dann nickte er seufzend.

Harald nahm seinen Platz in der keilförmigen Formation ein, ein paar Reihen hinter seinem Bruder. Trotz seiner Tollkühnheit spürte er, wie sich seine Schultern vor Anspannung verkrampften.

Er spähte zur Seite, wo ihm sein Nebenmann aufmunternd zuzwinkerte. Es war Ulf der Isländer, ein scharfsinniger und großherziger Kerl. Es war gut, so jemanden an seiner Seite zu haben, dachte Harald erleichtert.

Es war ein heißer Nachmittag. Die Luft war stickig und die Sonne brannte unbarmherzig auf sie herab.

Vor ihnen sahen sie die Feinde langsam den leichten Abhang heraufkommen. Sahen ihren dichten Schildwall und hörten die heiseren Kommandos von Tore Hund: »Vorwärts! Vorwärts!«

Die Norweger waren deutlich in der Überzahl – es mochten viermal so viele Männer sein wie sie selbst. Doch viele von ihnen waren nur einfache Bauern, dachte Harald, die sich mit Knüppeln und Messern bewaffnet hatten. Mit denen würden ihre Söldner doch wohl kurzen Prozess machen?

Dann gellte Olafs Schlachtruf in ihren Ohren: »Vorwärts, ihr Männer Christi! Vorwärts, ihr Männer des Kreuzes! Vorwärts, ihr Männer des Königs!«

Mit frenetischem Brüllen kreuzten sie ihre Schwerter und Speere und begannen, den Hügel hinunterzulaufen, mit jedem Schritt selbstgewisser, immer schneller und schneller, dem Zentrum der feindlichen Verteidigungslinie entgegen.

Dann war die Luft voller Pfeile und Speere. Haralds Herz schlug wie wild, seine Kehle war trocken vor Angst, und seine Hand krampfte sich um den Griff seines Schwertes …

▪

Wie ein Sturm über den Wald herfällt, so warfen sich Olaf und Harald in die feindliche Verteidigungslinie. Männer fielen auf beiden Seiten, Scherben, Splitter und Blut klatschten ihnen ins Gesicht.

Für einen Moment schien die norwegische Verteidigung unter dem Ansturm zu wanken und nachzugeben, doch sie brach nicht auseinander. Stattdessen wuchs der Druck der Norweger, die ihre Überzahl jetzt dazu nutzten, Olafs Männer zu umringen und förmlich zusammenzuquetschen.

Mehr Wurfgeschosse regneten herab – Speere, Pfeile, Messer und Wurfäxte. Der Untergrund war rutschig vom vielen Blut geworden. Harald verlor kurz das Gleichgewicht und wurde von einer Hand wieder nach oben gezogen – Ulf der Isländer grinste ihn mit zusammengepressten Lippen an.

Erneut hob Olaf die Stimme und trieb seine Männer zum nächsten Angriff an. Die Seeschlange flatterte stolz über seinem Kopf. Aus dem Augenwinkel heraus sah Harald die furchterregende Gestalt von Tore Hund, der sich mit gefletschten Zähnen und grimmigem Lachen den Weg in Richtung seines Bruders bahnte. Von seinem Speer tropfte das Blut.

Just in diesem Moment – der Ausgang der Schlacht hing am

seidenen Faden – verkündeten die Mächte des Schicksals ihren Urteilsspruch.

»Plötzlich«, sagten die Skalden, »wurden Himmel und Sonne rot, dann schwarz wie die Nacht.« Der Mond hatte sich vor die Sonne geschoben: eine fast vollkommene Sonnenfinsternis, die das Schlachtfeld dunkel wie ein Grab erscheinen ließ.

Die Bauernarmee stieß markerschütternde Schreie aus. Sie wussten alle, was das bedeutete. Die Götter hatten entschieden: Der König musste sterben.

Mit frischem Mut stürmten sie voran, umzingelten mit ohrenbetäubendem Gebrüll ihren früheren König, ihre Gesichter von rasender Wut verzerrt.

Olaf hieb nach Tore Hund. Doch wie es bei den Skalden heißt, »schien Staub von seinem Rentierumhang aufzusteigen« und Olafs Schwert glitt einfach an ihm ab. Thorstein der Schiffbauer hieb mit seiner Axt nach Olafs Bein. Der König ließ wankend sein Schwert fallen und schrie Gott um Hilfe an.

Und genau in diesem Augenblick stieß Tore Hund seinen Speer unter Olafs Kettenhemd und zog ihn bis zur Brust hinauf. In einem Schwall schoss das Blut aus der Wunde und es war vorbei.

■

Harald schlug die Augen auf. Er lag auf dem Boden und verspürte einen stechenden Kopfschmerz. Sein linkes Bein war mit klebrigem Blut bedeckt.

Mühsam rappelte er sich auf. So weit sein Auge reichte, war er von Leichen umgeben. Der Kampf schien vorüber zu sein. Aber er hatte keine Erinnerung daran, warum er gestürzt und liegen geblieben war. Er sah sich nach Ulf dem Isländer um, konnte ihn aber nirgends entdecken.

Eine Hand fasste ihn an der Schulter. Eine Stimme flüsterte ihm etwas ins Ohr, sagte ihm, dass der König gefallen sei und sie sich beeilen müssten, von hier zu verschwinden.

Unter qualvollem Schmerz drehte Harald den Kopf und sah Rognvald Brusason, den Freund seines Bruders. Sein Gesicht war mit Dreck verschmiert. Er nickte stumm, und sie schwankten, sich gegenseitig stützend, davon.

Als die Abenddämmerung hereinbrach, stolperten zwei ramponierte Gestalten in den Wald. Humpelnd kämpften sie sich voran, bis sie die Hütte eines Försters erreichten.

Harald war so erschöpft, dass er kaum sprechen konnte, also übernahm Rognvald das Reden. Seine Stimme war leise und eindringlich. Der alte Bauer hörte schweigend zu, dann trat er zur Seite und ließ sie eintreten.

Harald hatte keine Ahnung, wie lange sie geschlafen hatten. Als er aufwachte, versorgte der alte Mann seine Wunden, neben sich eine Schale mit Kräutern und Salben.

Nach ein paar Tagen zog Rognvald weiter gen Westen. Doch der Bauer war einverstanden, dass Harald blieb, bis er sich erholt hatte, da er mit seinem schwer verletzten Bein ja schlecht bis nach Schweden humpeln konnte.

Als er reisefähig war, machte sich Harald mit dem Sohn des Bauern, der angeboten hatte, ihn durch die unbekannten Wälder zu begleiten, auf den Weg. Sie liefen wochenlang, mieden die großen Wege und hielten sich im Schatten der Bäume. Als es schließlich zu schneien begann, stiegen sie von den Bergen hinab, überquerten die Grenze nach Schweden und sahen in der Ferne die Ostsee schimmern.

Den Winter verbrachte Harald bei Rognvald, saß oft an der Feuerstelle und grübelte. Abend für Abend blieben sie lange wach und redeten über die Schlacht bei Stiklestad, über die Verdunkelung der Sonne und Olafs letzten Kampf.

Doch als der Frühling kam, bestiegen sie ein Boot und segelten gen Osten, ins Land der Rus.

18

Bis zum goldenen Tor

Über tausendsechshundert Kilometer segelten Harald und Rognvald in südöstliche Richtung.

Sie überquerten die Ostsee und den Finnischen Meerbusen, bis sie die Mündung der Newa erreichten. Auf der Newa brauchten sie ein paar Tage, bis sie zum geschäftigen Flusshafen Staraja Ladoga kamen, einst sumpfiger Außenposten der ersten Kolonisten, der inzwischen nicht wiederzuerkennen war.

Die Stadt zog vorüber und die Wälder wichen weitem, flachem Marschland. Am Westufer erblickte Harald einen hohen Erdhügel, über dem Krähen kreisten.

»Das Grab von Rurik«, murmelte Rognvald.

Immer weiter kamen sie auf der Wasserstraße nach Süden voran, zuerst nach Nowgorod, dann nach Gnjosdowo und ins Kernland der Wikinger im Osten. Auf dem Fluss war viel Verkehr: niedrige Lastkähne, die Getreide, Felle und Bernstein transportierten; lange Kanu-Einbäume voller Sklaven.

Schließlich weitete sich der Fluss. Auf den Anhöhen auf der rechten Seite sah Harald hohe weiße Mauern, die zur großen

Festung der Rus in Kiew gehörten. Rognvald befand, dass man hier vor Verfolgern sicher sein sollte.

Nachdem sie ihr Boot vertäut hatten, nahmen die beiden Männer den gewundenen Weg durch das wimmelnde Hafenquartier, bahnten sich ihren Weg durch die Händler und Standbesitzer, Bettler und Diebe. Während sie den Hügel hinaufstapften, saugte der junge Harald alles in sich auf: die Tavernen, den Basar, das Chaos und den Trubel der größten Stadt, die er je gesehen hatte.

Dann ragte die innere Stadtmauer vor ihnen auf, deren riesiger Durchgang von zwei goldenen Torflügeln verschlossen war. Das, sagte Rognvald, sei das Goldene Tor, das der Großfürst hatte anfertigen lassen, um die Besucher an seine Macht und seinen Reichtum zu erinnern.*

Rognvald quetschte sich zwischen den Leuten hindurch und redete auf eine Wache ein. Dann sah Harald, wie sein Freund in einen Beutel griff und eine glänzende Silbermünze herauszog. Der Wächter nickte ihnen zu, worauf die Flügel des Goldenen Tores aufschwangen. Harald fühlte sich wie in einem Traum, als er durch den riesigen Torbogen aus Ziegeln schritt – dann waren sie drin.

■

---

* Das Goldene Tor war eines von drei großen Toren in Kiew. Heute kann man dort eine Rekonstruktion davon sehen.

Der Großfürst empfing sie am nächsten Tag. Er saß auf einem großen Thron am Ende eines langen, hallenden Saals.

Jaroslaw der Weise war eine imposante Erscheinung. Sein Blick war wach und klug und sein roter Bart mit grauen Haaren durchsetzt. Rognvald flüsterte, er habe seinen Thron mit dem Schwert errungen und seine Brüder besiegt, um die Nachfolge seines Vaters Wolodymyr anzutreten.

Der Großfürst wurde von bleichen und ernsten Mönchen eingerahmt. Seine Frau, Königin Ingegerd, die in Schweden geboren war, saß nur wenige Schritte entfernt. Als sie Rognvald erblickte, huschte ein vages Lächeln über ihr Gesicht.

Die beiden Männer knieten vor dem Thron nieder. Erneut übernahm Rognvald die Konversation.

Er habe dem Großfürsten schon früher gedient, begann er mit ernster Stimme, als er mit König Olaf in Kiew gewesen sei. Doch Olaf sei von Verrätern auf einem norwegischen Schlachtfeld erschlagen worden.

Nun bitte er erneut darum, der Armee der Rus beitreten zu dürfen. Und diesmal habe er den Bruder des ehemaligen Königs – Harald, Sohn des Sigurd – mitgebracht, einen tapferen und willigen Krieger, der noch dazu mit Königin Ingegerd selbst entfernt verwandt sei.

Jaroslaw nickte bedächtig. »Willkommen, Stammesgenosse«, sagte er dann. Harald fiel die tiefe Stimme und der starke slawische Akzent des Großfürsten auf, er verstand ihn aber ohne Probleme.

»Wir sind froh, einen Krieger aus dem Land unserer Vorfahren bei uns zu haben«, fuhr er fort. »Wenn du nur halb so tapfer wie dein Bruder bist, können wir uns glücklich schätzen.«

So trat der sechzehnjährige Harald in den Dienst des Großfürsten von Kiew. In den nächsten drei Jahren diente er in der Armee der Rus und verwüstete die Gebiete der Polen und der Petschenegen.

Die langen Belagerungen unterschieden sich grundlegend von den blitzartigen Raubüberfällen der Wikinger. Doch schon als Teenager erwies sich Harald als geborener Anführer, der eine Spur niedergebrannter Städte zurückließ. Oder wie es später einer seiner Skalden formulieren sollte:

Unser tapferer König ging in das Land der Rus,
tapferer als er ist niemand auf Erden;
sein scharfes Schwert bereitet ein Festmahl,
den Wölfen und Raben im Osten.

■

An Haralds achtzehntem Geburtstag ernannte ihn Jaroslaw zum Befehlshaber der fürstlichen Huscarls. Seinen Waffenbrüdern schien er ein Mann zu sein, der eine große Karriere vor sich hatte.

Doch er war ruhelos. Wenn er nachts in den Sternenhimmel schaute, wanderten seine Gedanken oft zu den Fjorden seiner norwegischen Heimat.

Er fragte sich, wer jetzt König von Norwegen sein mochte. War es Knut? Oder war auch Knut bereits Geschichte?

Er sollte der König von Norwegen sein, dachte er verbittert. Nach Olafs Tod war er der rechtmäßige Thronerbe. Nun brauchte ein König aber natürlich eine Braut – doch glücklicherweise gab es hier in Kiew genau die richtige Kandidatin …

Jaroslaw und Ingegerd hatten eine Tochter: Elizaveta oder Ellisif, wie die Nordmänner sie nannten. Mit ihren neun Jahren war sie deutlich jünger als Harald. Doch in königlichen Familien wurde oft früh geheiratet und ein solcher Altersunterschied war damals eigentlich nicht der Rede wert.

Es ist nur ein einziges Bild von Ellisif erhalten geblieben. Ein verblichenes Wandgemälde in der Kiewer Sophienkathedrale zeigt sie neben ihrer Mutter und ihren Schwestern: ein rankes, schlankes Mädchen mit bleichem und ernstem Gesicht.

Schließlich fasste sich Harald ein Herz. Nach dem Morgengebet ging er vor Jaroslaw und Ingegerd auf die Knie und bat untertänig um die Hand ihrer Tochter.

Für einen Moment saß Jaroslaw schweigend da und sah Harald durchdringend an. Dann beugte er sich vor und sagte mit ernster Stimme: »Das ist ein guter Vorschlag und scheint mir angemessen. Doch derzeit hast du keine Mittel, um einer königlichen Gemahlin etwas zu bieten, da du kein eigenes Land besitzt.

Ich sage also nicht Ja und ich sage auch nicht Nein. Mir scheint, dass du eines Tages ein großer Mann sein wirst. Wenn dieser Tag gekommen ist, dann frage mich noch einmal.«

Harald nickte. Er war enttäuscht, doch so halb hatte er damit gerechnet. Und er wusste genau, was er jetzt tun musste.

Am nächsten Morgen verließ er die Stadt in Richtung Miklagard.

■

An einem heißen, sonnigen Spätsommermorgen im Jahr 1034 glitt Haralds Schiff in den Hafen von Konstantinopel.

Sein ganzes Leben hatte er davon geträumt, das Neue Rom kennenzulernen, die reichste und prächtigste Stadt Europas. Doch als er die erhabenen Kuppeln und majestätischen Kirchen erblickte, schnappte er ungläubig nach Luft. Hiermit verglichen, dachte er, war Kiew nur ein Dorf!

So schlenderte er mit großen Augen durch die Stadt und ließ alles auf sich wirken: Kaufleute und Handwerker, Wahrsager und Tänzerinnen, Bibliotheken und Badehäuser, Armenviertel und Trinkhöhlen.

Hier war die Kirche der heiligen Weisheit mit ihrer berühmten Kuppel. Hier war das Bronzetor, das Vorbild des Großen Tores von Kiew.

Und jenseits davon der Kaiserpalast – eine »Stadt in der Stadt«, ein riesiger Komplex aus Innenhöfen, Gärten, Pavillons und Kirchen …

Wie Harald wusste, war der Palast berüchtigt für seine mörderischen Intrigen. Der gegenwärtige Kaiser, der gut aussehende Michael IV., saß erst seit wenigen Monaten auf dem Thron, doch schon tuschelten die Leute von einem Zerwürfnis zwischen ihm und seiner Frau Zoe.

Zoe – Tochter und Nichte von Kaisern – hatte, so ging das Gerücht, angeblich ihren früheren Ehemann vergiftet. Jetzt war sie Ende fünfzig, skrupellos und immer noch eine atemberaubende Schönheit.

»Sie hatte Haare von Gold«, schrieb ein Höfling, »und die Blässe ihrer Haut ließ ihren Körper schimmern. Wer sie nicht kannte, hielt sie für eine junge Frau. Auf ihrer samtenen Haut zeigte sich keine Unebenheit, kein Fältchen.«

Doch als Harald jetzt auf das große Bronzetor zulief, verschwendete er keinerlei Gedanken an irgendwelche Gerüchte. Sein Ziel lag gleich hinter dem Tor: die Kaserne der Warägergarde, wo ehrgeizige junge Norweger ihr Glück suchten.

Vor der Kaserne warteten bereits mehrere Männer in einer Schlange, ihre Äxte auf dem Rücken. Der letzte von ihnen warf ihm über die Schulter hinweg einen Blick zu. Harald erkannte ihn sofort. Es war Ulf der Isländer!

Ulf stieß einen lauten Freudenschrei aus und drückte Harald an sich. Dann hieb er seinem Nebenmann auf die Schulter und stellte ihn als Halldor, seinen Vetter, vor. Halldor, meinte Ulf, mache nicht viele Worte, aber wenn er rede, lohne sich das Zuhören. Außerdem vertrage Halldor mehr Bier als jeder andere.

In den nächsten Tagen wurden Harald, Ulf und Halldor dicke Freunde. Einquartiert waren sie in der Nähe der großen Sportanlage, dem Hippodrom. Sie verbrachten ihre Tage bei

Schwert- und Axtkämpfen und die Abende in den Tavernen am Hafen.

Als der Herbst kam, führte ihr Hauptmann sie an den Kai, wo eine ganze Flotte von Transportschiffen vor Anker lag. Sie sollten in der Ägäis stationiert werden, um den Piraten den Garaus zu machen, die seit Jahren die Dörfer der griechischen Küste angriffen.

Das war der wirkliche Beginn von Haralds Karriere als kaiserlicher Soldat. Die nächsten sechs Monate waren turbulent und anstrengend: Mal ging es volle Kraft voraus per Galeere in die Schlacht, mal stürmten sie in der Morgendämmerung auf eine Insel, um eine feindliche Burg zu erobern. Wenige Feinde überlebten den Hieb seines Schwertes.

Dann wurde er an einen Ort versetzt, der sich in der heutigen Osttürkei befindet. Die kaiserliche Armee verschanzte sich vor der von Sarazenen beherrschten Stadt Berkri. Bei sengender Hitze verrichteten sie ihre staubige und schmutzige Arbeit. Doch als Harald und seine Kameraden schließlich den entscheidenden Vorstoß in die Stadt anführten, brach in ihrem Lager ein ohrenbetäubender Jubelsturm los.

Von diesem Moment an verbreitete sich Haralds Ruhm in Windeseile. »Alle Waräger versammelten sich hinter ihm«, heißt es in einer Saga, »und in der Schlacht kämpften sie alle wie ein Mann.«

Sein nächster Stationierungsort war noch aufregender. Der Kalif al-Hakim, der Nordafrika, Ägypten und das heutige Israel regierte, hatte sich einverstanden erklärt, dass der byzantinische Kaiser eine Gruppe von Gelehrten und Handwerkern in die Heilige Stadt Jerusalem schickte.

Ihr Ziel war die Grabeskirche, also der Ort, an dem Jesus Christus gekreuzigt und wiederauferstanden war. Für Christen war dies einer der heiligsten Orte auf Erden, doch die Kirche war marode und halb verfallen.

Es war die Aufgabe der kleinen Delegation, die Kirche wiederaufzubauen. Da der Weg nach Jerusalem aber voller Banditen war, kam Harald und den anderen Warägern die Aufgabe zu, sie zu beschützen.

Für den jungen Mann von den norwegischen Fjorden war dies die Reise seines Lebens. Die hohen Mauern der heiligsten Stadt von allen, die Stelle, an der Christus über den Tod triumphiert hatte – das war ein Abenteuer, das die Vorstellungskraft vieler Wikinger überschritt.

Doch als Harald an Jesu Grab kniete und betete, waren seine Gedanken ganz woanders. Er konnte nicht anders, als immer wieder an seine norwegische Heimat und seinen rechtmäßigen Anspruch auf den Thron zu denken.

Doch, so dachte er traurig, die Aussichten auf eine Heimkehr standen schlecht. So viele Feinde galt es zu bekämpfen, so viele Schlachten zu gewinnen …

Im Sommer 1038 waren die Waräger nach Sizilien versetzt worden, wo die kaiserliche Armee einen erbitterten Kampf gegen die Araber führte. Erneut war es eine blutige und kräftezehrende Angelegenheit. Belagerung folgte auf Belagerung, es gab fürchterliche Krankheiten und niederträchtigen Verrat auf beiden Seiten.

Danach verbreiteten sich Legenden über Haralds Taten wie Lauffeuer. So hieß es, er habe eine uneinnehmbare Stadt erobert, indem er sich durch einen Berg direkt in genau den Saal gegraben habe, in dem der Feind gerade ein Fest feierte. Es habe dann ein furchtbares Gemetzel gegeben, der siegreiche Harald und seine Mannen hätten das Stadttor geöffnet – und dann an Ort und Stelle ihren Sieg reichlich begossen.

Es gab auch eine Geschichte über die Eroberung von Syrakus, der am besten verteidigten aller arabischen Städte. Hier hatte sich Harald den Sagas zufolge Einlass verschafft, indem er Gerüchte über seinen Tod gestreut und die Verteidiger anschließend überredet hatte, die Stadttore zu öffnen, damit er auf geheiligtem Boden beerdigt werden könne.

Angeblich hatte er persönlich den Sarg getragen, während Ulf und Halldor an seiner Seite gingen. Dann hatte er plötzlich sein Schwert gezogen und die Tore aufgestoßen, worauf die übrigen Waräger in die Stadt gestürmt waren. Eine Saga fährt lapidar fort: »Sie töteten alle Männer, plünderten alles und häuften einen enormen Berg Beute an.«

■

Im Sommer 1041 kehrte Harald nach Konstantinopel zurück. Er war sechsundzwanzig Jahre alt. Sein Körper von Kriegsnarben übersät, seine Haut braun gebrannt. Er hatte schon lange aufgehört zu zählen, wie viele Männer er getötet hatte. Sein Gesicht war grimmig, sein Blick hart.

Inzwischen kannte ihn jeder als »Donnerkeil aus dem Norden«. Und niemand war überrascht, als er den dunkelroten Umhang des Kaisers als Auszeichnung für seine Verdienste erhielt.

Doch er war geschockt, dass der einst so attraktive Michael IV. nicht wiederzuerkennen war. Der Körper des byzantinischen Kaisers war aufgeschwemmt von all dem Wasser, das sich unter seiner Haut angesammelt hatte. Und obwohl sie alles versuchten, fanden die Ärzte kein Mittel dagegen.

Im Herbst raffte sich Michael zu einem letzten Feldzug auf. Mit Harald an seiner Seite führte er seine Truppen gegen die Bulgaren an der Nordgrenze des Reichs, nahm deren Feldherrn gefangen und riss ihnen die Augen heraus.

Wie immer befehligte Harald seine Männer mit unbeirrter Entschlossenheit. Danach überreichte ihm Michael ein goldenes Schwert und ernannte ihn zum *Spatharokandidatos* – eine hohe Auszeichnung, die nur wenigen Ausländern zuteilwurde.

Doch Michaels Tage waren gezählt. Seine Finger waren so geschwollen, dass jeder »so dick und groß wie der Arm eines Mannes war«, sein Gesicht so aufgedunsen, dass seine eigenen Freunde ihn fast nicht mehr erkannten.

Am 10. Dezember 1041 tat der Kaiser seinen letzten Atemzug. Wie immer in Konstantinopel war der Tod des einen Herrschers mit dem Aufstieg des nächsten verknüpft – wenngleich sich nur wenige vorstellen konnten, wie blutig es hinter den Kulissen tatsächlich zuging.

In ihrem verzweifelten Bestreben, an der Macht zu bleiben, hatte Michaels Verwandtschaft einen Heiratskandidaten für die Kaiserin aus dem Hut gezaubert, der nach ihm den Thron besteigen sollte. Es war der Neffe des letzten Kaisers, ein weiterer ansehnlicher junger Mann. Um die Verwirrung noch größer zu machen, hieß auch er Michael.

Nur drei Tage nach dem Tod von Michael IV. wurde also Michael V. zum Kaiser gekrönt. Und obwohl er so tat, als sei er in die alternde Königin verliebt, fand er sie regelrecht abstoßend.

Die Wochen vergingen und seine Abneigung wurde immer offensichtlicher. »Er hatte sie Geliebte genannt«, schrieb ein Chronist, »doch jetzt führte allein der Gedanke an sie dazu, dass er sich vor Ekel am liebsten die Zunge abgebissen hätte.«

Harald, der alles aus der Distanz mitansah, war klar, dass etwas schrecklich falsch lief. Die Anspannung wuchs von Tag zu Tag. An Ostern brach der Sturm schließlich los.

Am Abend des 18. April befahl Michael seinen Gefolgsleuten, Zoe aus dem Bett zu zerren. Sie rissen ihr die seidenen Gewänder herunter, schnitten ihr die goldenen Haare ab und warfen sie in Ketten auf ein Boot, das sie in ein Kloster außerhalb der Stadt bringen sollte.

Dort, sagte Michael verächtlich, könne sie den Rest ihrer elenden Tage als Nonne verbringen. Weder er noch irgendjemand sonst würde sie vermissen.

Leider hatte Michael die Stimmung in der Stadt vollkommen falsch eingeschätzt. Am nächsten Tag strömten die Leute auf den Straßen zusammen und riefen: »Wir wollen unsere Mutter Zoe zurück!«

Michael geriet in Panik und schickte seine Schergen zum Kloster, um seine Frau zurückzuholen. Doch als sie wieder in die Stadt gebracht wurde, war die Situation bereits außer Kontrolle geraten.

Der aufgebrachte Mob belagerte den Palast und forderte Michaels Kopf. Derweil rannte der entsetzte Kaiser um sein Leben und suchte Zuflucht in einem anderen Kloster unweit der Stadtmauern.

Dann – über dem Palast stieg bereits Rauch auf – musste Harald sich entscheiden. Er war der angesehenste Befehlshaber der Stadt. Welche Wahl er auch immer traf, die Gefolgschaft der Waräger war ihm sicher. Michael oder Zoe? Die Antwort hätte offensichtlicher nicht sein können.

Als die Menge Zoe auf ihre Schultern nahm und durch die Straßen trug, war Harald dicht hinter ihr. Und als die Königin schrie, ihr Mann müsse bestraft werden, war es Harald, der vortrat und sich zur Verfügung stellte.

Als die Waräger das Kloster erreichten, in das der Kaiser geflüchtet war, hatten die Aufständischen bereits die Kapelle aufgebrochen und zerrten den schluchzenden Michael nach draußen. Nachdem er seinen Männern befohlen hatte, den Platz zu räumen, zog Harald seinen Dolch und trat vor.

»Nein!«, schrie Michael. »Nein!«

Doch Harald, Sohn des Sigurd, kannte keine Gnade. Die Klinge blitzte in seiner Hand. Es dauerte nur einen Moment.

Als Harald zurücktrat, lag Michael stammelnd und zusammengekrümmt auf dem Boden. Als er den Kopf hob, ging ein Raunen durch die Menge. Dort, wo seine Augen gewesen waren, befanden sich nur noch zwei blutende Löcher.

In aller Ruhe wischte Harald die Klinge seines Dolchs sauber. Dann kehrte er mit seinen Männern in den Palast zurück, als wäre nichts geschehen.

■

Michael starb wenige Monate später. Er hatte sich nie richtig vom Verlust seiner Augen erholt und verbrachte die letzten Tage seines Lebens klagend in einer Klosterzelle.

Nach außen hin schien Zoe die unerschütterliche Herrscherin Konstantinopels zu sein. Doch hinter verschlossenen Türen lehnte sie an Haralds Schulter und überschüttete ihn mit Gold.

Ihr nächster Ehemann war ein gut aussehender Aristokrat, der als Monarch den Namen Konstantin IX. annahm. Da ihm Michaels Schicksal eine Lehre war, achtete er darauf, sich Haralds Loyalität zu sichern, und machte ihn auch offiziell zum Kommandanten der Warägergarde.

Für Harald waren es Tage des Ruhms. Mit nicht einmal dreißig Jahren hatte er eine Karriere hingelegt, die sich kaum ein Wikinger hätte vorstellen können. Mit seinen sonnengebleichten

Haaren und seinem stattlichen Äußeren war er das Idol der Massen und wurde umjubelt, wo immer er sich in Konstantinopel zeigte. Der Kaiser des Neuen Rom ließ sich von ihm beraten und die Kaiserin las ihm jeden Wunsch von den Augen ab.

Noch dazu war er unermesslich reich geworden. Jeden Monat sandte er Truhen voller Gold flussaufwärts zu Jaroslaw, der sich bereit erklärt hatte, Haralds Vermögen zu hüten. Eines Tages, dachte er lächelnd, würde er der reichste Mann in Norwegen sein.

Doch als alles perfekt zu sein schien, nahm sein Leben eine unheilvolle Wendung.

Harald träumte zwar davon, nach Kiew zurückzukehren und erneut um Ellisifs Hand anzuhalten, doch auch er war nur ein Mensch. Und als er eines Tages durch den Palast spazierte, fiel sein Blick auf eine Adlige mit rabenschwarzem Haar und tiefem, ausdrucksvollem Blick.

Als er einen Hofbeamten nach ihrem Namen fragte, lachte dieser leise in sich hinein. Das sei Maria Skleraina, die Geliebte des Kaisers, das wisse Harald doch wohl.

Jeder im Palast hätte bestätigt, dass Maria elegant, kultiviert, charmant und klug war. »Sie hatte eine wundervolle Stimme, ein vortreffliches Vokabular und eine äußerst einnehmende Art, eine Geschichte zu erzählen«, schrieb ein Höfling. »Mit ihrem Wesen und ihrer Geistesgegenwart hätte sie ein Herz aus Stein zum Schmelzen bringen können.«

Schon bald war Harald unsterblich verliebt. Und nur Wochen

später fragte er Zoe offiziell um Erlaubnis, Maria heiraten zu dürfen.

Zoe starrte ihn mit plötzlicher Kälte an. »Nein«, sagte sie knapp.

Niemand wird je erfahren, was der Kaiserin durch den Kopf ging. Vielleicht war sie selbst in Harald verliebt. Wahrscheinlicher ist es jedoch, dass ihr der Gedanke missfiel, seine Loyalität mit jemandem teilen zu müssen – nach allem, was sie mit ihrem letzten Ehemann durchgemacht hatte.

Leider konnte Harald seine Leidenschaft für Maria nicht kontrollieren. Des Öfteren sah man ihn um ihr Schlafgemach herumstreichen wie einen verliebten Schuljungen.

Der Kaiserin blieb dies nicht lange verborgen. Und so »wuchs und wuchs ihr Hass«, wie die Skalden schrieben, bis sie eines Tages die Beherrschung verlor.

Eines Tages wurde Harald von einem Hämmern an seiner Tür geweckt. Und als er dann, gähnend und sich die Augen reibend, die Wachen in seiner Tür sah, wusste er sofort, was das zu bedeuten hatte.

Sie nahmen sein Schwert und banden ihm die Hände zusammen. Dann stießen sie ihn einen Gang entlang und eine Treppe hinunter, bis sie draußen im kalten Morgenlicht standen.

Hinter sich hörte er jemanden rufen. Auch Ulf und Halldor wurden nach draußen gezerrt. Zoe hatte offenbar vor, sich die Offiziere der Warägergarde mit einem Schlag vom Hals zu schaffen.

Die Soldaten führten sie die Straßen entlang, und allmählich schwante Harald, wohin sie gebracht werden sollten: nach Noumera, ins berüchtigtste Gefängnis der Stadt. Ein Ort des Rauchs, der Finsternis und des Grauens, den nur wenige wieder verließen, ohne an Leib und Seele verkrüppelt zu sein.

Sie wurden durch das Tor geschoben, an dem ein riesiger, schwitzender Gefängniswärter stand – sein Gesicht zu einem höhnischen Grinsen verzogen. Danach war nur noch Dunkelheit.

Die Wachen stießen Harald zuerst hinein, dann Halldor, dann Ulf. Glücklicherweise ging es nicht so tief hinunter, wie er erwartet hatte. Er landete auf etwas Weichem, das unter seinen Füßen nachgab. Als er sich aufrappelte, wurde ihm klar, dass es ein verwesender menschlicher Körper war.

Er tastete ins Dunkel und fühlte noch mehr Leichen. Ihm ging durch den Kopf, dass sie hier vom Tod umgeben waren …

Ein Geräusch ließ ihn herumfahren. In der Mitte der Zelle schien ein Rinnsal zu plätschern. Es roch scharf und beißend. Ein Geruch von Fäulnis. *Nein, da war noch etwas anderes …*

»Na ja«, seufzte Halldor. »Ist sicher nicht das beste Quartier, in dem ich jemals genächtigt habe. Aber irgendwie hätte es auch noch schlimmer kommen können.«

Dann sahen sie die Schlange.

»Es *ist* schlimmer«, sagte Harald.

19

Die Rückkehr des Königs

Die Schlange lebte schon sehr lange hier, zusammengerollt im schwarzen, dreckigen Wasser, aufgedunsen von den Gefangenen der Kaiserin.

Groß war sie – riesengroß; einem Albtraum entsprungen, gierig, ohne Mitleid. Sie wusste, dass Neuankömmlinge da waren – jetzt reckte sie den Kopf.

Sie schälte sich aus dem Halbdunkel, ihre gelben Augen waren voller Hass, auf ihren Zähnen glitzerten Gifttröpfchen, und ihre gespaltene Zunge zuckte erwartungsvoll.

Harald reagierte blitzschnell. Er tastete zwischen den weichen Leibern nach einer Waffe, fand ein abgebrochenes Stück Holz.

Doch die Schlange war schneller. Plötzlich war sie über ihm, wand sich eng um seine Brust, zog ihn nach unten, dem Wasser entgegen, quetschte förmlich die letzte Luft aus seinen Lungen …

Mit wutentbranntem Brüllen stürzten sich Halldor und Ulf auf die Schlange und versuchten, ihre Haut zu fassen zu bekommen. Für eine Moment bekam Harald seinen rechten Arm frei – und als der Kopf der Schlange auf ihn zuschoss, stieß er ihr das Stück Holz zwischen die weit aufgeklappten Kiefer.

Die Schlange zuckte hin und her, wie verrückt vor Wut und Schmerz. Immer noch nach Luft schnappend, griff Harald nach seinem Stiefel.

Die Wachen hatten nicht daran gedacht, seinen rechten Stiefel zu durchsuchen, in dem er stets einen kleinen Dolch versteckt hielt. Mit einer schnellen Bewegung zog er ihn hervor und versenkte die Klinge im Körper des Untiers.

Die Schlange machte ein grässliches, grelles, zischendes Geräusch, löste sich von ihm und sank zuckend zu Boden. Wieder und wieder stieß er das Messer in das Tier. Heißes, schwarzes Blut spritzte ihm ins Gesicht. Immer noch stach er zu, während ihm Tränen der Verzweiflung über die Wangen liefen …

Dann spürte er Ulfs Hand auf seinem Arm und hielt inne. Das Zucken und Winden war vorbei. Die Schlange lag tot zu seinen Füßen.

Und mit einem langen, zitternden Seufzer der Erleichterung fiel er seinen Freunden in die Arme.

▪

Den ganzen Tag und die ganze Nacht hockten sie im Kerker. Ohne Licht, ohne Essen, ohne Wasser. Die Lage schien hoffnungslos zu sein.

Harald kannte Zoe zu gut, um auf ihre Milde zu hoffen. Das Beste, was sie erhoffen konnten, war eine schnelle Hinrichtung.

Allerdings war es wahrscheinlicher, dass Zoe sie einfach verrotten ließ.

Er hatte schon jedes Zeitgefühl verloren, als er ein Wispern an der Tür hörte. Eine Stimme – die Stimme einer Frau!

»Wollt ihr gerettet werden?«, fragte die Stimme.

Ulf lachte laut auf. »Wir wären nicht unbedingt abgeneigt«, flüsterte Halldor zurück.

Im nächsten Moment fiel ihnen das verknotete Ende eines Seils auf den Kopf. Einer nach dem anderen umfassten sie es und wurden zu einer schmalen Maueröffnung hinaufgezogen, durch die man auf die Plattform eines Turms gelangte.

Dort stand eine edel gekleidete Frau, deren Gesicht verschleiert war, neben ihr zwei Diener.

»Ich bin hier«, sagte sie mit leiser Stimme, »weil König Olaf mich gebeten hat, euch zu retten. Er kam im Traum zu mir und verriet mir, wo ich euch finde. Und ich soll ausrichten, dass er euch immer beschützt hat und das immer tun wird.«

Harald stand der Mund offen. *König Olaf?* Sein Bruder, der in Stiklestad gefallen war?*

Dann schüttelte er den Kopf. Er hatte jetzt keine Zeit, um darüber nachzudenken. Sie mussten sich beeilen, ehe Zoes Wachen bemerkten, was passiert war.

---

* Das mag ein wenig unglaubhaft klingen – aber Gleiches könnte man von der Monsterschlange behaupten! In den Sagas mischen sich Realität und Fantasie und sind manchmal schwer auseinanderzuhalten.

Er dankte der rätselhaften Frau aufrichtig. Dann nickte er den anderen zu. Höchste Zeit zu verschwinden.

Wieder stand ihnen das Glück zur Seite. Die Nacht war hereingebrochen und im Schutze der Dunkelheit schlichen sie über den Hof und um die Ecke bis zu den Baracken der Waräger. Sie weckten ihre engsten Kameraden und rafften so viele Waffen und so viel Gold und Silber zusammen, wie sie tragen konnten.

Dann rannten sie: über den Hof, dem Bronzetor entgegen und vorbei an den überraschten Wachen, die erst reagierten, als es zu spät war. Sie bogen nach rechts ab – vorbei an der Cisterna Basilica und der Kirche der heiligen Weisheit, hinein ins Gewirr der Gassen, die zum Hafen hinunterführten.

Harald hörte Stimmen hinter sich und rechnete jeden Moment damit, jemanden rennen zu hören, vielleicht sogar das blecherne Scheppern der Alarmglocke.

Sie bogen um die letzte Ecke. Und dort, am Kai vertäut, lag die Antwort auf Haralds Gebete: zwei kaiserliche Galeeren, deren Ruder sorgsam an ihrem Platz lagen.

Es gab nur noch ein letztes Hindernis auf dem Weg in die Freiheit: Normalerweise war das Goldene Horn, der Hauptwasserweg der Stadt zum Bosporus, von einer großen Kette versperrt, die quer über das Hafenbecken gespannt war.

Doch auch darüber hatte sich Harald bereits Gedanken gemacht. Während seine stärksten Männer der Kette entgegenruderten und alle Sehnen anspannten, um die höchste Geschwindigkeit zu erreichen, postierten er und der Rest seiner Männer sich am Heck der beiden Galeeren.

Als das Heck der Schiffe durch ihr Gewicht nach unten gedrückt wurde, hob sich deren Bug automatisch aus dem Wasser. Eine Galeere krachte gegen die Kette und begann sofort zu sinken, doch die andere glitt über die Kette hinweg – und war frei.

Fieberhaft warfen Harald und seine Männer Taue in Richtung ihrer Kameraden von der sinkenden Galeere, die nun im dunklen Wasser trieben. Nachdem sie so viele Männer wie möglich gerettet hatten, nahmen sie Kurs in Richtung Norden – dem Bosporus, dem Schwarzen Meer und der Freiheit entgegen.

Wer die rätselhafte Frau gewesen war, hat er nie herausgefunden.

■

An einem grauen Herbsttag, als der Nebel über den Flussufern waberte, lief Haralds Schiff in den Hafen von Kiew ein.

Jaroslaw empfing seinen Stammesfreund mit offenen Armen. Denn Harald war kein halbwüchsiger Flüchtling mehr, sondern einer der berühmtesten Krieger der Welt und zudem so reich, dass mancher König vor Neid erblasst wäre.

Acht Jahre waren seit ihrer letzten Begegnung vergangen, doch Harald hatte Jaroslaws Abschiedsworte nicht vergessen. Als sie am nächsten Tag die Wehrgänge entlangspazierten, kam Harald sofort zur Sache.

»Kein Mann«, sagte er, »hat mehr Gold oder einen gewaltigeren Ruf als ich. Doch der größte Preis für mich wäre die Hand deiner Tochter.«

Jaroslaw nickte. Er hatte schon erwartet, dass Harald noch einmal fragen würde, und diesmal antwortete er mit Ja. Außerdem, fügte er lächelnd hinzu, habe ihm Harald schon so viel Geld geschickt, dass er ihm das Zehnfache des Brautgeldes bezahlen könne.

Wenige Wochen später heirateten Harald und Ellisif in der Sophienkathedrale. Während die Menge in stiller Bewunderung zusah, wurden sie mit goldenen Kronen und Blumenkränzen geehrt, ehe sie – als Symbol ihrer Verbindung – aus einem gemeinsamen Weinkelch tranken.

Vielen schienen sie das perfekte Paar zu sein. Mit seinen knapp dreißig Jahren war der große blonde Harald das Paradebeispiel eines männlichen Wikingers. Und die siebzehnjährige Ellisif war zwar so blass und ernst wie immer, jedoch selbstsicherer und anmutiger denn je.

Was Ellisif über ihren Bräutigam dachte, ist nicht überliefert. Man sollte glauben, dass sie höchst erfreut war, einen so berühmten und weit gereisten Ehemann zu bekommen, doch wir wissen es nicht.

In jedem Fall lag ihre Zukunft nicht in Kiew. Denn Harald wandte sich jetzt seinem höchsten Ziel zu – zu den Fjorden seiner norwegischen Heimat zurückzukehren und den Thron seines ermordeten Bruders einzufordern.

Nachdem der Schnee dem Frühling gewichen war und sie

nun sicher reisen konnten, bestiegen sie ein Boot in Richtung Norden. Haralds Jahre im Exil waren vorbei. Ein neues Kapitel lag vor ihm.

▪

Im Herbst 1045 landete Harald an der schwedischen Küste. Fünfzehn Jahre zuvor war er als verfolgter Rebell von hier geflüchtet. Jetzt kehrte er als König in spe zurück.

Als er die skandinavische Landschaft in Augenschein nahm – die hellen Granitfelsen entlang der Küste, die Birkenwälder, die sich bis zum Horizont ausdehnten und von einer blassen Gebirgskette gekrönt wurden –, da empfand er eine unaussprechliche Freude. Nichts hatte sich geändert.

Doch schon bald sollte ihm klar werden, dass sich während seiner Abwesenheit so einiges geändert hatte. Knut war vor zehn Jahren friedlich in seinem Bett gestorben. Und während seine Söhne um das Erbe stritten, war das große Nordsee-Imperium in sich zusammengebrochen.

In Skandinavien hatten zwei neue Kandidaten die Bühne betreten. Der eine war Magnus – Olafs Sohn, also Haralds Neffe –, der den norwegischen Thron einforderte. Der andere war Knuts Neffe Sven, der sich selbst zum König von Dänemark ausgerufen hatte.

Magnus und Sven waren sich sehr ähnlich. Beide waren umsichtige und besonnene Männer, die jeden ihrer Schritte sorgfältig abwogen.

Doch Haralds Rückkehr änderte alles. Sein Ruf, seine Krieger und vor allem sein Gold würden zwangsläufig einiges ins Ungleichgewicht bringen.

Die Geschichte der nächsten Monate ist etwas verworren. Zum vereinbarten Treffen mit Magnus in Südschweden kam Harald mit einem mächtigen Drachenschiff, kunstvoll dekoriert mit Juwelen und behangen mit edlen Stoffen, um seinen Reichtum und seine Macht zu demonstrieren.

Magnus empfing ihn betont herzlich – oder gab zumindest den Anschein. Harald erklärte, er sei zurückgekommen, um einen Teil des Königreichs zu fordern. Magnus lächelte höflich und entgegnete, er werde darüber nachdenken.

Harald war das nicht genug, also segelte er sofort nach Dänemark, um zu sehen, was Sven ihm anzubieten hatte. Magnus schickte sogleich einen Boten hinter ihm her, der Harald erklärte, Magnus wäre selbstverständlich hocherfreut, Norwegen mit Harald zu teilen, sofern ihm dieser die Hälfte seines Vermögens überlasse.

Damit war die Sache besiegelt. Auf einem großen Fest mit den norwegischen Kriegsfürsten und Großgrundbesitzern leerten Haralds Männer vor aller Augen ihre Schatztruhen, bis die Ochsenhaut-Teppiche des großen Saals vollkommen mit Goldmünzen bedeckt waren.

Trotzdem lag weiterhin eine gewissen Spannung in der Luft. Als Harald Magnus damit aufzog, dass er selbst ja nicht besonders viel Gold besaß, zeigte ihm dieser einen wunderschönen

Armreif, den er von Olaf geschenkt bekommen hatte. Doch Harald konnte nicht aufhören, ihn daran zu erinnern, dass Olaf diesen von Haralds Vater Sigurd geerbt habe und der Armreif somit eigentlich ihm, Harald, zustehe.

Daraufhin warfen sich einige der Gäste besorgte Blicke zu. Waren das die Vorzeichen eines möglichen Bürgerkriegs?

Wie der Zufall es wollte, zog sich Magnus jedoch ein heftiges Fieber zu und starb zwei Jahre später im Herbst 1047. Für Harald war der Weg zum norwegischen Thron damit frei.

Die Schlacht von Stiklestad war inzwischen siebzehn Jahre her. Siebzehn Jahre, seit er hilflos auf dem von Leichen übersäten Schlachtfeld gelegen hatte. Siebzehn Jahre, seit er in die Wälder geflohen war und sich in der Hütte eines Bauern versteckt hatte.

Nun hatte er den Gipfel des Ruhms erklommen und war der unangefochtene Herrscher über Norwegen. Noch Generationen später würden die Skalden seinen Namen preisen, so dachte er zumindest.

Ein bescheidenerer Mann als er hätte sich damit zufriedengegeben. Doch für Harald war der Gedanke, es sich auf dem Thron bequem zu machen, undenkbar.

Was dem Leben einen Sinn gab, waren seiner Meinung nach nicht friedlicher Handel und Ruhe und Ordnung. Danach mochten Bauern und Priester streben.

Was einen wahren Helden ausmachte – da war er sich ganz sicher –, war seine unstillbare Abenteuerlust. Der Nervenkitzel der Schlacht, die Euphorie des Tötens, der Ruhm des Sieges – *das* war der Geist des Nordens!

Harald wandte sich also in Gedanken schon wieder der nächsten Eroberung zu. An Bord des größten Kriegsschiffs, das die Welt je gesehen hatte – der *Ormen Lange* –, mit einem Drachenkopf am Bug und einem Drachenschwanz am Heck, führte er seine Flotte in den Krieg gegen die Dänen, um Sven zu stürzen und Dänemark zu erobern.

Der Krieg zog sich über Jahre. Und obwohl Sven viele Schlachten verlor, erholte er sich stets, um erneut in den Kampf zu ziehen. Die norwegische Bevölkerung hingegen ächzte unter Haralds hohen Kriegsabgaben.

Mit wachsender Frustration richtete Harald seinen Zorn schließlich gegen die eigene Bevölkerung. Als die Grundbesitzer sich weigerten, die erhobenen Steuern zu zahlen, ließ er ihre Höfe in Brand stecken.

Über ein Jahr lang zogen seine Truppen über die Berge, mordeten und verstümmelten, konfiszierten Land und versklavten Bauern. Regte sich der geringste Widerstand, wurde er brutal niedergeschlagen.

Für viele Menschen war Harald zu einer schrecklichen und gefürchteten Gestalt geworden. Sie nannten ihn *Hardrada*, den »harten Herrscher« – ein Name, der ihm bleiben sollte.

Im Frühjahr 1066 wurde er einundfünfzig Jahre alt. Der goldene Schimmer seiner Haare war längst verblichen und er verspürte eine zunehmende Steifheit in seinen Gliedern.

Und obwohl er dies niemals zugegeben hätte, fühlte er sich einsam. Sein alter Freund Halldor war nach Island zurückgekehrt und Ulf ging es nicht gut. Auch Ellisif, die ihm zwei Töchter geboren hatte, verbrachte ihre Tage meist für sich allein beim Nähen und Beten.

Wie Ragnar Lodbrok vor vielen Jahren schien er wie aus der Zeit gefallen und wartete auf das Ende. Manchmal fragte er sich, ob er je wieder das Prickeln des Abenteuers und die wilde Freude der Schlacht spüren würde.

Dann schob sich an einem wolkenlosen Sommertag plötzlich ein Schiff um die Landspitze herum und glitt in den Fjord hinein. Sein Kapitän war ein groß gewachsener boshafter Mann mit scharfer Zunge und den Gesichtszügen eines Fuchses. Er komme mit einem Angebot aus England, das Haralds Leben verändern würde, erklärte er.

Sein Name war Toste Godwinson.

■

Als Toste an diesem Abend von der Lage in England berichtete, waren Harald und seine Huscarls ganz Ohr.

Wie sie ja wüssten, sagte er, war Knut 1035 gestorben und von seinem Sohn Harald Hasenfuß beerbt worden, dessen Mutter Aelfgifu von Northampton war. Doch Hasenfuß war nach nicht einmal fünf Jahren auf dem Thron überraschend gestorben. Daraufhin war die Krone an seinen Halbbruder Hardeknut weitergereicht worden, den Knut mit Königin Emma gezeugt hatte.

Doch Hardeknut hatte auch nicht mehr Glück gehabt. Toste erzählte mit einem Lächeln, wie Hardeknut auf einer Hochzeit zusammengebrochen war, als er mit seinem Trinkhorn gerade der Braut zuprosten wollte. Warum, war ein ungelöstes Rätsel geblieben.

Na ja – auf jeden Fall hatte also auch er sich verabschiedet, woraufhin Eduard, der einzige noch lebende Sohn von Aethelred dem Unfertigen, die Krone erbte.

Eduard hatte den Großteil seines Lebens auf der Flucht verbracht. Nach dem Tod seines Vaters war der Zehnjährige in die Normandie geflohen.

Als er nach England zurückkehrte, was er fast vierzig und schien mehr Normanne als Engländer zu sein. Er war kein Krieger, sondern hatte vor allem viel gebetet, Predigten gehört und mit Mönchen geredet.*

In Regierungsgeschäften ließ er sich von Tostes Vater Godwin beraten, dem Earl von Wessex. Der war enorm reich und ehrgeizig und hatte sich bereits am Hof von Knut einen Namen gemacht.

Eduard hatte sich sehr um Godwins Unterstützung bemüht. Er hatte Godwins Tochter Edith geheiratet und deren Brüder einschließlich Toste mit Titeln und Auszeichnungen überhäuft. Über den Wiesen und Feldern Englands war Ruhe und Frie-

* Das erklärt seinen Beinamen »der Bekenner«, der Menschen verliehen wurde, die ein besonders tugendhaftes Leben führten.

den eingekehrt. Der Handel florierte und die Erinnerung an die Wikinger verblasste zusehends. Die Zeit der Invasionen und Belagerungen schien endgültig vorbei zu sein.

Doch es gab ein Problem, sagte Toste.

■

Obwohl Eduards Ehe mit Tostes Schwester recht glücklich war, hatten sie keine Kinder. Was bedeutete, dass es nach Eduards Tod keinen Erben aus dem Hause Wessex, dem Geschlecht von Alfred dem Großen, geben würde.

Deshalb sah sich Eduard bei seinen Freunden auf der anderen Seite des Ärmelkanals um. Um das Jahr 1051 herum versprach er die Krone seinem Cousin Wilhelm, dem Herzog der Normandie, der damals Anfang zwanzig war.

Wilhelm war ein rauer und unerbittlicher Mann, wie man es von einem Nachfahren Rollos, seines Zeichens Wikinger und Begründer der Normandie, erwarten durfte. Obwohl er noch nie in England war, gefiel Wilhelm offenbar die Vorstellung, so ein blühendes Königreich zu regieren.

Doch viele englische Thane waren über diesen Plan von Anfang an entsetzt. Darunter, erklärte Toste, befinde sich seine eigene Familie, die befürchte, dass es mit ihrer Macht und ihrem Wohlstand ein Ende hätte, wenn ein Normanne die Führung des Reichs übernehme.

Als Eduards Thronerben hätte Tostes Familie viel lieber Tostes älteren Bruder Harold, der seinem Vater 1053 als Earl von

Wessex nachgefolgt war. Groß, schneidig, mutig und intelligent, außerdem mit Anfang vierzig im richtigen Alter, verfügte Harold zudem über reichlich Erfahrung.

Er war der mit Abstand reichste englische Lord, sogar reicher als der König selbst. Außerdem erfreute er sich großen Rückhalts bei den Einwohnern von Wessex, denen die Vorstellung verhasst war, von einem Ausländer regiert zu werden. Oder wie es die *Angelsächsische Chronik* formulierte: »Harold Godwinson ist ein wahrer Freund seines Landes und seiner Landsleute.«

Doch dann kam es zu einem unvorhergesehenen Zwischenfall: Im Jahr 1064 geriet Harolds Schiff in einen heftigen Sturm und zerschellte vor der französischen Küste. Nach einer verworrenen Kette von Ereignissen landete er schließlich … am Hof von Wilhelm, der natürlich hocherfreut darüber war, dass sein Rivale plötzlich von seiner Gunst abhing.

Wilhelm erklärte sich schließlich einverstanden, Harold gehen zu lassen – unter einer Bedingung: Harold musste schwören, dass er Wilhelm als König unterstützen werde.

Natürlich legte Harold den Schwur ab. Was blieb ihm anderes übrig?

Ob er sich daran halten würde, war eine andere Frage. Denn obwohl ein Schwur eine ernste Sache war, hatte er ihn nicht aus freiem Willen geleistet, sondern war dazu gezwungen worden – und das änderte in seinen Augen alles.

Im Jahr darauf erkrankte Eduard der Bekenner – und Harold Godwinson wusste genau, was zu tun war.

Als der König am 5. Januar 1066 starb, war alles vorbereitet. Die Thane hatten Harold bereits ihren Segen gegeben. Und als Eduard im Sterben lag, flüsterte dieser ihm sogar persönlich zu, dass er sich des Reiches annehmen solle.

Viele Leute betrachteten dies als Zeichen, dass der alte Mann seine Meinung geändert hatte und Harold tatsächlich als seinen Nachfolger haben wollte.

Unmittelbar nachdem Eduard seinen letzten Atemzug getan hatte, berief Harold den Witan ein, die Ratsversammlung geistlicher und weltlicher Würdenträger in England. Und schon am nächsten Tag wurde er unter dem ohrenbetäubenden Jubel der Menge auf den Straßen in der Westminster Abbey zum König gekrönt.

Und damit hätte es gut sein können – wäre da nicht noch Toste Godwinson gewesen.

■

Unter den älteren Ratgebern am norwegischen Hof wussten so einige, was man sich über Toste erzählte.

Sicher, er war Harold Godwinsons jüngerer Bruder, besaß einen scharfen Verstand und eine ebenso scharfe Zunge. Doch er galt auch als verantwortungslos, eifersüchtig, grausam und gierig. Oder wie es in einer Saga heißt: »Er war gut im Reden, aber er hatte wenig Freunde.«

Es gab da eine Geschichte, der zufolge beide Brüder in ihrer Kindheit scharf auf einen prachtvoll verzierten Speer gewesen waren, den König Eduard ihnen schenken wollte. Toste bastelte sich schnell einen schiefen Holzspeer und zeigte ihn mit trauriger Miene dem König.

Er bekam das Geschenk, obwohl der König ihn durchschaut hatte. »Junger Mann«, sagte er mit ernster Stimme, »ich fürchte, du wirst immer neidisch auf Leute sein, die es besser haben als du.«

Eine Zeit lang arbeiteten die Godwinson-Brüder eng zusammen. Harold war der Earl von Wessex, Toste der Earl von Northumbria, und es gab nur wenige, die es gewagt hätten, sich ihnen entgegenzustellen.

Doch im Herbst 1065 war im Norden ein gewalttätiger Aufstand ausgebrochen. Die Rebellen behaupteten, Toste hätte ihr Land gestohlen und sie gezwungen, höhere Steuern zu zahlen, wozu sie nicht imstande seien. Sie forderten, diesem erbarmungslosen Tyrannen sämtliche Titel wegzunehmen und ihn ins Exil zu schicken.

Harold hörte sich ihre Beschwerden aufmerksam an. Und zu Tostes Empörung teilte er König Eduard mit, dass die Rebellen recht hätten und Toste verbannt werden sollte.

Toste schäumte vor Wut. Sein älterer Bruder hatte ihn verraten. Darauf gab es nur eine Antwort: Rache …

Die Nachricht von Harolds Krönung fachte seinen Zorn und seine Verbitterung nur noch weiter an. Zunächst veranlasste er eine Reihe von Piratenangriffen auf die englische Küste, die die Verteidiger jedoch nicht vor größere Probleme stellten.

Als Nächstes segelte er nach Dänemark und drängte König Sven, einen Feldzug gegen England anzuführen. Doch Sven schüttelte den Kopf. Dänemark reiche ihm völlig aus. Außerdem habe er nichts gegen Tostes Bruder und sei an irgendwelchen wilden Umsturzplänen nicht interessiert.

Dann warf ihm Sven ein eigentümliches Lächeln zu. »Aber Toste«, sagte er, »du kannst natürlich immer noch Harald von Norwegen fragen.«

■

Jetzt stand Toste vor dem großen Eichentisch in Harald Hardradas Thronsaal und schaute zum vom Krieg gestählten König auf, der von seinen erfahrenen Hauptmännern flankiert wurde.

Harald strich sich über das Kinn. »Es heißt, dass man den Engländern lieber nicht trauen sollte«, sagte er nachdenklich.

Toste breitete seine Arme aus. »Wenn Ihr England erobern wollt«, sagte er, »dann kann ich Euch versichern, dass die Thane des Nordens meine Freunde sind und Euch unterstützen werden.«

Harald schwieg.

»Alle sagen, dass es im gesamten Norden nie einen Kriegerkönig gegeben habe, der Euch gleichkäme«, sagte Toste mit schmeichlerischer Stimme. »Deshalb schiene es mir verwunderlich, wenn Ihr, der Ihr Jahre auf die Eroberung Dänemarks verwendet habt, jetzt die Chance verschmähen würdet, England zu regieren, da Ihr es nur zu nehmen braucht.«

Abermals folgte eine lange Stille. Alle Augen waren auf Harald gerichtet. Noch immer sprach er kein Wort.

Er dachte an all die legendären Nordmänner, die nach England gesegelt waren: Ragnar und Ivar, Halfdan und Ubba, Guthrum und Erik, Sven und Knut. Er dachte an die Tage seiner Jugend, als niemand es gewagt hätte, seinen Mut anzuzweifeln.

Er dachte an Olaf, der ihm die Haare gezaust, und an Rognvald, der ihm geholfen hatte, mit einigermaßen heiler Haut vom Schlachtfeld in Stiklestad wegzukommen. Er dachte an Michael und Zoe, Ulf und Halldor; er dachte an Maria Skleraina und ihr rabenschwarzes Haar …

Geister, dachte er. Namen und Gesichter einer versunkenen Zeit.

Er spähte zu seinen Ratgebern. Er wusste, was sie sagen würden. Dass die Engländer zu stark waren und er, Harald Sigurdsson, zu alt.

Aber er war der König von Norwegen. Er war ein Mann des Nordens. Er war ein Wikinger.

Eine letzte Reise. Ein letztes Abenteuer, bevor alles zu Ende war.

»Nun gut«, sagte er schließlich. »Segeln wir nach England.«

20

Die letzte Schlacht

Es war ein perfekter Sommertag, als sich die *Ormen Lange* in den Fjord hinausschob und Harald Hardrada zu seinem letzten Abenteuer aufbrach.

Alles war bestens vorbereitet. Seit Wochen war in der Schiffswerft gesägt und gehämmert worden. Seit Wochen rumpelten Wagen und Karren über die Straßen, ihrem Schicksal entgegen.

Als Harald am Bug stand und das Sonnenlicht auf dem Wasser tanzen sah, wusste er, dass sie nichts dem Zufall überlassen hatten. Mit zweihundert Langschiffen segelten sie in südwestliche Richtung, begleitet von weiteren hundert Transportschiffen und mehr als zehntausend Kriegern. Nicht einmal Knut der Große hatte so eine große Armee befehligt, als er England fünfzig Jahre zuvor erobert hatte.

Für einen Moment schloss Harald die Augen und spürte, wie die Meeresbrise durch seine sandfarbenen Haare strich. Er spürte, wie die alte Begeisterung ihn durchströmte, der Nervenkitzel angesichts dessen, was vor ihnen lag, die Faszination des Unbekannten.

Dann schob sich eine Wolkenformation vor die Sonne und er fröstelte.

In den letzten Tagen hatte es seltsame Vorzeichen gegeben. Einer seiner Leute hatte geträumt, wie sich Raben als Unglücksboten auf dem Schiff niedergelassen hatten. Und dann war ihm noch so gewesen, als hätte er eine unheimliche Frau von ihrer aller Tod singen hören …

Ein anderer Seemann hatte im Traum zwei Armeen gesehen, die sich auf einem Schlachtfeld gegenüberstanden. Eine Hexe war auf einem Wolf zwischen den Schlachtformationen hindurchgeritten. Der Wolf hatte in seinem blutigen Maul einen toten Mann gehabt und ihn dann in einem Stück verschlungen. Die Hexe hatte ihm dann einen weiteren Krieger zugeworfen, dann noch einen und noch einen …

Harald selbst hatte vor wenigen Stunden geträumt, dass sein Bruder Olaf in der Nacht zu ihm gekommen war und dieselbe Rüstung getragen hatte wie in Stiklestad. Dann hatte Olaf gesungen:

Dein Tod ist nah,
deine Leiche ich sah,
die Krähe nährt
der Hexen Pferd.

Mit einem Schaudern blickte sich Harald über die Schulter. Die norwegische Küste schwand bereits aus seinem Blick. Das Letzte, was er von ihr sah, war ein dunkler Streifen am Horizont. Dann war auch dieser verschwunden.

Er zog sich seinen großen Fellumhang enger um die Schultern und wandte sein Gesicht dem Westen zu.

■

Anfang September erreichte Haralds Flotte die Küste Northumbrias. Nahe dem heutigen Middlesbrough gingen sie an Land, die Einheimischen leisteten keinerlei Gegenwehr.

Dies war der alte Danelag, wo viele Dörfer nordische Namen trugen. Hier redeten die Menschen immer noch von Erik Blutaxt und den Söhnen von Ragnar. Manche erinnerten sich an die Zeit unter König Knut und sogar an Sven. Und nur wenige wollten ihr Leben dabei auf Spiel setzen, sich neuerlichen Eindringlingen aus dem Norden entgegenzustellen.

Jetzt ging es Richtung Süden. Das Fischerdorf Scarborough – einst vom Wikinger Thorgils Skarthi* gegründet – riskierte einen Kampf und wurde von Haralds Männern in Schutt und Asche gelegt.

Zu diesem Zeitpunkt hatten sich die Truppen von Harald und Toste, der seinerseits eine kleine Söldnerflotte auf die Beine gestellt hatte, bereits vereinigt. Man segelte die Küste hinunter und dann auf dem Humber – einer breiten, lang gezogenen Flussmündung – weiter Richtung Landesinneres.

---

* »Thorgils Hasenscharte«

Dann ging es auf dem River Ouse weiter. Doch beim Dorf Riccall, fünfzehn Kilometer südlich von York, ließ Harald die Schiffe anhalten. Sie würden die Langschiffe hier im Marschgebiet zurücklassen und zu Fuß in die Stadt vordringen.

Als die Abenddämmerung hereinbrach, erlaubte sich Harald einen Seufzer der Erleichterung. Alles war nach Plan verlaufen. Die schlechten Omen hatten nichts zu bedeuten gehabt.

Seine Späher berichteten, dass Harold Godwinson Hunderte Kilometer entfernt war. Weil er eine Attacke Wilhelms fürchtete, hatte der englische König eine riesige Armee an der Südküste zusammengezogen.

Tausende Bauern, Krieger und Huscarls waren dem Ruf des Königs gefolgt. Doch sie alle bewegten sich nach Süden, Richtung Ärmelkanal. Sie hatten sich nicht vorstellen können, dass die Bedrohung über die Nordsee kam.

Wenn sie ihren Irrtum bemerkten, würde es bereits zu spät sein, dachte Harald mit grimmiger Genugtuung.

Genug. Er leerte sein Bierhorn und wandte sich in Richtung der Schiffe, wo seine Männer gerade ihre Ausrüstung ausluden.

▪

Am nächsten Morgen – es war Mittwoch, der 20. September – machten sich Haralds Männer schon früh auf den Weg nach York.

Sie waren noch fünf Kilometer von den Stadtmauern entfernt und stiegen bei Fulford gerade eine kleine Anhöhe hinauf, als sie in der Ferne ein paar Gestalten bemerkten. Hinter einem tiefen, matschigen Graben hatten sich mehrere tausend Männer postiert.

Manche waren wie Bauern gekleidet und schwangen Knüppel und Mistgabeln, andere trugen Kettenhemden, Speere und Schwerter. Darüber flatterten die Standarten von Mercia und Northumbria, die Banner der Earls Edwin und Morcar.

Toste schürzte die Lippen. Das, sagte er verächtlich, seien die beiden Brüder, die die Bauern aufgestachelt und ihm seine Titel geraubt hätten. Mit Gottes Hilfe würde er noch vor Ende des Tages aus ihren Schädeln trinken.

Haralds Gedanken rasten. Warum waren die beiden Earls gekommen, um sich ihm entgegenzustellen? Warum waren sie nicht hinter den Mauern von York geblieben, um auf Harold Godwinson und die englische Armee zu warten?

Dann kannte er auf einmal die Antwort. Natürlich!

Es war Erntezeit, jeder Mann wurde auf dem Feld gebraucht. Das wusste auch der König und hatte seine Männer zur Feldarbeit freigestellt – davon ausgehend, dass die Normannen wohl doch nicht kommen würden. Was bedeutete, dass Edwin und Morcar auf sich allein gestellt waren …

Harald nickte seinen Huscarls zu. Sein Standartenträger ritt mit dem königlichen Banner – einem schwarzen Raben auf weißer Seide – voraus.

Harald hob sein großes Kriegshorn an den Mund und blies mit aller Kraft zum Angriff.

Die Wikinger rückten auf dem weichen Boden vor und gewannen mit jedem Schritt an Überzeugung. Sie hatten mindestens doppelt so viele Männer wie der Feind. Sie waren besser trainiert, besser ausgestattet und erfahrener. Und als sie in den Schildwall des Gegners hineinstürmten, schien die ganze Erde zu erbeben.

Ein Skalde erinnert sich, was dann geschah:

Die Regenschauer der Wunden fielen ringsumher,
die Wikinger wateten durch das Blut der Feinde …

Harald trieb seine Männer brüllend voran. Über seinem Kopf schwang er eine Doppelaxt, die sich bereits rot gefärbt hatte. Er ließ sie auf den Kopf eines Kriegers niedersausen, ehe er dem nächsten den Schädel spaltete. Er lachte unablässig in wilder Freude.

Die englischen Linien lösten sich bereits auf. Im Graben türmten sich die Leichen. Überall rutschten Männer im Matsch aus. Und überall schnitten und stachen die Klingen der Nordmänner tief…

Binnen weniger Stunden war alles vorbei.

■

Während Edwin und Morcar panisch die Flucht ergriffen, marschierte Harald auf York zu. Er kampierte vor den Toren der Stadt und schickte einen Boten, um diese zum Aufgeben zu bewegen. Er wusste, dass es nur eine Frage der Zeit sein würde.

Am Sonntag, dem 24. September, war es mit dem Widerstand der Stadtältesten vorbei. Auf einer großen Versammlung vor den Mauern der Stadt knieten sie vor ihrem neuen Herrn, dem König von Norwegen.

Um sich ihre Loyalität zu sichern, befahl Harald, dass man ihm einhundert Kinder als Geiseln aushändigen möge. Auch Dörfer und Städte in ganz Northumbria zwang er zur Übergabe von Geiseln, damit diese ruhig und brav blieben, während er Richtung Süden vorrückte.*

Die Männer von York waren einverstanden. Harald lächelte zufrieden. Er würde die Geiseln am nächsten Tag holen lassen, wenn er zurückkam, um neue Beamte zu ernennen und die neuen Gesetze der Stadt bekannt zu geben.

Als Teil eines großen norwegischen Königreichs, sagte er, brauche England eine neue Hauptstadt. Und welche Stadt wäre besser geeignet als York – die Stadt, die schon Ivar der Knochenlose und Erik Blutaxt ihr Eigen nannten?

Jetzt galt es nur noch, den Ort der Geiselübergabe festzulegen. Die Delegation aus York schlug eine Weggabelung unweit der Stadt vor, wo es eine Holzbrücke über den Fluss Derwent gab, die Stamford Bridge.

Harald nickte. Perfekt. Er freute sich, dass sie so vernünftig waren.

---

* Das mag sich unmenschlich anhören, war damals jedoch die gängige Vorgehensweise, um absolute Loyalität sicherzustellen.

In dieser Nacht funkelten die Lagerfeuer der Wikinger wie Signalleuchten im Dunkeln. Doch es gab keinen Grund mehr zur Vorsicht. Der Norden gehörte ihnen. Der Krieg war noch nicht gewonnen, aber das würde nur eine Frage der Zeit sein.

Als jetzt die Trinklieder über die Felder schallten, musste Harald daran denken, wie weit er es gebracht hatte – ein Junge von den Fjorden, ein jugendlicher Flüchtling, ein Gefangener im Kerker von Konstantinopel – und wie bereit er jetzt war, sein eigenes Großreich zu regieren.

Ganz kurz nur verstummten Gesang und Gelächter, und in der plötzlichen Stille meinte Harald, ein anderes Geräusch gehört zu haben – das Heulen eines Wolfs …

Unwillkürlich musste er an Olaf denken. *Dein Tod ist nah …*

Dann stimmten seine Männer das nächste Lied an, und Toste reichte ihm das nächste Horn Bier, und der kurze Moment der Verunsicherung war vergessen.

■

Wenige Kilometer entfernt, unbemerkt von den Spähern der Wikinger, starrte noch ein anderer Mann in die Dunkelheit.

Harold Godwinson, König der Engländer, war sieben Jahre jünger als sein norwegischer Widersacher, mit blonden, schulterlangen Haaren und einem langen Schnurrbart – dem Zeichen eines Kriegers.

Er saß erst seit neun Monaten auf dem Thron – neun lange Monate der Angst, der Anspannung und des Wartens …

Im Frühjahr hatte ein glühender Komet am Himmel geleuchtet – das altbekannte Omen einer nahenden Katastrophe. Dann war ihm berichtet worden, dass Wilhelm in der Normandie eine gewaltige Invasionsflotte gegen ihn mobilisiere.

Den ganzen Sommer hindurch hatte Harold auf Wilhelms Truppen gewartet, damit sie ihren unausweichlichen Kampf um die Zukunft des Reiches ausfechten konnten. Doch sein Rivale war nicht erschienen und Anfang September hatte Harold seine Männer auf ihre Bauernhöfe zurückgeschickt.

Dann hatte ein Bote ihm von der Landung der Wikinger berichtet. Harold hatte auf diese Nachricht mit erstaunlicher Geschwindigkeit reagiert, hatte seine Huscarls zu sich gerufen und seine Armee zurückbeordert und war Richtung Norden geeilt, um sich den Nordmännern in den Weg zu stellen, bevor es zu spät war.

Normalerweise hätten Fußsoldaten mit Kettenhemden, Speeren und Schilden für diese Strecke mindestens zwei Wochen gebraucht. Doch mit enormer Willenskraft gelang es Harolds Armee in viereinhalb Tagen.

So kampierten sie jetzt im kleinen Ort Tadcaster, nur zwanzig Kilometer von den Eindringlingen entfernt. Harold hatte müde und wund gescheuerte Füße – und war so entschlossen wie nie zuvor in seinem Leben.

Als Junge hatte Harold Godwinson von den Abenteuern der alten Helden gehört – Alfred bei Edington, Aethelflaed bei Tettenhall, Aethelstan bei Brunanburh. Lange hatte er davon geträumt, in ihre Fußstapfen zu treten, Englands Feinde in den Staub zu treten und unsterblichen Ruhm zu erlangen.

Nun gab ihm das Schicksal die Gelegenheit dazu. Und er beabsichtigte nicht, sie ungenutzt verstreichen zu lassen.

■

Sonnenaufgang. Montag, 25. September 1066. Im Lager der Wikinger war Harald Hardrada bester Laune.

In aller Frühe hatte er seine Huscarls zusammengerufen. Er werde zwei Drittel der Armee zur Stamford Bridge führen, sagte er, während das verbliebene Drittel die Schiffe bewachte. Später am Tag würden sich alle wieder treffen, um den Vormarsch in den Süden zu besprechen.

Die Hitze nahm bereits zu, die Sonne brannte vom Himmel. Um seine Männer vor dem langen Weg Richtung Süden nicht unnötig zu strapazieren, entschied er sich, ihnen für den Marsch zur Geiselübergabe das Tragen ihrer Kettenhemden zu ersparen. Schwierigkeiten würde es dort keine geben; Helme, Schilde und Waffen genügten also vollauf.

Toste runzelte die Stirn. Ob das nicht etwas zu leichtsinnig wäre. »Den Engländern kann man nicht trauen«, sagte er sorgenvoll.

Doch Harald schüttelte den Kopf. So langsam war er Tostes Ratschläge leid. Die anderen Nordmänner machten keinen Hehl daraus, dass sie ihn nicht mochten. Und wozu brauchte er Toste überhaupt noch, nachdem York gefallen war?

Die Armee setzte sich in Bewegung. Nur sehr wenige Soldaten trugen ihre Kettenhemden.

Sie marschierten den ganzen Vormittag. Auf ihren Gesichtern glänzten die Schweißperlen.

Gegen Mittag erreichten sie die Brücke. Harald hielt sein großes schwarzes Pferd an und befahl seinen Hauptmännern, auf der Anhöhe am Ostufer des Flusses Aufstellung zu nehmen.

Mit Toste und seiner Leibgarde überquerte er die Brücke und ritt ein Stück am Ufer entlang, um sich ein Bild von den Gegebenheiten zu machen. Dann sah er am westlichen Horizont, in Richtung York, eine große Staubwolke.

»Reiter«, sagte Toste.

Harald spähte in die Ferne. Reiter, nun gut, aber so viele?

Dann sah er ein verräterisches Aufblitzen – Metall im Sonnenlicht. Und in diesem Moment begriff er mit dem fürchterlichen, betäubenden Gefühl sicheren Unheils, dass er einen verhängnisvollen Fehler gemacht hatte.

»Waffen«, murmelte er. »Glitzernd wie ein Meer aus geborstenem Eis.«

Jetzt konnten sie die ersten einzelnen Reiter ausmachen. Es waren nicht Hunderte, sondern Tausende – mindestens zehntausend Soldaten. Englische Krieger in voller Montur, mindestens doppelt so viele wie sie.

Tostes Gesicht war leichenblass. Er faselte etwas von Rückzug und besseren Siegeschancen irgendwann anders.

Harald schüttelte den Kopf. Dazu war es zu spät. »Wählt drei unserer besten Männer und drei unserer besten Pferde«, rief er seiner Leibgarde zu. »Schickt sie sofort zu den Schiffen, damit sie die anderen holen!«

Er warf Toste einen langen Blick zu. »Wir geben uns noch nicht verloren. Wir werden es diesen Engländern so schwer wie möglich machen«, sagte er grimmig.

Dann riss er sein Pferd herum und befahl seinen Männern, das Rabenbanner zu hissen. In diesem Moment geriet sein Pferd ins Stolpern und schon lag Harald auf dem Boden. Seine Männer starrten ihn mit schreckgeweiteten Augen an.

Sekunden später saß er wieder im Sattel. »Ein Sturz bringt Glück!«, rief er, und einige jubelten.

Weit im Westen hielt auch Harold Godwinson sein Pferd an. »Wer ist der stämmige Kerl mit dem blauen Umhang und dem glänzenden Helm, der gerade vom Pferd gefallen ist?«, fragte er.

»Das ist der König von Norwegen«, antwortete jemand.

Harold nickte. »Er sieht nach einem großen Mann aus, aber ich glaube, sein Glück verlässt ihn gerade.«

■

Die Sonne brannte, es war jetzt fast unerträglich heiß.

Die englische Armee teilte sich, zwei Dutzend Reiter sprengten zum Fluss hinunter. Ihr Anführer, der einen reich dekorierten Helm und einen roten Schild mit dem geflügelten goldenen Drachen von Wessex trug, rief: »Ist Earl Toste zugegen?«

»Das kann ich nicht leugnen!«, rief Toste zurück.

»Euer Bruder, König Harold, sendet Euch Grüße«, sagte der Reiter. »Er würde es bevorzugen, nicht gegen Euch zu kämpfen, und bietet Euch Northumbria an, ein Drittel seines Königreichs.«

Toste verzog sein Gesicht zu einem bitteren Lächeln. »Das hätte mein Bruder mir letzten Winter anbieten sollen statt seiner Feindschaft und Verachtung. Das wäre besser für England gewesen.«

Er sah über seine Schulter zu seinem norwegischen Verbündeten. »Falls ich das Angebot annehme, was bietet mein Bruder Harald, Sohn des Sigurd, an?«

Der Reiter zuckte die Schultern. »Er bietet ihm sieben Fuß englische Erde an oder auch mehr, wenn er wirklich so viel größer sein sollte – doch nicht mehr als das.«*

Toste nickte. »Dann richtet meinem Bruder aus, er möge sich auf die Schlacht vorbereiten. Und nie soll irgendjemand sagen, dass Toste Harald Sigurdsson im Stich ließ, als er über das Meer kam, um die englische Krone zu erringen. Wir haben geschworen, darum zu kämpfen oder ehrenvoll zu sterben.«

Für einen Moment starrte der Reiter ihn an und musterte seine Gesichtszüge. Dann wendete er wortlos sein Pferd und ritt zu den englischen Linien zurück.

»Wer war das, der sich da so gewählt ausgedrückt hat?«, brummelte Harald Hardrada.

---

* Etwa die Länge eines Grabes.

»Das? Das war mein Bruder«, entgegnete Toste leise. »Harold Godwinson.«

■

Der norwegische König traf seine letzten Vorbereitungen.

Seine drei Reiter waren schon aufgebrochen, doch er wusste, dass es Stunden dauern würde, ehe die Verstärkung da war. Seine einzige verzweifelte Hoffnung war, so lange durchzuhalten.

Über die schmale Holzbrücke ritt er zum Ostufer des Derwent zurück. Hier würden Toste und er unter dem Rabenbanner ihre Position beziehen. Dann rief er seine erfahrensten Huscarls zu sich.

Gott habe für sie ein ruhmreiches Schicksal gewählt, sagte er. Sie müssten die Brücke halten – *koste es, was es wolle.* Die Engländer dürften sie unter keinen Umständen überqueren.

Die Huscarls nickten. Keiner von ihnen zögerte. Sie waren Männer des Nordens. Und als sie sich mit gehobenen Schilden Richtung Brücke in Bewegung setzten, schaute keiner von ihnen zurück.

Die Engländer bewegten sich jetzt am gegenüberliegenden Flussufer entlang.

Die ersten Pfeile pfiffen durch die Luft, die ersten Speere gingen nieder – ein Hagelsturm des Todes.

Einer der Männer auf der Brücke stieß einen markerschütternden Schrei aus. Harald sah, dass aus seinem Auge ein Pfeil ragte. Ein weiterer fiel; dann noch einer.

Die übrigen Huscarls hielten etwa eine Stunde lang die Stellung, indem sie sich mit ihren Schilden vor den Pfeilen schützten und hin und wieder selbst mit ihren Schwertern zustachen. Doch der Druck der anstürmenden Engländer wurde immer größer, und wenn einer von ihnen fiel, drängten zwei neue nach vorn, um seinen Platz einzunehmen.

Mit jeder blutigen Minute, die verging, wurden die Wikinger weiter zurückgedrängt. Sie waren jetzt noch zehn Mann auf der Brücke. Der nächste Pfeilregen prasselte auf sie herab.

Noch acht. Die Engländer hatten bereits einen Teil der Brücke eingenommen.

Fünf Huscarls waren noch übrig. Vier. Drei. Zwei …

Einer.

Er war nicht besonders groß, und auch sonst war nichts Besonderes an ihm, abgesehen von der Tatsache, dass er den Rat des Königs ignoriert hatte und sein Kettenhemd trug.

Harald kannte nicht einmal seinen Namen. Doch dort vorne am Fluss war er sein letzter Mann. Breitbeinig stand er da, mitten auf der Brücke, und schwang seine Axt.

Die Engländer drängten mit ihren Schwertern und Speeren nach vorn. Doch der Mann bewegte sich nicht. Er hieb und hieb und hieb, seine Füße scheinbar mit den Holzplanken verwachsen.

Vor seinen Füßen türmten sich die Leichen auf. Sein Kettenhemd war mit Blutspritzern übersät. Doch immer noch hielt er die Stellung, jeder seiner Hiebe begleitet vom Jubel seiner Kameraden am Ostufer.

Und dann, als es so schien, als würde er niemals fallen, schlich sich ein Engländer unter die Brücke und stach seinen Speer durch eine Lücke in den Planken – genau unter sein Kettenhemd.

Ein entsetzter Aufschrei kam von den Nordmännern am Ufer. Ihr Mann auf der Brücke gab keinen Laut von sich.

Er stand unverändert da und schwankte leicht wie ein Baum im Herbstwind. Dann stürzte er zu Boden und die Engländer stürmten über die Brücke.

■

Als der Feind den Abhang hinaufstürmte, umfasste Harald Hardrada sein Schwert fester und murmelte ein letztes Gebet.

Jetzt blieb ihm nichts anderes mehr übrig, dachte er, als ehrenvoll zu sterben. Seine verbliebenen Männer hatte einen engen Kreis gebildet. Ihre Schilde schlossen sich um das Rabenbanner, wo er und Toste mit ihren Freunden und Hauptmännern standen.

Die Engländer würden sich bis zu ihm durchkämpfen müssen und sie sollten einen hohen Preis dafür bezahlen.

Die Heranstürmenden brüllten ihre Schlachtgesänge. Durch Staub und Chaos hindurch konnte er am Fuße des Abhangs Harold Godwinson erkennen, der seine Leute den Hügel hoch antrieb.

Pfeile flogen durch die Luft. Die englischen Reiter umringten den Schildwall, hieben mit ihren Schwertern auf ihn ein und schrien in wilder Wut.

»Formation halten!«, rief Harald. »Formation halten!«

Die Engländer krachten wieder und wieder in den Schildwall, schoben und drückten und stießen und hackten mit ihren Schwertern, Speeren, Messern und Äxten. Überall lagen verstümmelte Leichen. Schmale Blutbäche rannen den Hügel hinab.

Der schützende Kreis um das Rabenbanner wurde kleiner und kleiner. Haralds Männer begannen zu ermüden. Die Schildarme wurden schwerer und die Schwerthiebe kraftloser. Die Engländer hingegen ließen nicht locker und wollten den Kampf jetzt zu Ende bringen.

Für einen Augenblick sah Harald sich als Kind am Fluss, an jenem Morgen, als Olaf ihn gefragt hatte, was er sich im Leben am meisten wünsche.

»Huscarls! So viele Huscarls, dass sie auf einem einzigen Fest alle Kühe von Halfdan aufessen!«

Was würde er jetzt für mehr Huscarls geben …

Vor ihm ein gellender Schrei. Einer seiner Männer lag am Boden. In seiner Schulter steckte eine Axt. Der Kreis brach auseinander.

Harald ließ seinen Schild fallen. Er hatte keine Verwendung mehr für ihn.

Mit beiden Händen hob er sein großes stählernes Ringschwert und murmelte ein letztes Gebet. Dann stürzte er sich mit dem besinnungslosen Brüllen eines Berserkers in die Schlacht.

Während er wild um sich hieb, schien eine Last von ihm abzufallen. Plötzlich spürte er wieder die Leichtigkeit und Freude, die er seit so vielen Jahren vermisst hatte.

Am Fuße des Weltenbaums nahmen die drei Weberinnen, die Nornen, ihre Scheren zur Hand.

Der erste Pfeil traf ihn ins Gesicht. Die mit Widerhaken versehene Spitze riss sein Fleisch auf. Er fiel auf die Knie, zog sein Messer und schnitt ihn heraus.

Erneut warf er sich in den Kampf, sein Gesicht eine Maske aus tropfendem Blut, einen Schlachtruf auf den Lippen, ein Kampflied im Herzen. Er war überglücklich. Glücklicher als je zuvor.

Eine der Nornen hielt der anderen Haralds Lebensfaden hin. Sanft, fast liebevoll, schnitt ihn die Schwester durch.

Der zweite Pfeil traf ihn so hart in die Brust, dass er sofort zu Boden stürzte. Für einen Moment versuchte er, sich aufzusetzen, doch seine Glieder waren so schwer, und er war so müde. Eine Kälte nahm von ihm Besitz …

Er meinte, die Hufe von Pferden zu hören, und spürte das Schlagen mächtiger Schwingen. Alles war so dunkel …

Er schloss die Augen.

So starb Harald Sigurdsson, der letzte Wikinger.

Epilog

Ragnarök

Nach Haralds Tod dauerte die Schlacht nicht mehr lange. Obwohl der englische König ihnen die Möglichkeit zur Kapitulation gab, waren die Nordmänner entschlossen, bis zum letzten Mann zu kämpfen.

Sie starben an Ort und Stelle, gefällt neben ihrem Herrn. Einer von ihnen war Toste. Sein Bruder hatte ihm eine letzte Möglichkeit angeboten, seine Haut zu retten, doch er zog es vor, mit seinen Verbündeten zu sterben.

Die Schlacht von Stamford Bridge endete mit einer der schlimmsten Niederlagen in der Geschichte der Wikinger. Dreihundert Schiffe waren nach England gesegelt. Nur vierundzwanzig kehrten mit den verwundeten Überlebenden nach Norwegen zurück.

Doch Harold Godwinson blieb nicht viel Zeit, um seinen Sieg auszukosten. Eine Woche später – er war immer noch in York – erreichten ihn unglaubliche Nachrichten aus dem Süden.

Drei Tage nach der Schlacht von Stamford Bridge landete Herzog Wilhelm in Pevensey an der Küste von Sussex. Er war mit mindestens zehntausend Soldaten gekommen, um sich die englische Krone zu holen.

Es ging also wieder Richtung Süden. Harolds ausgelaugte, teils verletzte Männer legten die über dreihundert Kilometer in nur einer Woche zurück. Nach einer kurzen Verschnaufpause in London ging es weiter und schließlich errichteten sie ihren Schildwall auf einem Hügel bei Hastings.

Am Morgen des 14. Oktober 1066 begann die Schlacht. Wieder und wieder versuchten die Normannen, die englischen Verteidigungslinien zu durchbrechen, doch irgendwie schafften es Harolds Männer, den Angriffen standzuhalten.

Als die Abenddämmerung hereinbrach, wendete sich das Schicksal gegen den Helden von Wessex. Manche sagten, er sei durch einen Pfeilschuss ins Auge getötet worden. Andere behaupteten, die normannische Kavallerie habe seinem Leben ein Ende gesetzt.

So oder so war Harolds Tod ein Wendepunkt in der Geschichte. Im Laufe weniger Wochen waren zwei Könige gefallen, einer aus Norwegen und einer aus Wessex.

Jahrhundertelang hatten Dänen und Angelsachsen um die Vorherrschaft in England gekämpft. Doch als der Erzbischof von York am ersten Weihnachtstag des Jahres 1066 dem Sieger die Krone auf den Kopf setzte, war es Wilhelm, Herzog der Normandie, der eine neue Ahnenreihe englischer Könige begründen sollte.

Die Normannen selbst waren auch einmal Wikinger gewesen. Doch sie hatten die altnordische Sprache abgelegt und verehrten auch die alten Götter nicht mehr. Sie waren Männer des Steins, nicht des Holzes. Statt großer Hallen und Langschiffe bauten sie Burgen und Kirchen.

Doch auch mit Wilhelms Sieg endet diese Geschichte nicht. Noch zwei Mal, 1069 und 1075, schickte der dänische König Sven Invasionstruppen nach England, in der Hoffnung, eine Rebellion gegen die normannischen Besatzer anzuzetteln.

Doch beide Male kam es nicht dazu. Und am Ende des elften Jahrhunderts hatten die meisten Menschen vergessen, dass es einst eine Bedrohung gegeben hatte, die über das Meer gekommen war.

Die Wikinger waren gekommen und gegangen. Und die Normannen hatten das Ruder übernommen.

■

In England wird der Tod Harald Hardradas oft als Ende der Wikingerzeit angesehen. Doch die dänischen Eroberer haben in England bleibende Spuren hinterlassen – Ortsnamen erinnern an sie, die englische Sprache wäre ohne sie eine völlig andere, und ihm Osten Englands zählt jeder Zehnte Wikinger zu seinen Vorfahren.

In Irland begannen die Herrscher von Wikingerstädten wie Dublin oder Wexford, sich im Umland unter den Einheimischen nach Heiratskandidatinnen umzusehen. »Skandinavische Wurzeln« oder Ähnliches spielten so recht schnell keine Rolle mehr.

Das Königreich der Inseln, das bis Ende des dreizehnten Jahrhunderts bestand und die Hebriden sowie die Isle of Man umfasste, wurde von Nordmännern regiert. Ebenso die Orkney- und die Shetland-Inseln, die noch weitere zweihundert Jahre unter nordischer Herrschaft standen, bis sie Teil des Schottischen Königreichs wurden.

Das isländische Commonwealth hatte bis zum dreizehnten Jahrhundert Bestand, ehe es von den norwegischen Königen übernommen wurde. Auf Grönland hatten die beiden Siedlungen im Westen und im Osten immer weniger Kontakt zur Außenwelt, bis sie schließlich verschwanden.

Mit dem Königreich der Rus ging es nach Jaroslaws Tod 1054 steil bergab. Von einem Bürgerkrieg auseinandergerissen, zerfiel es auf dem Gebiet der heutigen Länder Ukraine, Belarus und Russland in rivalisierende Staaten. Innerhalb von ein, zwei Generationen verschwand der Bezug zu den Wikingern und die Leute empfanden sich einfach als Slawen.

In Konstantinopel stützten sich die byzantinischen Kaiser mindestens bis zum vierzehnten Jahrhundert auf die Warägergarde. Doch stammten längst nicht mehr alle ihre Mitglieder aus dem hohen Norden. Nach der Schlacht von Hastings flohen viele Angelsachsen nach Osten, um der Herrschaft der Normannen zu entgehen, und landeten in derselben Kaserne, in der Harald Hardrada sich einen Namen gemacht hatte.

Und was ist mit den skandinavischen Ländern selbst?

Schon bevor Harald Hardrada zu seinem letzten Abenteuer

in See stach, war die Ära der Wikinger zu ihrem Ende gekommen. Die Könige von Dänemark, Norwegen und Schweden besaßen mehr Macht als je zuvor, und die Tage der unabhängigen Wikingerkapitäne, die von ihren verborgenen Stützpunkten aus ohne Vorwarnung zuschlugen, waren längst vorbei.

Dänemark und Norwegen hatten sich längst zum Christentum bekannt. In Schweden dauerte es länger, sich von den alten Göttern zu trennen, doch am Ende des elften Jahrhunderts knieten auch die schwedischen Könige vor dem Kreuz.

Natürlich starben die alten Traditionen nicht von einem Tag auf den anderen. In Bergen an der norwegischen Westküste fanden Archäologen auf einem Stück Holz eine Runeninschrift aus dem Jahr 1185: »Mögest du gesund und guten Mutes sein. Möge Thor dich empfangen und Odin dich besitzen.«

Manche Menschen benutzten also immer noch Runen und beteten zu den Göttern ihrer Vorfahren, auch wenn es im Laufe der Jahre immer weniger wurden.

Man geht davon aus, dass die letzten Menschen, die noch an Thor und Odin glaubten, irgendwann im dreizehnten Jahrhundert gestorben sind. Doch zu dieser Zeit war die Ära der Wikinger schon seit Generationen vorbei.

■

Die Wikinger wussten immer, dass es mit ihrer Welt irgendwann vorbei sein würde. Der Untergang war von Anfang an – seit der Geburt von Midgard – Teil ihrer Geschichte(n).

Als Odin kopfüber am Weltenbaum hing und in die Tiefe der Zeit hinabblickte, sah er die Katastrophe voraus. Und doch war er davon überzeugt, dass man bis zum Ende kämpfen und dem Tod ins Augen sehen müsse, ehe der Wolf triumphierte und Asgard unterging.

Odins Durst nach Weisheit brachte ihn eines Tages zu einer Seherin, einer rätselhaften Erscheinung. Sie sagte ihm, dass alles irgendwann sterben müsse – am Schicksalstag, den man Ragnarök nannte.

Ihre Geschichte begann, wie so oft bei den Wikingern, mit einem Traum.

Eines Tages, sagte die Seherin, werde Balder, der sanfteste und freundlichste aller Götter, aus einem schrecklichen Albtraum erwachen. Er hat den Zeitpunkt seines Todes vorausgesehen und kann ihn nicht vergessen.

Seine Mutter Frigg fordert daraufhin jedes Tier und jede Pflanze auf, einen Eid abzulegen, dass sie Balder nicht verletzen würden. Alle sind einverstanden: jedes Tier, jeder Vogel, jedes Insekt, jede Pflanze. Was Frigg jedoch vergisst, ist, die kleine, harmlose Mistel zu fragen.

Als der listenreiche und boshafte Loki davon hört, ersinnt er einen Plan. Er fertigt einen Pfeil aus einem Mistelzweig an und schlendert damit zu der Wiese, auf der die Götter spielen. Dort schießen sie Pfeile auf den lachenden Balder ab, der scheinbar von keinem verletzt werden kann.

Loki schießt den Pfeil nicht selbst ab, sondern gibt ihn Balders

Bruder, dem blinden Hödur, und bietet ihm an, seine Hand zu führen.

Hödur schießt. Der Mistelzweig trifft Balder und dieser sinkt tot zusammen.

Doch es gibt eine letzte Hoffnung. Nach dem Begräbnis macht sich Balders Bruder Hermod auf nach Niflheim, ins Reich des Todes, und bittet die furchterregende Hel darum, Balder freizugeben. Die Göttin des Todes ist einverstanden, sofern alle lebenden Dinge um ihn weinen würden.

Und tatsächlich weinen alle um Balder: Menschen und Tiere, Bäume und Pflanzen, sogar Steine und Felsbrocken. Alle bis auf eine.

Denn in einer unterirdischen Höhle entdecken die Götter eine abscheuliche alte Frau, die sich weigert, um Balder zu weinen. Nicht eine einzige Träne rinnt ihre Wangen hinab. So ist Balder gezwungen, für alle Ewigkeit im Reich der Toten zu bleiben.

Das alte Weib, so stellt sich heraus, ist Loki.

Doch nun richtet sich der Zorn der Götter gegen den Intrigenspinner. Sie packen Loki und fesseln ihn an einen Felsen, direkt über ihm das Nest einer Riesenschlange. Von ihren Zähnen tropft unablässig ätzendes Gift nach unten. Um Loki zu schützen, hält seine Frau Sigyn eine Schale über sein Gesicht.

Doch jedes Mal, wenn sie die volle Schale leeren muss, tropft das Gift auf Lokis Gesicht, der sich vor Schmerzen so aufbäumt, dass die Erde erbebt.

Nun ist das Ende nah.

Zuerst kommen gewaltige Schneestürme. Drei Jahre lang gibt es keinen Frühling. Nichts wächst, nichts gedeiht. Es gibt nur Nebel, Eis und Frost, einen ewigen, freudlosen Winter.

Darauf folgen die Zeitalter der Axt, des Schwerts, des Winds und des Wolfs. Midgard hungert und Bruder wendet sich gegen Bruder. Söhne morden ihre Väter. Weißer Schnee färbt sich rot.

Die Berge erzittern. Die Wurzeln des Weltenbaums Yggdrasil werden aus der Erde gerissen. In ihren unterirdischen Hallen ächzen die Zwerge und knirschen mit den Zähnen.

Nun streifen die gefräßigen Nachkommen des Wolfs Fenrir umher. Sie schlucken die Sonne und verschlingen den Mond. Ein blutroter Fleck breitet sich über den Himmel aus. Eine endlose Finsternis bricht herein.

Dann durchbricht ein gellendes Geräusch die Stille. Heimdall, der Wächter der Götter, hat in sein Gjallarhorn gestoßen, um die Götter zur letzten Schlacht zu rufen!

Aus Walhall stürzen stürzen sie herbei und formieren sich zum Kampf. Das Heer wird von Odin auf seinem Pferd angeführt. Er trägt einen goldenen Helm und seinen schimmernden Harnisch. Neben ihm sind Thor und Tyr, Frey und Heimdall, gefolgt von den Einherjer, den ruhmreichen Toten.

Und da sind sie alle – die Helden aus den Liedern und Sagas, die unvergesslichen Namen aus den Geschichten und Legenden. Da sind Sigurd der Drachentöter und Ragnar »Lodenhose«, Ivar der Knochenlose und Halfdan Weißhemd. Da sind Rurik und Rollo, Oleg und Igor.

Da sind Egil Skallagrimsson und Gisli der Verstoßene. Erik Blutaxt ist aus seinem Grab geklettert. Und auch der letzte Wikinger ist gekommen: Harald, Sohn des Sigurd, der Donnerkeil des Nordens.

Schulter an Schulter rücken sie vorwärts. Die Armee der Toten, auf dem Weg zum ewigen Ruhm …

■

Inzwischen haben auch die Mächte des Bösen ihre Fesseln abgeworfen. Aus jeder verfluchten Höhle, jedem einsamen See und jedem Geisterwald kriechen die Kreaturen der Nacht dem Schlachtfeld entgegen.

Jörmungandr, die Midgardschlange, erhebt sich aus dem Meer und schlängelt sich an Land. In ihrem Gefolge kommen die Riesen, angeführt vom Feuerdämon Surt mit seinem roten Flammenschwert.

Und dann durchbricht etwas die Wellen, das schauriger ist als alles andere: ein riesiges, Furcht einflößendes Langschiff, dessen verrottete Planken von Seegras überwuchert sind.

Es ist *Naglfar*, das Totenschiff, das aus den Finger- und Fußnägeln aller gestorbenen Menschen zusammengezimmert wurde. Ertrunkene Männer ziehen die Ruder durchs Wasser und auf Deck reihen sich die Schatten der Toten aneinander. An seinem Bug steht Loki, der Fürst der Lüge, flankiert von seinem Wolfssohn Fenrir und dem Höllenhund Garm, deren Augen vor Bosheit und Grausamkeit funkeln.

Überall auf der Einöde dieses letzten Schlachtfelds prallen die beiden Armeen aufeinander. Mit Schwertern und Speeren, Zähnen und Klauen verfangen sie sich ineinander, ohne sich um ihr eigenes Leben zu kümmern.

Mit einem gewaltigen Hammerschlag tötet Thor die Midgardschlange. Doch in ihren Todesqualen speit sie Gift, das Thors Körper von Kopf bis Fuß überzieht. Der Donnergott macht noch neun Schritte, dann stürzt auch er zu Boden.

Heimdall sticht Loki nieder. Doch im Fallen findet das Schwert des Schwindlers ein letztes Mal sein Ziel und so sterben sie beide im selben Augenblick.

Auch Tyr und Garm töten sich gegenseitig. Frey fällt Surts Flammenschwert zum Opfer, während Odin und Fenrir miteinander kämpfen.

Schließlich öffnet der riesige Wolf seinen Rachen und verschlingt Odin. Doch der Herrscher von Asgard ist noch nicht am Ende. In einer letzten verzweifelten Attacke stößt er dem Wolf seinen Speer in die Eingeweide. Fenrirs Blut spritzt heraus und überströmt die gesamte Ebene.

Die Schlachtgesänge verklingen allmählich. Überall liegen sie – verstümmelt, zerbrochen. Die Helden sind gefallen und es ist nichts als Dunkelheit geblieben.

Der Feuerdämon Surt hebt sein Schwert und steckt den Weltenbaum in Brand. Ein Flammentuch rollt über die Erde.

Der Boden beginnt zu beben und zu zerfallen. Die Welt versinkt in den Wassern.

Dann ist sie verschwunden und es bleibt … nichts.

■

Doch das ist nicht das Ende. Das Lied ist fast vorbei, doch die Geschichte endet nie.

Aus dem Wasser steigt eine neue Erde empor – mit Adlern und Wasserfällen, Wäldern und Bergen und weißen Stränden, hinter denen ein fernes grünes Land aufscheint, über dem die Sonne aufgeht.

Götter spazieren über die Felder der neuen Welt: Balder und sein Bruder Hödur, die doch noch dem Totenreich entronnen sind. Odins Söhne Vidar und Vali und auch Thors Söhne Modi und Magni.

Als sie sich über die alten Zeiten unterhalten, sehen sie etwas im Gras liegen. Es sind alte Spielsteine, die einst den Asen gehört haben.

Und dann erblicken sie am Waldrand zwei kleine Gestalten, einen Mann und eine Frau. Ihre Namen sind Lif und Lifthrasir. Sie sind die letzten Kinder der alten Welt – Vater und Mutter der neuen.

Sie nehmen sich bei den Händen und gehen dem Sonnenlicht entgegen.

Nachwort

Wenn dir das Buch Spaß gemacht hat und du tiefer in die Welt der Wikinger eintauchen möchtest, gibt es mehrere großartige Orte, die einen Besuch wert sind.

In England natürlich das Jorvik Viking Centre in York, wo du dich in den Fußspuren von Ivar dem Knochenlosen und Erik Blutaxt bewegen kannst. Dort gibt es alles – von Schwertern und Münzen bis zu Schuhen und Broschen sowie eine Rekonstruktion von Jorvik im zehnten Jahrhundert, sogar mit Wikingergerüchen.

In Skandinavien ist es noch besser. Dort gibt es so viele fantastische Museen, dass es schwerfällt, einige herauszupicken – doch mein Lieblingsmuseum ist vermutlich das auf der schwedischen Insel Gotland, einem wichtigen Stützpunkt der Wikinger auf ihrem Weg nach Osten.

Das Gotland-Museum besitzt eine großartige Sammlung von Runensteinen, die mit Schiffen, Göttern und Kriegern dekoriert sind. Außerdem gibt es dort eine ungeheure Zahl an islamischen Münzen, die über die Flüsse der Ukraine und Russlands in den Norden gelangt sein müssen.

Den besten Eindruck von der Zeit der Wikinger bekommt

man aber wahrscheinlich in den Bergen und Tälern Islands – es ist eine so karge und wunderschöne Landschaft, dass sie mit Worten kaum zu beschreiben ist.

Manche Isländer reden immer noch von Elfen, dem »verborgenen Volk«, das zwischen Geysiren und Vulkanen lebt. Meinen sie das wirklich ernst? Für Außenstehende ist das schwer zu beurteilen.

Das ist das Faszinierende am Zeitalter der Wikinger. Vieles ist in Rätsel gehüllt und die Grenze zwischen Mythologie und Geschichte ist oft hauchdünn.

Hat Ragnar wirklich den Drachen getötet? Hat Ivar wirklich den Blutadler zerstückelt? Hat Olga die Drewljanen wirklich lebendig begraben? Hat Knut wirklich versucht, die Wellen zurückzudrängen? Hat Harald Hardrada im Kerker von Konstantinopel wirklich mit einer Riesenschlange gekämpft?

Manche Historiker würden angesichts solcher Geschichten nur die Köpfe schütteln. Viele Menschen aber haben sie tatsächlich geglaubt.

Um all diese Geschichten miteinander zu verweben, habe ich so viele Bücher über die Wikinger gelesen, wie ich nur konnte, und gnadenlos all ihre Schätze durchstöbert. So stehe ich vor allem in der Schuld von Eleanor Rosamund Barraclough, Kevin Crossley-Holland, Don Hollway, Cat Jarman, Gwyn Jones, Marc Morris, Philip Parker, Justin Pollard, Neil Price, Tom Shippey, Tore Skeie und Thomas Williams.

Wenn du selbst mehr lesen möchtest, könntest du in die

Isländersagas eintauchen oder in das Epos »Die Abenteuer des Röde Orm« des schwedischen Autors Frans G. Bengtsson.

Einmal mehr danke ich meinen treuen und zuverlässigen Jarlen Simon Winder und Eva Hodgkin, meinem Chef-Skalden Maddie Watts, meiner Wahrsagerin Julia Bruce, meinem fähigen Runenschnitzer Edward Bettison sowie meinen blutrünstigen Huscarls James Pullen und Claire Devine.

Und natürlich gilt mein besonderer Dank wie immer Catherine der Tiefsinnigen und Arthur dem Großen, meinen Besatzungsmitgliedern auf dieser epischen Reise.

© John Cairns

Autor

Dominic Sandbrook ist Historiker, Autor, Kolumnist und Fernsehsprecher. Er hat Bücher über die politische Geschichte Amerikas geschrieben und steht kurz vor der Vollendung eines mehrbändigen Geschichtsbands über Großbritannien in der Nachkriegszeit. Sein jüngstes Buch *Who Dares Wins* wurde in den Medien wiederholt als Buch des Jahres bezeichnet. Sandbrook hat für zahlreiche BBC-Fernsehserien die Drehbücher geschrieben und als Sprecher fungiert. Er ist Gastprofessor am King's College London, hat eine monatliche Kolumne im *BBC History Magazine* und schreibt für *The Daily Mail* und *The Sunday Times*.

© Nadja Bucciero-Kurtulus

Übersetzer

Knut Krüger, geboren 1966, arbeitete nach seinem Germanistik-Studium im Buchhandel und Verlagswesen. Er ist heute freier Autor, Lektor und Übersetzer für englische und skandinavische Literatur. Lebt mit seiner Frau und seinen drei Kindern in München.

In der Reihe »Weltgeschichte(n)« sind bei cbj außerdem erschienen:
Zeit der Finsternis: Der Zweite Weltkrieg (17908)
König der Könige: Alexander der Große (17906)
Weg in die Dunkelheit: Der Erste Weltkrieg (17909)
Der zornige Herrscher: Heinrich VIII. (17907)
Die letzte Pharaonin: Kleopatra (18041)
Der Untergang der Azteken: Die Spanier erobern Amerika (18122)

Dominic Sandbrook

Weltgeschichten – König der Könige: Alexander der Große

368 Seiten, ISBN 978-3-570-17906-2

Weit zurück in der Vergangenheit in einer antiken Welt voller mythischer Götter und sagenhafter Städte macht sich der junge Alexander auf, eines der größten Reiche der Weltgeschichte zu erschaffen. Mit 20 Jahren besteigt Alexander der Große, der sich als der Sohn von Zeus sieht, den Thron und wird König von Makedonien. Doch er weiß, dass etwas Größeres auf ihn wartet …

Im Mittelpunkt seines kurzen und dramatischen Lebens steht das Abenteuer: der sagenumwobene Eroberungszug über das Persische Reich, Ägypten und Zentral-Asien bis nach Indien. Von Persien aus regiert Alexander schließlich als König der Könige, bis er unter mysteriösen Umständen mit nur 32 Jahren stirbt.

10450

cbj

www.cbj-verlag.de